城镇小学体育教学探索与实践

杨 军 著

上海大学出版社
·上海·

图书在版编目(CIP)数据

城镇小学体育教学探索与实践/杨军著. ——上海：
上海大学出版社，2023.8
　ISBN　978-7-5671-4755-3

Ⅰ.①城… Ⅱ.①杨… Ⅲ.①体育课—教学研究—小学 Ⅳ.①G623.82

中国国家版本馆 CIP 数据核字(2023)第 169408 号

责任编辑　邹西礼
封面设计　柯国富
技术编辑　金　鑫　钱宇坤

城镇小学体育教学探索与实践
杨　军　著
上海大学出版社出版发行
(上海市上大路 99 号　邮政编码 200444)
(https://www.shupress.cn 发行热线 021-66135112)
出版人　戴骏豪

*

南京展望文化发展有限公司排版
广东虎彩云印刷有限公司印刷　各地新华书店经销
开本 710mm×1000mm　1/16　印张 22.25　字数 388 千字
2023 年 9 月第 1 版　2023 年 9 月第 1 次印刷
ISBN 978-7-5671-4755-3/G・3538　定价　88.00 元

版权所有　侵权必究
如发现本书有印装质量问题请与印刷厂质量科联系
联系电话：0769-85252189

目 录

引言：初心如磐，筑梦校园 ………………………………… 1

第一章　以案为例，播种体育教学科研种子 ……………… 5

组内相互评，学练效果好
　　——小学低年级体育学科基于课程标准评价融入
　　　教学激发学练兴趣案例 ………………………………… 6

没有足球场的学校获得了足球比赛冠军
　　——崇明区西门小学校内外联动开展校园足球
　　　案例 ……………………………………………………… 11

学会观察，有效学练
　　——低年级体育教学中观察习惯养成评价案例 ……… 15

给学生一片游戏的天空
　　——体育教学中游戏创编案例 ………………………… 21

从"一言堂"到"群言堂"
　　——体育教师参与教研活动案例 ……………………… 24

当实习老师遇到调皮学生
　　——对一次课堂生成事件的反思 ……………………… 28

当"漏油声"响起 ………………………………………………… 31

做一个有担当、有责任的男子汉！
　　——小学体育教学中德育渗透案例 …………………… 34

"屏"显学练内容激趣，营造乐练氛围增效
　　——崇明区西门小学体育教学中应用移动智能平板
　　　设备教学案例 ………………………………………… 38

五年级"魔幻造型训练营"月周期体育锻炼活动实施案例 …………………… 43
　　微讲座：如何撰写体育教育教学案例 ……………………………………… 53

第二章　以"惑"为题，寻觅体育之花盛开之"径" …………………………… 57
　　"自助加菜"式教学模式在体育教学中运用的实践研究 …………………… 59
　　"多元化体育活动课程开发与实施"对提升小学生身心健康指数的实践研究
　　　　——以崇明县西门小学为例 ……………………………………………… 65
　　小学体育教学中学生行为习惯养成的实践与研究 ………………………… 72
　　基于小学生运动技能提升的区域内特长教师走校指导的实践研究 ……… 80
　　引入SPARK理念，改编、创编体育游戏实践探索 ………………………… 89
　　崇明县城镇学校小学生假日体育的现状及学校干预的实践研究
　　　　——以崇明县西门小学为例 ……………………………………………… 98
　　专业师资匮乏背景下提高崇明区青少年足球水平的实践研究
　　　　——以崇明城桥学区小学校园足球社团发展为例 ……………………… 110
　　体教融合背景下的小学体育"主题内容＋"课堂建构的实践研究 ………… 119

第三章　以趣引领，打造主动有效体育课堂 …………………………………… 127
　　体育兴趣化课程改革必须清楚的几个问题 ………………………………… 128
　　小学体育兴趣化课程改革背景下开展学法指导、提高学练效能的实践研究
　　　　——以崇明城桥学区小学体育教学为例 ………………………………… 134
　　基于打造小学体育有趣、有效课堂的学法策略研究 ……………………… 141
　　小学体育兴趣化课程改革视域下有效开展"课课练"的实践研究 ………… 146
　　小学低年级广播操兴趣化教学的实践探索 ………………………………… 155
　　小学体育课程改革视角下农村学校实施前掷实心球兴趣化教学的实践
　　　研究
　　　　——以四年级为例 ………………………………………………………… 162
　　上海市崇明区"体育与健身"学科一年级"走和跑"单元教学设计 ………… 171
　　一年级"走和跑"单元"各种姿势的走（3-3）"教学设计 …………………… 177

二年级"投掷：小沙包投准"单元教学设计 …………………… 183
小小神投手　重温长征路
　　二年级"投掷：小沙包投准"2-2课的设计
　　　暨2020年崇明区小学低年级主题式综合活动课程教学展示 ………… 188
五年级"球类活动：篮球三人快攻传球"单元教学设计 ……………… 193
愉快学练　提质增效
　　——五年级"球类活动：篮球三人快攻传球3-2"教学设计 ………… 200
二年级"投掷：双手前抛实心球"单元教学设计 ……………………… 208
智练乐抛　趣学有效
　　二年级"双手前抛实心球"教学设计（3-2） ………………………… 215
三年级"助跑，一脚踏在50厘米宽的起跳区起跳，双脚落入沙坑"单元教
　　学设计 ……………………………………………………………… 222
立足"兴趣"　玩出"滋味"
　　三年级"助跑，一脚踏在50厘米宽的起跳区起跳，双脚落入沙坑"
　　　第二课次教学设计 ………………………………………………… 228
五年级"动作组合（一）：五步拳""六环联动"在线辅导设计 ………… 235
上海市崇明区西门小学"小学体育兴趣化"体育课程改革实施方案及
　　总结 ………………………………………………………………… 240

第四章　海外培训，感受体育强国基础教育阶段的体育之"道" …… 252
美国中小学体育课程目标对国内体育教学的启示
　　——以美国纽约州布法罗KENMORE-TOWN学区为例 ………… 253
我眼中的美国小学体育教学的特色及其装备设施的配置 …………… 261
美国学校体育游戏介绍 …………………………………………………… 266

第五章　躬耕校园绿茵，助力足球之花在校园盛开 …………………… 288
瀛洲小子学运球
　　——运球过人 …………………………………………………… 290

瀛洲小子学比赛
　　——小场地比赛……………………………………………………… 296
足球教学游戏十五例………………………………………………………… 300
足球社团指导案例十五则…………………………………………………… 313
校园足球精英队指导案例二十则…………………………………………… 328

引言：
初心如磐，筑梦校园

20世纪80年代初，上海远郊崇明县城边缘的西门地区试点建造了成片的居民住宅区——西门北村居民区；作为配套学校的西门小学，于1987年7月正式开门招生。那一年，笔者走出师范校门，跨进了刚开办的西门小学；选修体育的我，从此成为一名操场上的孩子王。当时，体育组有3名老师，除了我，还有我的前辈陈老师和比我大两岁的施老师。作为一所新开办的学校，其所在城区的附近如实验、桥镇、北门小学都是百年老校，社会声誉极好，要在城区学校站稳脚跟，学校的压力可想而知。为此，学校将体育作为在几年之内赶上周边学校的突破口。为了早日达到既定目标，我们3人扛起了当时学校所有的体育工作：上课、早操、训练，真是披星戴月，每个人都被拉满了弓。由于资金问题，正式开学时学校操场还没有配套完成，只有一块不正规的泥土操场，上课时每当大风刮过，我们必定要引导学生顺着风的去向转身，不然刮起的尘土会让人睁不开眼。早操跑步只能安排一半的班级围着教学大楼跑，另一半的班级跑出校门，在小区内进行晨跑。所幸学校管理十分到位，那几年中没有安全事故发生。开学第一学期，我们成立了学校运动队，那时开设的项目少，只有田径队、跳绳队。田径比赛和现在略有不同，当时比的是全能，每个运动员必须参加短跑、长跑、投掷、跳跃四类中的3个不同类的项目。为了尽快出成绩，我们也是竭尽全力，早上带跑步类项目，中午带投掷类项目，放学后带跳跃类项目。训练场地也不固定，有时在马路上，有时也会去江边的石阶上拉练……1988年，我们第一次带队亮相就拿到了崇明县第四名的成绩,让别人意识到了西门小学的存在。骄人成绩的取得,让我们非常高兴,感觉付出的辛苦没有白费。

学校操场落成是西门小学开办1年后的事情了,为了让学生有个好的体育教学环境和训练场地,全校男教师利用假期加班加点挖土拉煤,用了一个暑假,总算建成了一个150米的煤渣跑道,这可把我们高兴坏了。从此之后,我们的学生不用再去马路上训练,可以真正飞奔在属于我们自己的环形跑道上;我们的训练更起劲了,体育老师起早贪黑,学生家长也是全力支持。3年后,西门小学田径队已经小有名气,在当时的县级比赛中开始和几个老牌强队争夺"获奖地盘"了。5年后,依靠大家的共同努力,西门小学夺得了首个崇明县田径运动会团体冠军,并首次代表崇明县参加上海市比赛,比赛结果一鸣惊人,获得郊区组女子团体冠军。从此,田径项目成为西门小学的优势项目及崇明县体育的传统项目,几十年未曾衰落,涌现了曹沛杰、陈星、柯天、谭凯旋、秦伟博等在市级比赛中拿金牌的优秀人才。2021年全运会上,从西门小学毕业的秦伟博获得全运会110米跨栏第五名的成绩,在西门小学田径项目史上书写了浓重的一笔。

在田径赛场刮起"西门"风的同时,施老师主带的跳绳队也逐渐出彩。短绳队多名同学在上海市跳绳比赛中获得佳绩,短绳和双飞项目多次称雄市级比赛。只是后来由于登瀛小学的崛起,及逐渐在跳绳项目上形成特色,才遮住了西门小学的光彩。

由于崇明所处的地理位置比较闭塞,20世纪90年代的崇明教师很少有机会去上海市内学习;一旦有上海教研活动的通知,一般都要提前一天乘船前往,以免耽误了难得的学习机会。同时,岛上很多家长担心孩子未来发展受限,总是通过各种途径送孩子前往上海市区学校去就读,甚至部分业务能力突出的老师,也因为子女的原因调往市区学校就职。作为一名土生土长的崇明青年教师,看到这种现象,我虽然也很无奈,但心中却暗暗立誓:一定要让崇明学生享受到和市区孩子一样的优质教育,把自己的学校办成老百姓家门口的优质学校。当然,这也成了我们很多崇明教师的教育梦想。

作为体育的重要平台,体育课堂是学生学会体育的主要渠道。在体育课上,我们始终采用新颖多样的教学方法,营造自主快乐的学练氛围,从而吸引学生对体育课的热爱和向往。西门小学体育老师对体育教学的认真钻研也引起多任教研员的关注,他们经常来学校指导点拨,使得施老师和我迅速成长起来,并先后走上了上海市小学体育教学评比的舞台,先后斩获一、二等奖,为学校体育教学的发展和改革打下了良好的基础。学校在体育教学中强调以学生为本的理念,通过"小学体育自助加餐教学模式研究""小学体育教学中创编游戏的实践研究"等课题，倡导学生自主发展和游戏化教学，打造适合学生年龄特点和学校办学理念的体育教学模式。2015年7月，学校成为上海市首批小学体育兴趣化课程改革试点学校和上海市体育学科立德树人实验基地学校。

随着素质教育及"让每一朵鲜花都怒放"的办学理念的不断深入，学校体育工作围绕办学理念设计体育活动，所开设的"七色花"课程让每一个同学都能基于自身条件、兴趣体验来培养自己的特长。同时，学校不断引进不同专业的体育师资人才，如乒乓球、定向越野、射箭、健美操等，并通过他们为西门小学播下了色彩斑斓的运动种子。多年以后，西门小学射箭队成为小有名气的冠军之师，运动员站上了全国、全市的最高领奖台。乒乓球、健美操、游泳、定向越野、象棋、田径等项目也屡屡在市级比赛中亮相并获得好成绩。对跨学科教师的专业培训，将学校"七色花"课程落到了实处，让学生在各种舞台上展现自我风采，成就未来梦想。为了能让学生接受更加专业的运动技能，学校还利用体教结合平台，外聘了乒乓球、足球、篮球、体育舞蹈、跆拳道等高水平教练走进校园，大大提升了学生的专业运动水平，秦伟博、顾沈、王华金、冯浩然、张舜博等同学，甚至从此走上了专业运动员之路，且多名队员登上了市运会领奖台。有人说，西门小学的全面开花影响了学校的特色发展；我认为，西门小学为所有学生打开各有特色的运动之窗，让学生可以根据自身条件和兴趣选择参与，恰恰就是我校最大的运动特色。一所学校的运动，就应该百花齐放、竞相争艳。2018年9月，西门小学被上海市教委批准为上海市首批体育项目一校多品试点学校，学校更是成为全国足球特色试点学校、全国篮球特色试点学校、全国射箭项目重点学校……这些试点项目的引入，为西小学生搭建了多彩的运动平台，同学们犹如一朵朵小花，可以在这样的平台上竞相绽放。

西门小学开设的多个高水平运动社团或运动队，为孩子们搭建了一个个参与运动的平台，而这些平台的搭建离不开我校老师的辛勤耕耘、默默付出；正是有了这些为学校优质发展、为孩子健康成长努力奉献的志同道合者，才有了西门小学目前的辉煌。西门小学体育组先后被评为上海市体育工作先进集体、崇明区教育系统优秀教研组、十佳最美办公室、崇明区工人先锋号等荣誉称号。

操场，是孩子们奔跑的地方，也是体育老师的"自留地"。作为操场上的耕耘者，我从青涩走向成熟，从拜师学教到带教辐射，一步步成长为区域内体育学科带头人。2012年，作为上海市中小学体育骨干教师代表，我远赴美国纽约，学习体育强国的学校体育之道，并将学习及感悟到的经验应用于教育教学中，以引领区域内学校体育共同进步……今天,作为一名城镇小学的体育老师,我将自己在体育教学方面的探索与实践作一个阶段性的回顾,将我在西门小学这所城镇学校的成长经历梳理一下,为的是给自己在永无止境的跑道上重新设定新的起点,重新再出发……

第一章
以案为例，播种体育教学科研种子

体育教学岗位，给人的印象往往是很容易上手的。在外行人看来，体育教师不就是我来做、你来学吗？在实际教学中，也确实有教师是这样上课的："同学们，看老师把动作做一遍……看清楚了吗？好，跟着一起做！"这种模仿式教学，对协调性好、模仿能力强的同学来说，能学个八九不离十。对这部分教师来说，这样的教学方法就是最好的，几十年如一日不用改变。但这些教师却没有看到，他们的学生一旦离开课堂，离开老师的提示，因不知道动作原理及动作重点、难点和动作要领，会很快忘记动作方法，更不用说课后去自主练习了。

随着课程改革的不断深入，体育教学需要更多的有智慧、有方法的体育教师走进课堂，让孩子们接受更优质的教学。但地处远郊的我们，如何培养现有的教师，让他们获得智慧、掌握方法呢？我们能否通过自我反思、自我总结，结合教育改革的最新理念改变我们的体育课堂呢？答案是肯定的。在体育教学中，身体运动和思维活动相结合，再加上场地开放、天气变化等因素，会有很多生成性事件发生；作为一名体育教师，如果能有心记录事件经过，进行一定的反思，并提炼其中的教育智慧，修正自己的教学思路和方法，那么这些反思和总结一定会成为很好的教育资源。这种善于反思的习惯和行为，是帮助教师个人成长行之有效的方法，对教师的发展具有十分重要的现实意义。作为一名在城镇学校成长起来的体育教师，记录教学过程中的一个个案例，是我成长的一个个台阶。我将这些有特点的案例呈现在本书中，希望能给青年教师以启迪，能帮助更多的体育教师获得教育智慧和教学方法。

组内相互评，学练效果好

——小学低年级体育学科基于课程标准评价融入教学激发学练兴趣案例

【背景概述】

"持轻物掷远"是一年级Ⅰ教材基本内容，是学生学习投掷动作的基础。在教学中，常常会出现学生持轻物直接向下掷、不能将轻物掷向指定方向的错误动作。分析其原因，主要有两个：一是低年级学生注意力不够集中，老师示范时没看清楚动作要领；二是对某些项目学习兴趣不高，练习时出手比较随意。为改变这一现象，激发学生学练兴趣，我们除了在教学中创设游戏情境、引导学生入景体验角色外，还尝试将基于课程标准的教学评价融入教学。针对低年级学生身心特点，我们选择较为直观的评价内容来设定层次清晰的评价标准，采用学生喜闻乐见的呈现方式，尝试开展组内同伴互评、同伴互助，引导学生在了解正确动作的基础上对同伴的动作做出客观评价，并即时指点、纠正错误，以起到督促、提示的作用，从而推动学生之间的交流互动，以提高学生自控能力，引导学生积极参与学练，努力推进教学目标的有效达成。

本案例以一年级《体育与健身》"持轻物掷远"的教学为例，以"掷小药包，清除不同距离的害虫"为主题开展情境教学，对小学低年级体育教学中组内互评进行解析。

【案例描述】

1. 评价目标

依据"持轻物掷远"的教学目标及评价量表，明确自己通过本课的学习应掌握的动作标准、要求，并对同伴习得的动作技能进行客观评价，在互动评价中促进自己的学练并及时指出同伴在"持轻物掷远"中存在的问题，予以指点，提高整体的学练效果。通过评价中"拇指""星星"的获得，激发学生学练兴趣，帮助学生获得自信、体验成功，发现自己的学习潜能，明确努力方向。

2. 方法与过程

教学片段

(1) 创设游戏情景

师：小朋友们，生态崇明需要良好的环境，但是，我们的家园中还有害虫，让我们一起为生态崇明做贡献，去消灭"四害"好不好？

生：哇，真的有苍蝇、蚊子，还有老鼠呀，我们要消灭他们……

(2) 明确动作概念

师：你们先来观察老师是怎样除"四害"的。看清楚老师的手势、站姿、挥臂的方向……（老师示范并讲解——引导学生观察"持轻物掷远"的动作要领：手高于头、肩上屈肘、用力前掷）。

生：分散练习，一边做，一边唱儿歌："拿起小药包，两脚前后站，小手高于头，肩上要屈肘，用力向前掷"。……（学生为学会除害本领认真练习）

(3) 知道观察要点

师：同学们都练得很棒！但"四害"都很狡猾，躲得远远的，我们一定要学会真本领才能消灭他们。现在，我们要在自己的小组内找一个和自己投掷距离相近的伙伴，两个人相互观察，对照儿歌，看一下同伴的预备姿势，看一看同伴的出手动作，看一看你的同伴是不是真的学会除"四害"本领了？你认为同伴已经学会了，请你给他竖起大拇指。

生：加油！（同伴间的鼓励正是我们平时体育教学中缺失的，也是学生非常需要的）

表1　基于技术动作的评价标准

	观察点	预期表现	评价等第 👍	评价等第 👍👍	评价主体	评价方式
持轻物掷远	观察同伴在情景中能否用正确动作消灭"四害"	掌握持轻物掷远的动作要领，能用正确的动作完成消灭"四害"的任务	有正确的预备姿势	有正确的预备姿势，并能将轻物掷到一定距离消灭害虫	同伴	课堂观察 学生互评
	同伴互助互评	能用正确的动作要领指导同伴	同伴能及时给予评价	能及时对同伴进行评价并指出错误动作，有一定效果	同伴	课堂观察 学生互评

师：非常棒！大部分同学都向自己的同伴竖起了大拇指，说明我们都学会了本领。接下来两个人比一比，看看谁能把药包掷过老师规定的横线（师预设几根目标线，为接下来的投掷游戏埋下伏笔）。

生：两人一组，相互竞争比赛……

师：刚才老师看到大家差不多都学会了除"四害"的本领，接下来我们要真正地去除"四害"啦，来……，我们一起看一下这些害虫都分布在什么位置？你们看：老鼠躲得最远，离我们有 11—12 米远；蟑螂离我们有 8—10 米远；蚊子苍蝇离我们也有 6—8 米远，你们有没有信心消灭它们呀？

生：有……（大家跃跃欲试，摩拳擦掌）

师：老师很高兴看到大家这么有信心消灭"四害"，在除"四害"过程中，我们的药包要从橡皮筋上方飞过，这样害虫才不会发现，能做到吗？

生：能……

（4）明确评价标准

师：为了检验你们除"四害"的本领，老师需要你们默念儿歌，然后评一评同伴的动作对不对，还要观察他是不是消灭了害虫，并及时给他评☆。如果你发现你的同伴动作正确，而且能消灭老鼠，那么给他☆☆；如果动作正确并且能消灭蟑螂，那么给他☆；如果动作正确能消灭蚊蝇，我们也给他一颗☆；如果动作不正确，那么不能给☆，因为他把害虫给放走了。开始练习……

生：同学们在一定高度的橡皮筋前，对准"四害"区域积极练习，并针对观察结果给同伴贴☆……

（5）养成良好习惯

师：老师发现有几个同学做得很好，只要发现同伴动作不正确，就马上提醒，并能指出需要改进的地方，同伴掷得更远，小组除害更多了，非常棒！请你回想一下，如果因为同伴观察仔细，指出了你的错误动作，使你掷得更远了，那么你可以给他贴上☆。

生：继续分散练习，比试本领……

师：同学们都学会了除"四害"的本领，一定会为崇明生态岛建设做出更大的贡献。回去后，请大家把自己获得的☆贴在班级公告栏，并进行涂色……

表 2　基于课程标准的评价量表

评价内容＼评价标准	评价标准 （根据观察结果给星星填色）		
能将药包掷远除害 （150 克）	（男：8 米；女：6 米）	（男：10 米；女：8 米）	（男：12 米；女：11 米）
	☆	☆☆	☆☆☆
同伴对我的 评价及指导	同伴给予指导后稍有效果，消灭蚊蝇	同伴给予指导后有一定效果，消灭蟑螂	同伴给予指导后，效果明显，消灭老鼠
	☆	☆☆	☆☆☆

注：表格上预先画好☆，让同学们根据自己在课堂上获得的☆贴的数量，在课后自己用色笔对表格中的星星进行填充。

【感悟反思】

体育教师要基于《体育与健身课程标准》开展多种形式的教学评价，合理设计评价目标、评价内容、评价方式，关注每一位学生的学习习惯、学习兴趣、学习效果。上述案例中，执教教师以低学段学生的身心特点为切入口，创设除"四害"场景开展教学，并寓动作要领于儿歌之中，根据一年级"持轻物掷远"的教学目标让学生组内结伴，相互了解，相互竞争与帮助，评价同伴是否学会了消灭"四害"的真本领，并在游戏中根据"四害"的危害程度设定层次分明的评价标准，如 3 颗☆代表消灭老鼠、2 颗☆代表消灭蟑螂、1 颗☆代表消灭蚊蝇，并用橡皮筋的高度引导学生出手的方向。在评价时要求学生能根据儿歌中的动作要领以及能观察到的距离进行评价，这种评价方式既能激发低年级学生的学习兴趣，也能使其直观地对应相应的距离和正确的动作进行评价，非常适合在低年级学生的教学中运用。案例中，我们可以看到，一年级学生为了学会除"四害"本领，认真学练，相互竞争；他们能运用儿歌中的动作要领去评价、指导伙伴，以贴☆、涂☆的方式关注整个学练过程，在教学活动中全班学生踊跃参与、快乐学练，取得了较好的教学效果，达到了评价目标。将这种产生于组内的同伴间的评价方式融入教学，既督促了同伴的学练过程，也提高了学生自己的学习能力，促进了整体学练效果。

如何在低学段体育教学中融入教学评价，一直是我们体育教师探索和钻研的重点。教师的表扬鼓励是我们日常教学中常见的一种激励性评价方式,在教学中教师常常会进行一些无原则的激励性评价,如"你真棒!""你真行"……。诚然,这些激励性评价对个别学生是非常有用的,但对大部分学生来说则是无关紧要的。本案例中,执教教师以每个学生都必须参照的课程标准规定的内容与要求为基本依据,设计合理的评价目标、评价内容与评价方式,并根据小学低年级学生的年龄特征,把这些标准融入游戏情境中,通过学本领、帮同伴等教学策略,在小组内开展同伴互助互评,以激发学生学习兴趣,帮助学生掌握学练技能,同时养成良好的学习习惯;从效果上看,淡化了评价的甄别、选拔功能,突出了评价的诊断、改进与激励功能。学生通过同伴的鼓励和提醒,改进动作,达成目标,提升了整体学练效果。

在低学段体育教学中融入评价,一定要做到无痕融入。本案例教学中,少数学生因过多关注同伴动作而常常忽视自己动作的现象,应该引起我们的重视。另外,对于低学段学生而言,评价内容要适量。本案例中学生除了要关注同伴的动作技能、掷药包距离外,还要关注同伴是否帮助我、自己是否在他帮助下取得了效果,这对低年级学生而言,学习任务稍稍有些过量。总体而言,本案例教师关注低年级学生评价的目标,以体验、尝试为主,在以后的教学中应当充分考虑到学生的年龄身心特点,探索适合低学段学生特点的评价方法和手段,让学生在比一比、看一看、说一说等过程中学会评价,享受参与的快乐,促进他们健康成长。

(本案例在上海市小学基于课程标准的评价案例征集崇明区评比中获崇明赛区特等奖,被收录于《上海市小学低学段基于课程标准的评价案例集》)

没有足球场的学校获得了足球比赛冠军

——崇明区西门小学校内外联动开展校园足球案例

【案例背景】

崇明区西门小学坚持素质教育之路,坚守"面向全体、加强基础、培养能力、发展特长"的体育工作目标,坚持"普及为主,兴趣引领"活动宗旨,紧紧围绕"让每一朵鲜花都怒放"的办学理念设计体育活动,让每一个同学都能基于自身条件和兴趣体验培养自己的特长。为此,学校申报成为上海市首批兴趣化课程改革试点学校、上海市学校一校多品试点学校、上海市体育学科立德树人实验学校……学校体育更是成为学校对外展示的窗口。但有一个项目却始终成为全校师生的心病:那就是学校没有足球场地、缺乏足球师资力量。因此当足球项目在其他学校火热开展时,西门小学只能望洋兴叹,毕业进入中学的男生也因不会踢足球而在绿茵场上觉得低人一等,称讥笑为"男人运动"的旁观者。

校园足球作为学校体育的重要载体,它的魅力和教育作用是其他体育项目不能比拟的。如果能在条件受限的学校开展校园足球,满足乐于参与足球运动的学生的心愿,不但践行了学校"让每一朵鲜花都怒放"的办学理念,而且对更多条件受限的学校开展足球项目能起到启发和推动作用。这不但可以盘活区域内的场地和师资资源,实现"共享优质资源,推进公平教育",为孩子们身心健康发展搭建良好的平台,还能有效发挥学校体育对学生学会终身运动项目的引领和管理作用,帮助学生插上专业发展的翅膀,快速提升学生的专项运动素养和比赛能力,为孩子们的未来发展打下坚实的基础。

【案例描述】

在崇明区校园足球联盟联赛中,西门小学的两支球队都进入了区足球联盟比赛的前四名,U9队更是获得了冠军。自此以后,西门小学的足球队在区足球联盟中俨然成了一支强队,多次代表崇明区参加上海市足球联盟比赛,并在上海市"千校万班"足球技能比赛中获得了一等奖的成绩,甚至更有多名队员进入徐根宝足球基地,走上了职业足球之路。而西门小学的毕业生进入中学后也不再低人一等,不再被人讥笑为"男人运动"的旁观者。如今,学校已成为全国足球特色试点学校,足球成为学校的名片和骄傲。这所没有足球场、没有专业师资的学校,能拥有众多的足球参与者和追随者,是如何做到的?解开学校成功之谜,可以发现,正是学校根据兴趣化课程改革的需要,切实落实《关于全面加强和改进新时代学校体育工作的意见》,采取了一系列有针对性的措施,做好校园足球的学、练、赛,才让西门小学校园足球走上了高速发展之道。

一、丰富师资层次,培养兴趣主动学

1. 挖掘校内资源,普及校园足球

充分挖掘学校教师中的足球爱好者,通过培训、集体备课、模仿实践、带教指导、课后反思等多种形式,有效提升校园足球兼职教师参与校本教研、课堂教学的实效性和教学胜任力。

2. 借力校外资源,提升社团足球水平

(1)学校向崇明区校园足球办公室申请了足球外教,来自西班牙的外籍教练全程参与学校的足球教学和训练,他们把足球教学的思想、理念传授给我们的教师,并根植于课堂教学与社团活动中,为提升学生的足球技能奠定了良好的基础。

(2)除了足球外教,学校还定期邀请足球青训教练来校指导足球社团,帮助社团提升足球技能,帮助足球执教教师提高专业素养。

(3)积极开展"基于小学生运动技能提升的区域内特长教师走校指导"的课题实践研究。学校向区域内优质足球师资发出邀请,由学区牵头协调,调剂安排足球特长教师跨校指导,有效缓解了专业足球师资不足的问题。

3. 购买专业服务,打造精品足球

学校与社会足球俱乐部合作,购买足球训练服务,请俱乐部的一线教练走进校园亲自指导我校"绿茵小子"。几年内,已有多名市级教练走进西门小学,躬身执教,手把手辅导,有效提升了孩子们的技战术能力。

二、共享足球场地,区域联动有效练

1. 借用场地,错时练习

利用周中课后服务时间,借用周边中学足球场开展足球社团活动,和中学足球社团错开活动时间,各得其所,相得益彰。

2. 学区联动,携手共进

周六是本校所在学区乡村少年宫活动时间,因为学区内每个学校都开展足

球社团活动,所以我们制定了学区联合活动制度,让学区内没有足球场的足球社团,集中于一所学校进行活动交流。学区内5所学校之间相距不超过10分钟车程,让区域联动成为可能。

3. 社区活动,主动加练

近年来,学校购买了足球俱乐部服务,足球社团成员也因此成为俱乐部会员。俱乐部安排专车接送孩子们前往漂亮的足球场,为西门小学足球小子足球水平的提高提供了专业帮助。此外,学校开展的假日体育活动积分记录卡实践活动,也促使孩子们在假日中积极主动地利用社区内开放的绿茵场地开展足球活动,从而学以致用,巩固所学。

三、搭建互动平台,学会比赛展自我

近年来,由崇明城桥学区各校自主发起和合作主办的五校小学生足球联赛,已经成功举办了五届。各校体育教师利用假日,组织开展足球亲子活动、足球技能挑战、足球对抗赛……共享学区优质场地。

与此同时,我们还利用俱乐部资源,在节假日约战多方球队,以赛代练,加速了孩子们对足球的理解和比赛能力的提升。学校一系列足球项目措施的落地,让足球迅速成为西门小学孩子们最喜欢的运动,不仅足球社团报名者络绎不绝,而且家长们围观足球活动现场更是常有景象。足球项目已经成为西门小学孩子们健康成长的重要载体。

【案例评析】

一、案例亮点

本案例针对学校因缺乏开展校园足球条件而无法进行训练的状况,寻求多方支持,探索出了多渠道、全方位开展足球项目的方法、途径,进而形成可复制和推广的足球课堂教学、课余训练模式和经验,为孩子们在小学阶段学习足球项目搭建了优质平台,为他们未来的足球之路和健康成长打好了基础。

1. 挖掘跨学科教师兼任足球教学,提升非专业教师的胜任力

本案例中,学校挖掘自身师资潜力,提升跨学科教师的足球胜任力,在一定程度上缓解了"校园足球"课程开设与师资缺乏之间的矛盾,而兴趣化课改背景下的足球教学既提升了孩子们的足球兴趣,也促进了校园足球工程的顺利实施。

2. 探索与社会俱乐部合作经验,拓展学生专业发展之路

学校根据项目发展实际,通过购买服务和利用课后服务,以及双休日乡村少年宫活动时间开展教学、训练、指导竞赛,并让更多的专业教练或退役运动员加入其中,为学生专业能力的发展提供了保障。

3. 用好区域优质资源,共享互助推进学区整体发展

学校联合就近学校开展学区联赛和走校指导、共用优质场地,推进了学区整体发展;学区所有学校都申报成为全国足球特色试点学校,形成了区域运动特色项目。

二、案例反思

1. 政策扶持,规范区域联动

本案例中,区域联动为我们提供了很好的启示,如果有上级主管部门协调参与,那么这样的互动将会更加顺畅、更加规范。

2. 开放融合,共享学区资源

场地、师资条件受限的学校要主动用好区域内场地开放的政策福利,加强学校与相关职能部门的沟通;相关职能部门更要对校园开放、如何开放进行合理的引导和布局,支持学区内教育资源的共享共用,充分盘活区域内场地和师资资源,真正实现"共享优质资源,推进公平教育"。

3. 准入制度,规范进校资源

本案例中,学校因师资问题与社会俱乐部合作,将专业元素融入校园足球,有效提升了孩子们的足球素养。今后,相信会有更多的社会资源进校,学校要加强管理,出台准入制度,提升进校社会资源的质量和资质,规范其运作模式。

【其他支撑材料】

2017—2022年,学校先后为对口学校输送足球特长生30名;2018年王华金、冯浩然两名队员入选徐根宝足球基地06、07队伍,走上了职业足球之路;2020年,王华金入选中国国少大名单,成为国足的后备力量……西门小学更多的学生,把足球作为课后锻炼的重要项目,足球成为他们健康成长的重要陪伴。没有场地的学校为学生提供了学习足球的平台,让很多喜欢足球、有志于足球事业的学生受益于足球项目,促进了自身的全面发展,推动了公平教育。

(本案例获上海市学校体育课程改革优秀案例征集活动一等奖)

学会观察，有效学练

——低年级体育教学中观察习惯养成评价案例

【问题导向】

　　体育教学一般都在室外进行，较之其他学科的教学更具开放性、生成性，不少孩子在空旷的操场上易于兴奋、注意力分散，易产生同伴间聊天、打闹等现象；特别是低年级学生，在学习时更会因其身心特点呈现出注意力不集中、观察较为笼统、练习马马虎虎等不良学习习惯。这种观察马虎、囫囵吞枣式的学习特点，也造成了低年级学生学习技术动作时的"无厘头""四不像"，不仅学练质量难以提升，甚至会出现伤害事故。究其原因，是学生缺乏对示范动作的细致观察、深入体悟、个体消化，缺少一双会观察的慧眼。

　　"观察、观察、再观察"是俄国生理学家巴甫洛夫的名言，这一名言也强调了观察的重要性。任何技术动作的学习和掌握都离不开观察，只有通过仔细观察动作示范、图片、媒体演示，再通过老师的讲解，建立正确的动作概念，并通过积极思考、主动学练，才能使学生快速领会新动作，顺利完成课堂学习任务。可以说，观察是学生学习动作技术的有效途径。因此，教会学生会观察、会思考和会表达，养成会观察的学习习惯是当前体育教学中非常重要和必须完成的任务。

　　本案例以二年级《体育与健身》立定跳远教学活动为例，以解决立定跳远教学中常见问题为主线，引入评价量表引导学生学会观察，关注并体验角色动作变化，采用小组交流、同伴互评等评价方法强化学生掌握观察方法，养成观察习惯，优化学习方法，提高学练效果。

【评价目标】

　　对学生在观察、练习、展示等活动中的不同行为表现进行即时表扬和积极引导，以形成学生会观察、能思考、积极练、会点评的好习惯，为养成会学习的良好习惯打下坚实的基础。

【案例呈现】

1. 教学主题

立定跳远。

2. 教学重点

手脚配合、起跳有力、落地平稳。

3. 本课需解决的问题

学生往往把注意力集中在"远"上，容易忽视起跳动作的正确性和完整性，常出现蹬伸不充分、急于落地、身体前扑等错误动作。

4. 教学过程

执教教师通过创设小蝌蚪找妈妈游戏活动场景，让学生扮演小蝌蚪，体验蝌蚪逐渐演变成小青蛙的成长历程，并将"手脚配合、起跳有力、落地缓冲"的要求寓于角色中，通过指导强化，引导学生学会观察，养成习惯，激发学生学练兴趣，提高学练效果。

(1) 蝌蚪幼卵——提踵（观察膝关节弯曲、提踵）

师：我们都是小蝌蚪幼卵。看哪，幼卵慢慢变成小蝌蚪了，跟老师做。

生：模仿老师提踵动作。

师：想不想学小蝌蚪在水里游泳的动作？看清老师膝关节的变化，小蝌蚪向前游时，脚跟提起，膝关节伸直；小蝌蚪呼吸时，脚跟落地，膝关节弯曲。你们会做吗？

(2) 小蝌蚪长出四肢——预摆（观察双手前后预摆及屈膝蹬伸配合）

师：小蝌蚪长出了手和脚，看它的手脚是怎样摆动的？

生：模仿老师的手脚配合预摆动作……

师：你们相互看一下，对面的小蝌蚪有没有长出四肢呀？如果看到了就轻轻地向上跳一跳，自己给自己贴上星星。

生：相互观察，轻轻跳跃……

(3) 小蝌蚪找妈妈——学会起跳（蹬地与手臂前摆的配合）

师：想不想知道蝌蚪妈妈长什么样呀？你们看，青蛙妈妈在岸边呐——教师示范立定跳远动作。

师：想不想来到青蛙妈妈身边呀？来，我们要学会在荷叶上跳远，才能见到青蛙妈妈。

生：学生自主练习。（很多同学动作不一，有些双脚前后落地，有些同学身体向前扑……)

（4）小青蛙驱害虫（观察起跳时手臂前摆的方向）

师：我发现很多小青蛙跳不远，甚至还会向前摔倒，为什么呀？原来是空中的小飞虫会在荷叶上蛀洞，我们必须要赶掉小飞虫。

生：嗯，一定要赶掉它们……

师：（出示教学图片）来，我们看一下图片上的青蛙王子，它是怎样驱赶小飞虫的？

生：身体展开，手臂前上方上扬，小飞虫就飞走了。

师：说得非常好。接下来，我们两人一组开始赶飞虫，同伴的姿势不对会影响驱虫速度的哦，连续正确的，给他贴上3颗星，驱虫达人……

生：相互观察，贴星……

（5）在荷叶间穿梭——立定跳远（双脚同时起跳，观察动作协调；落地缓冲，观察落地时膝关节的变化）

师：小飞虫没有了，我们能够在荷叶上跳跃了。注意，不要掉下去哦。

生：小青蛙跳荷叶，有些同学手脚配合不协调……

师：你们看第一组的小青蛙，观察他们双脚是在手臂怎样摆动时跳出去的？

生：他们的双脚是在手臂前摆时同时跳出去的，跳得真好！

师：嗯，说得不错。接下来，我们5人一个小组，轮流从荷叶上跳过去，能做到前摆时起跳的同学，给2颗星星。

生：小组内交流，相互观察，评价……

（6）青蛙王子好帅气——立定跳远挑战（观察蹬地有力）

师：快要找到妈妈了，我们也逐渐长成了小青蛙，我们要让妈妈看到我们都是青蛙王子，好不好？

生：好！

师：我们已经学会在荷叶上跳跃了，但是怎样跳到岸上去呢？我们来看一段小视频，看一看VCR中的小青蛙是怎样从荷叶上跳到岸上的。

生：（观看屏幕上的小视频后）老师，这个小青蛙跳得真有力，我们也能！

师：我相信你们，你们都是最棒的！各小组在练习时，大家要注意观察同伴的动作，发现他做得好的环节，找到他需要改进的地方。同时，我会将你们的动作拍成视频，放在教室的电脑上，课后你们要根据今天学习的动作要领给予评价。你认为同伴今天认真观察、积极练习的，你也可以给他们进行评价……

生:分组练习,课后进行评价。

在活动中,让学生在体验小蝌蚪成长为青蛙王子的过程中学会立定跳远,明白各环节动作的观察点,掌握立定跳远的动作方法及评价同伴的动作要领。

表1 动作要领的观察与学练评价

观察点	预期表现	评价等第 ☆	评价等第 ☆☆	评价等第 ☆☆☆	评价主体	评价方式
预摆	手脚协调配合,动作舒展	有摆臂和提踵动作,方向正确	摆臂和提踵动作连贯,有明显的提踵动作	摆臂和提踵动作协调,动作舒展	教师+学生	
起跳	蹬摆结合好,起跳有力	蹬摆结合好,起跳动作正确	蹬摆结合好,起跳方向及动作正确	蹬摆结合好,起跳有力,方向正确	教师+学生	
落地	屈膝缓冲,落地平稳	有屈膝动作,落地较为平稳	屈膝缓冲,落地平稳	小腿前伸,脚后跟着地,屈膝缓冲,身体平衡	教师+学生	
完整动作	动作协调,起跳有力,落地平稳	动作连贯,起跳有力,有一定远度	动作连贯,有一定远度,落地平稳	动作协调,起跳有力,有一定远度,落地平稳	教师+学生	课堂观察;学生互评

5. 同伴评价

(1)能否通过观察图示或教师示范,描述并演示小蝌蚪成长为小青蛙过程中其不同生长阶段所代表的不同动作环节、练习要求,观察同伴在小蝌蚪找妈妈时,是否发现妈妈和自己的不同,并在成长过程中主动学练,最终成为青蛙王子。

(提示:教师可以通过讲解或多媒体演示及分散指导等方法,让学生分组合作、对比观察,帮助学生准确掌握动作。)

(2)能观察动作关键点,学会准确的动作方法,能用关键词语评价同伴动作。

(提示:教师既可以利用创设情境、提出问题、张贴标签、提示要点等多种形式帮助学生迅速学会立定跳远的方法,也可以采用学生自演小桥段、小视频回放等形式,组织学生观察组内成员的动作;通过评选"驱虫达人""青蛙王子"等方式激励学生注意观察、积极学练,提升学生学习动作的准确度。)

6. 评价标准

评价标准由观察点、预期表现、评价等第、评价主体、评价方式组成。通过客观即时评价,加强对学生观察习惯的引导与培养。

表2 观察习惯的养成与评价

观察点	预期表现	评价等第			评价主体	评价方式
		☆	☆☆	☆☆☆		
认真听讲,知道教师讲解的动作要领及观察重点;观察位置合理,能描述动作方法;能用正确的方法积极练习,并给同伴的练习做出正确的提示	认真听讲,仔细观察,能口述正确的动作方法,用正确的方法积极练习	能根据老师的要求积极参与学练	能认真听讲,仔细观察,抓住动作重点,积极练习	知道在合理的位置观察,积极思考并学会方法且能口述正确的动作方法,用正确的方法积极练习	教师	课堂观察
	认真听讲,仔细观察,能在同伴间相互口述正确的动作方法,并给同伴的练习做出正确的提示	知道正确的动作方法,并能主动参与练习	能观察到动作重点,并能在同伴练习时做出正确提示	认真听讲,仔细观察,能在同伴间相互口述正确的动作方法,并给同伴的练习做出正确的提示	学生	课堂观察;学生互评

【分析与反思】

1. 学会观察有效促进学练效果,激励学生优化学习方法

在二年级立定跳远教学中运用表1,引导学生对同伴的学习成果进行评价,以激励低年级学生学会观察,有效提高学习效率。在教学过程中,通过教师的引导、指点,学生掌握了观察的合理位置、观察的重点环节,有效促进了学生的主动学练。在教学中,教师还引入了表2,从同伴是否认真听讲、能否描述老师讲解的动作要领及观察重点、观察位置是否合理、是否用正确的方法进行练习、能否给同伴的练习做出正确的提示等方面进行评价。通过评价表,激励学生主动观

察、科学观察,逐步养成观察习惯,为掌握学习方法打下基础。

2. 评价量表为师生评价观察提供了依据

在本案例中,教师引入了学生学练习惯养成的评价量表,针对低年级学生的特点,通过对教学项目分步骤设置观察点、制定预期表现标准等评价内容,来引导学生掌握学习内容;同时,针对观察习惯的养成,同样设置观察点和预期表现等评价标准,使得同伴评价、师生评价的操作性更强,也更加客观,真正发挥了评价的诊断、改进与激励作用,有效促进了良好学习习惯的养成。

3. 培养学生观察习惯时要注意的问题

(1)学生要预知评价的内容与标准

活动前教师要设计符合低年级学生认知水平和语言能力的话语及活动方式,设计符合低年级学生特点的口令与互动式的学练方式,让学生知晓、理解和熟悉评价的内容与标准,为评价实施做好充分准备。

(2)教师要对学生的过程性行为进行观察与分析

在讲解练习步骤和要求时,以及学生在开展活动练习中,教师要仔细观察学生的行为,及时获取学生是否观察、观察是否有效等相关信息,并依据标准给予正确的评价。在学生分组学练中,教师要明确学生间互评的要求与方法,真实记录学生在活动中的观察表现,确保评价真实有效。

(本案例在2018年崇明区开展的"为了主动学的学习习惯评价案例评比"中获二等奖)

给学生一片游戏的天空
——体育教学中游戏创编案例

【案例背景】

体育，最应引起注意的是不能缺少乐趣。在小学体育教学中，学生的兴趣主要来自体育教材的游戏化，游戏活动是开展有效体育教学的重要媒介。我们知道，有效的游戏活动不仅能锻炼身体、发展智力，还能丰富和增强体育课的趣味性，提高学生的跑、跳、投等基本活动能力，是课堂教学的重要辅助，也是沟通师生感情、让学生积极主动地参与到教学活动中来的重要途径。但是，在当前小学体育教学中，学生所接触到的游戏多是一些所谓的传统游戏，游戏规则、方法都是大家耳熟能详的，有些甚至是学生在幼儿园时就玩过的游戏，因此学生不但参与热情不高，甚至还有抵触情绪。本课例就如何引导学生对传统游戏进行改编、如何运用正确的方法参与游戏创编等进行阐述。

【案例过程】

师：同学们，这节课我们一起来做个游戏，好不好？

生：哇，太好了！老师，什么游戏？

师："贴膏药"。

生：……，又是"贴膏药"！

同学们的欢呼声顷刻变成了叹息声，情绪从高潮到低落，个个耷拉着脑袋听老师重复着游戏规则，少数同学更是开起了"小组会"……

师：来，我们围成一个圆，游戏方法你们都会，A 同学，你来追；B 同学，你来逃……

游戏开始，B 同学很快贴在 C 同学前面，C 同学拔腿就跑，A 同学奋力追赶，C 同学马上又贴在 D 同学前面……A 同学很快气喘吁吁，老师喊停了游戏。

按照生理学原理，情绪紧张或低落时身体更容易产生疲惫，因为有教师的监督，即使学生不喜欢这个游戏，也只好坚持。在这节课上，教师明知道学生不喜欢，还是继续他的游戏，目的只有一个：营造适宜的课堂教学氛围，激发学生改编游戏的欲望，引导学生主动参与到改编游戏的教学中来。

师：同学们，你们看，A同学已经跑不动了，我们来讨论一下：在这个游戏中，我们要作怎样的修改，才能使追的人不至于跑得这么累？怎样才能使更多的同学参与到这个游戏中？

同学们的精神为之一振，等不到老师说开始，就三五成群地比画起来，争执之声此起彼伏，这种热烈程度甚至超过了游戏本身，有些同学迫不及待地走到教师身边急着表述，刚才的疲态烟消云散……

生1：我觉得应该规定追的人最多追3圈……；生2：我觉得被贴过的人应该转身向外站立，这样就不会再有人贴他了；生3：我建议老师看到有人累了就应该吹哨叫停。

师：同学们都讲得很好，特别是被贴过的人应该转身向外站立这个建议，可以增加参与面，非常棒！可是，追的同学还是可能不停地追呀？能不能换个角度想一想，改变一下游戏方法？

生：老师，我们能不能把游戏改一下：被贴的同学，反过来追刚才追的同学？

师：哇！很好的建议！这样，追的同学反过来也有贴人的机会了。不过，安全性也是我们应该注意的。要不，我们用这个同学的方法试一下？

生：好啊！我们开始……

同学们游戏做得很投入，也没有出现教师担心的安全问题，反而在这个游戏中还增加了转身的灵敏度训练。这个游戏经过同学们的修改，变成了"一人追→一人逃→逃跑者贴→被贴者追→原追者逃"的游戏形式，使游戏更加合理，参与面更广。学生亲身参与了游戏的改编，参与游戏时更加投入。实际上，在我们的其他游戏中，同样也可以作这样的修改，通过改编，变成学生喜欢的游戏，从而更好地完成教学任务，提高教学效果。

【案例反思】

要使游戏成为学生喜欢参与的活动，并让学生始终保持对游戏的新鲜感，就必须适当对游戏进行改编和创新，激发学生参与游戏活动的浓厚兴趣。本案例中的"贴人"游戏是大家从小玩到大的传统游戏，在过去的练习中也始终存在着被追者与追拍者在跑动过程中，如果追拍者追不上被追者，那么他总是追拍者，到最后气喘吁吁还是追不上；而且还可能出现总是少数几个同学相互追、贴的现象。本案例中，教师采用先抑后扬的教学方式，激起了学生主动参与的欲望。通过组织实施游戏，让学生主动发现游戏的缺陷，并引导学生改编游戏。在游戏中，同学们改变了游戏的追逐方法及站立方向，避免了原来游戏中逃跑的人容易被捉弄的现象。通过改编,游戏变得更加合理,适用的目标更宽泛,参与的同学更多,取得了较好的教学效果。当然,如果能在课的结束部分,再布置一些改编类似游戏的作业,则更有利于学生更快地掌握改编游戏的方法。

【案例评析】

要让学生成为学习的主人,就要先让学生成为课堂的主人。虽然本案例中学生只是对游戏内容做了一些小小的改变,但是对于学生来说,无疑已经跨出了自主学习的一大步。"主动体验,乐于探究"的课堂氛围,有利于培养学生利用已有知识处理信息、获取新知的能力,有利于提高学生分析问题和解决问题的能力以及交流与合作的能力。一次改编尝试,也为以后学生对游戏的改编或创编打下了良好的基础。

(本案例在崇明区第六届教师教育教学研究成果评比中获二等奖)

从"一言堂"到"群言堂"

——体育教师参与教研活动案例

【问题导向】

在教研活动中,常常会遇到这样的情景:主持人拿着话筒:"刚才我们观摩了×老师的体育课,现在请大家谈谈对这节课的看法。"一般情况下,总是会有那么几个学科骨干讲几句激励性评价,然后就是教研员总结,接下来就是网上评课;评课也是三言两语,草草应付。区级层面是这样,各学校的教研活动也基本雷同。每次教研活动,作为区级体育学科带头人兼教研员的我,总是做精心准备,面对"沉默的大多数",带头发言点评,比较中肯地指出课堂中的亮点及应反思的地方;而组员们基本上就是听众、观众;多次以后,教学研讨好像跟组员们没有关系,他们只要签个到就可以了。作为学科骨干,我深知有效的教研活动对于基层体育教师专业成长的重要性。因此,我开始思考怎样协助教研组长组织好每一次教研活动,让老师们在教研活动中有话说、能发现问题、有解决问题的方法,从而真正提高教研实效,促进教师专业发展。

【情景再现】

2014年,西门小学体育组申报崇明县优秀教研组,体育教研组长是兼任学校档案管理员的陈老师,他做事认真踏实,整理了很多备查资料,甚至将备课笔记、获奖荣誉、活动资料等材料都用统一的文件夹,呈现在评委们面前。但这次验收的最后一个环节是要求教研组开展一次现场教研活动,针对一段录像课进行教学研讨。活动由陈老师主持,他照例把话筒递给了我:"由杨老师对录像中的跨越式跳高教学进行点评。"我针对教材的重难点、教学方法的选用、学生的学练效果等一一进行了点评,当我讲完后,陈老师把话题引到其他老师身上:"哪位老师再从其他方面谈谈对这节课的看法?"短暂的沉默之后年轻教师小王站起来,说:"杨老师的点评非常到位,我们都同意杨老师的观点,也讲不出其他的什么。"教研活动提前结束,这次优秀教研组评比,我们获得了二等奖,大家都很郁闷:都说我们体育组是优秀的教研组,怎么就只获得二等奖呢?

反馈意见下来了：是因为我们的教研活动没有研讨氛围，教研仅是"一言堂"的专题发言。我们的教研组长是一个年轻、非常有干劲的老师，是学校有名的实干家。每次教研活动，都会提前布置，希望大家能认真参与，但结果总是不理想。其实，我清楚问题的症结所在：相比于农村学校，作为城区学校的老师虽然参加各级教研活动的次数较多，但因为没有接受过如何开展教研活动的专门培训，所以观课的关注点少，往往会只盯着一两个点去看课，如果先发言的老师说了和自己相同的意见，那么后面的老师就觉得无话可说了。针对这种情况，我认为我们需要有质量的教研活动，希望每次教研活动都开成"群言堂"。一个星期后，我和组长商量并决定利用一次学校分组学习的机会，就"如何从别人的课上学到有用的方法来上好自己的家常课"给组员做一次讲座，这个内容以引导大家在听课时多关注其他老师是如何围绕教学重点设计教学方法、如何根据学生情况设计坡度练习；面对生成性问题，如何对照他人教学中存在的主要问题，换位思考自己教学的改进办法，自己是否能围绕教学重难点设计有层次的教学方法，等等。通过讲座，大家豁然开朗，纷纷表示感觉自己上课不仅变得简单了，而且再也不担心上学校的教学研讨课了。

教研室又一次接到任务了：2016年12月9日，区教委要在西门小学举办全区小学体育主动有效课堂教学展示活动。本次活动陈老师负责教学展示及教研活动的主持，体育组有关老师负责进行"基于'主动·有效'课堂背景下一年级'各种滚动'单元教材教法分析研讨"的教研活动。在全县小学体育老师面前的舞台上进行教研活动，我不免为组室里的老师们担心：今天会不会再出现往常那样冷场的场面？教研活动开始后，陈组长说："今天我们进行一年级'各种滚动'单元教材分析。大家都来分析一下'各种滚动'这个单元的特点。"话音刚落，年轻的屈老师就第一个举手，他从一个体操爱好者的角度，谈了教材中前后滚动和左右滚动的区别，并分别列举了前后滚动和左右滚动的动作方法及学生学习时的关键要点。屈老师讲得头头是道，更为难得的是，他说他只是对动作比较熟悉，具体的教法，执教一年级的郁老师最有发言权，居然跳过了主持人，直接把话筒传递给了郁老师。在日常的教研活动中郁老师很少发言，今天话筒传到她的手上，我生怕她推脱，没想到她接过话筒侃侃而谈："低年级的学生还处于无意记忆学习阶段，如果强制他们按照教材要求去做动作，会压抑他们学习的积极性，效果适得其反。应该让孩子们在大片的草坪上或垫子上进行滚动游戏，在游戏中设置一定的角色、一定的动作，引导学生去完成前后滚动或者左右滚动，只有这样，学生才会在快乐学习中掌握教材内容。"接着，平时一脸严肃的小徐站起来说:"我一直执教高年级,对低年级的教材不够熟悉,我来做一遍滚动动作,大家看看动作中的关键点做对了没有？"只见徐老师低头、含胸、团身,向后滚动；可等他向前滚动时却滚动不起来了。这时,组长陈老师的问题就来了:"如果在教学中出现这样的学生,你应该如何教会他呢？"正当大家七嘴八舌的交流时,黄老师走到徐老师旁边,用左手压他的小腿,右手推他的背,以增加他的滚动速度。最终,在黄老师的帮助下,徐老师在臀、腰、背、肩、头部依次触垫后,迅速压腿向前滚动……这次教研活动非常成功,坐在下面观摩的体育老师纷纷表示西门小学的体育教研活动简直就是"群言堂",每个老师都能提出犀利的观点,都能解决实际问题,大家表示要向西门小学教研组学习,要让每个体育老师都能踊跃参与到教研活动中。

【分析反思】

在实际生活中,我们都反对"一言堂",因为大家都知道"一言堂"就是一个人把一个话题讲到底,别人不能发表意见。如果教研活动中出现"一言堂",那真是教研的悲哀,说明大部分老师看不到教学中出现的问题,更不能提出科学合理的建议,长此以往,老师们参加教研活动就是走过场,教研活动也变得名存实亡。

西门小学的教研活动从"一言堂"到"群言堂",是一个质的飞跃,这个变化的过程就是大家再学习的过程。以前的教研活动中常常出现"一言堂",除了大家对能言者有一种依赖思想外,对教研活动的认识还不够,常认为教研活动是纸上谈兵,还不如自己扎扎实实地在课上进行素质练习来得重要。同时,听课观课时很多老师都抱着看热闹的态度,只看练习成功率,并不关注学生的学习过程,不关注老师的教学设计是否围绕教学重点与难点,更不关注教学手段是否适合学生。但经过组内讲座学习后,大家的理论素养得到提升,都能从别人的教学中学到有用的教学方法,并通过组内研课、磨课而学以致用。通过教研活动的"群言堂",大家明白了当今学生身体素质的提高不能仅靠重复的和大强度的练习,而是要通过设计不同的方法、采用新颖的器材,引入激发学生动力的课堂评价等手段,激发学生的参与热情,在兴趣练习中提升学生的身体素质。目前,在我校的教学研讨中,每个老师都能围绕主题有针对性地发表意见,清楚观课时的关注点。经历了多次教研活动的磨炼,西门小学体育组成了一个具有一定教学研究能力的团队,学校也成为上海市小学体育兴趣化课程改革试点单位、上海市体育学科立德树人实验基地、上海市评价融入教学试点单位。在未来的教学改革路上,还需要每位体育老师不断充实,丰富自己的实践经验,提升自己的理论素养;还需要在"群言堂"上相互切磋,擦出智慧的火花,在不同观点的碰撞中,不断提升自己的专业素养,成为一名学生喜欢、家长认可、学校放心的好老师。

(本案例在崇明区2015年度教师故事活动评选中,被评为优秀教师故事)

当实习老师遇到调皮学生

——对一次课堂生成事件的反思

【案例背景】

近年来，崇明区引进了不少年轻教师，为了让他们尽快成长，教育局设立了基层实习基地学校，安排成熟老师对他们面对面、手把手带教。作为小学体育学科骨干教师，我也接受了带教实习生的任务，小顾就是我带教年轻教师中的一位。尽管他的专业素养尚不完美，但他工作主动，肯学习，有上进心，是一个值得调教的小青年。我很庆幸分配到这样一名好学的徒弟，希望通过一年的时间，把他培养成一名相对优秀的青年教师。在对他进行了几周的理论和实践指导后，我准备放手让他独立上课。不曾想，班上几个原本被我重点关注的学生却不买新教师的账，开始"活跃"起来……小顾能顺利完成他的"处子教"吗？

【案例再现】

星期四下午第一节是五 2 班体育课，安排的是篮球运球教学。小顾早早地布置好场地器材，反复熟悉着教案，准备迎接他的处子教学。为了让他减轻心理压力、放松地进入教学状态，我并没有在现场观看，而是悄悄地在二楼教室窗口远望他上课。

叮铃铃……体育课开始了。"立正！向右看齐，向前看！各排报数！"体育委员清晰而明确的指令，表明她能胜任小助手的角色。"1、2、3、4……"短促响亮的报数声预示着一个良好的开始。可是，报到中间时，第四排男同学却报不下去了，原来小王和小陆正在讲话呢。体育委员小余大声地制止小王，并要求大家重新报数。这次，又是小王大声的怪调惹得哄堂大笑，气得小余直跺脚，马上要求他出列认错；但小王不肯出来，还喋喋不休地数落别人。体育委员走过去拉他，他差点和小余打起来。这时，我想看看实习老师小顾会怎样处理这件事？只见小顾板着脸，伸出手指着小王，大声让他出列。小王没办法，歪着头出来了，站在队伍的一侧。

小顾开始上课时稍显紧张，不过教学流程还算流畅。可主教材快上完了，还没有让小王归队的意思，似乎忘记了小王的存在。这时，练习中经过小王身边的小余还冲着他喊："看你还遵不遵守纪律！"小王听到后转身就直奔教室而去，嘴里还嚷嚷："不要再上体育课了……"

下课了，小余带着几个同学到我办公室告状，说小王上课不遵守纪律，被老师晾在一旁，还擅自离开课堂。一会儿小顾老师也来了，看着叽叽喳喳的小余他们直摇头，喃喃自语："不知道小王为什么要这样！？"他告诉我说，本来打算下课后再找小王谈话，结果在上课中间小王就擅自离开了，这堂课也被小王搞砸了，觉得自己特别失败。我让小余他们先回教室，叮嘱他们回教室后不要再批评小王，避免刺激他做出过激行为。

我倒了一杯水给小顾，让他平静下来，告诉他每个班级都会有调皮的学生，调皮现象出现不一定是老师的失败，今天的上课流程就完成得不错。虽然课上出现的生成事件老师有一定责任，但实习老师是第一次上课，情有可原，关键是如何吸取教训，在这样的事件中反思自己需要改进的东西。紧接着，我要求他还原了这堂课的每个环节，并分析反思其中的成败得失。针对小顾非教育专业毕业，没有系统学过儿童心理学的实际情况，我帮他一起分析这个年龄段男生的心理特点，并结合自身的经历传授了一些应对和处理课堂生成事件的经验和方法。小顾听了连连点头，认识到了今天课上因自己处理方法的不恰当，而导致小王和体育委员再次摩擦，进而引发了小王离开课堂的后果。

解铃还须系铃人。放学之前，小顾老师首先找到小余，表扬小余是个优秀的体育委员，有责任心，敢于管理；同时又教育他小干部要善于耐心帮助同学，真正做老师的好帮手。接着，又把小王叫到教室外，主动对小王说自己是第一次给他们上课，注意力都在教学上，忽略了在旁边的他，并跟他道了歉。接着，小顾话头一转："小王呀，你想象一下，如果我们班里有40个调皮的小王，今天的课堂会是什么样子？"小王有些难为情，告诉顾老师上课排队没报数是因为课前和同伴有冲突，而上课后还在和旁边的小陆争执是因为体育委员只批评他，让他心里不舒服，所以才发出怪声；后来再次被体育委员嘲笑，因此赌气回教室。小顾知道了事情真相，告诉小王要处理好同学之间的关系，做一名受大家欢迎的好伙伴，并向小王布置了家庭作业，要求他补上今天的运动负荷，小王表示一定好好完成，并保证以后不再调皮捣蛋，做到认真上课。

【案例反思】

就这样，一桩课堂生成事件解决了，但我与小顾围绕这一事件的反思还在继续。通过连续几次交流沟通，小顾对完成一堂有效体育课中学习习惯及课堂管理的作用有了进一步认识，知道了除了教材教法的研磨之外，还必须做到以下几点：

1. 课前做好学情分析

"学情是一切教学的起点"，因此教师在教学开始前，要预先了解学生的学习习惯、学习基础、性格特点、特异体质，等等。通过事件回放，小顾认识到了：本次事件就是因为课前没有重视学情分析，才导致面对突发事件时应对乏术的局面。

2. 要及时处理生成性问题

面对生成性问题要快速反应、及时处理，尽量将其解决于萌芽状态。这堂课所发生的突发性事件之所以没有当堂及时解决，就是因为小顾缺少应对的经验。

3. 要时刻关注所有学生的学练情况

小顾认识到，今天的事件同自己站位不恰当、教学中没有关注到小王有着很大的关系。因此，以后的体育课要更加注意自己的站位以及场地布置、器材摆放等，确保每时每刻都能关注到每位学生。

看到小顾对突发事件的认识在反思中提高，我十分欣慰，庆幸我有这样好学的徒弟，相信他一定能成为一名真正优秀的体育教师！

（本案例在崇明区2017年度教师故事活动评选中，被评为优秀教师故事）

当"漏油声"响起

【案例背景】

体育教学中,对学生体育学习的评价历来是以"跑得快、跳得高、跳得远……"等可操作性的量化指标来衡量,数据优秀的同学,体育成绩理所当然获得高档次的评价。很多老师在教学中也是用这种较为简单的评价方式对学生的学练情况进行评价,这种评价方式已沿用了几十年之久。作为体育老师,我们也深知其中的不公平,如学生的遗传基因、后天训练、家庭影响等因素都会影响其在体育教学中的学练和最终的测试成绩。因此,如果在教学中不关注学生的学情、不优化体育教学的评价机制,不但激不起学生积极参与的欲望,甚至会扭曲学生幼小的心灵。

【案例呈现】

在一节三年级快速跑教学中,为了激发学生的参与积极性,我将专门设计的接力跑作为巩固加速跑技术的重要练习手段。为了让比赛更加激烈,我刻意把男女同学组成混合小组,同时为了营造良好的练习氛围,我要求每个学生大声为自己小队助威呐喊。一开始,四个小组实力相当,加油声此起彼伏,我很是欣慰。随着比赛的深入及接力队员的不断轮换,各小组之间的差距逐渐拉开,××队冲出重围,跑在最前面。但不知从哪个学生开始,加油声中开始夹杂着"××队,漏油!××队,漏油!"的杂音,越来越多的学生加入"漏油声"的队伍,呐喊声显得特别刺耳,围墙外面路过的社会人员也随着声音开始指指点点。

第一次比赛就在这种嘈杂的氛围中结束了,获胜的小组并没有获得对手的尊重,输的小组更是垂头丧气,我也有点恼火。但我还是迅速冷静下来,没有马上去批评喊"漏油"的学生,而是想怎样通过老师的举措,引导学生给予获胜者尊重。面对获胜的小组,我表扬了组员们,表扬他们不只是跑得快,而且具有抗干扰能力,在有对手干扰的情况下,很好地完成了比赛。对于其他小组,我只是说很感谢他们帮助老师设计了一个抗干扰的场景,而没有对他们进行更多的批评。与此同时,我随意问了一个同学:"你跑动在队伍中,最想听到什么?"这个同学告诉我说:"是同学们喊我名字,为我加油,让我产生动力。"我趁机告诉大家,在一个同学快速运动时,如果喊别人"漏油",那么对方就知道自己很具优势,会增加信心跑得更加有劲,而对自己的同伴没有一点好处和促进。另一方面,我也知道××队中确实有几位短跑速度快的同学,如果再比一次,一定还是他们获胜。因此,我决定临时改变评价方式。"同学们,通过刚才的比赛,我们获得了各个小组的比赛成绩,接下来老师给你们班级定一个目标,看第二次比赛,四个小组的成绩之和能否跑进2分50秒;如果能,我们把它作为我们的班级记录,看何时能再次打破它。"话音未落,同学们都摩拳擦掌,跃跃欲试。比赛开始,每个同学都好像上足了发条一样向前狂奔,"高××加油,李××加油……"的加油声也不绝于耳,一浪高过一浪,加油声不只是送给跑得快的同学,也送给尽力跑的困难生。最后,整个班级的总成绩为2分13秒,诞生了班级记录;当老师宣布成绩时,大家掌声响起。这时,我马上又鼓动大家:"这次好成绩的取得,是全班同学共同努力的结果,大家都提高了各自的速度,每个人都为这个成绩拼尽了全力。"这时同学们又一次响起了掌声,既为自己,也为同伴,更为自己的团队。

【案例反思】

一堂差点失败的课给了我意外的收获,体育教学灵动和开放的特性使得课堂上时刻都会产生生成性的德育问题,因此体育课中对德育的渗透要随时随地进行,每个体育老师都应作为德育教育的第一责任人及时介入并实施教育。同时,体育教学中的评价方式亟须完善,过程性评价、纵向评价和结果性评价需要综合运用,从而引导每个学生积极参与课中学练,促进每个学生健康成长。

1. 德育教育不等于板着脸训话或者"讲道理"式的教育

教学中经常会出现学生的表现脱离了自己的教学设计,进而产生生成性问题。面对这些突发性问题时,体育老师需要将自己正向的情感融入教学中,而不是简单认为学生的行为就是故意捣乱,不遵守纪律。在正向情感的支持下,学生的表现就会是与众不同的创意,只是需要老师正确的引导而已。本节课中,老师对于课堂出现的"漏油声"以及引起社会人员围观的现象,没有表现出恼怒的情绪,而是通过看似随意的提问,获知学生内心的感受,就势引导学生要鼓励同伴、激励同伴,让大家明白不管是小组还是班级,自己都是不可或缺的一分子,都需要努力,而不是去做那些"损人不利己"的事情。这种教学能让学生通过思考,引起共鸣,进而产生很好的育人效果。

2. 合适的评价是学生积极参与课堂学练最好的催化剂

评价融入课堂是近年来一直倡导的教学方法,很多老师也在积极实践。本节课我针对学生喊"漏油"的现象,发现了其中隐藏的评价问题。学生身体素质上的个体差异,容易产生所谓"好学生吃不饱,困难生吃不下"的现象,其实在体育教学中这种现象更甚,传统的评价方式无法激起身体素质好的学生参与的兴趣性——"一切都是这样简单";同样也不能催化身体素质差的学生的积极性——"这些要求太高了"。针对这种现象,我对教学设计做了微调,即变横向对比为纵向评价,接力跑还是原来的组织形式,小组成员还是原来的几个同学,但一个小小的改变,同学们的参与热情明显高涨,最后还创造了超过老师预期的成绩。这样的评价方式和产生的效果,也为以后的纵向评价、个人持续发展打下了基础。

【案例评析】

本案例紧紧抓住课堂中的生成事件,找出问题所在,及时予以解决,真正达到了在体育教学中立德树人的德育目标。当教师预设的课堂教学秩序被打乱时,要善于在其中发现教育的契机,及时反省自己的教学行为,继续围绕教学目标,因势利导并及时作出调整教学评价的决定。由此可见,教法的灵活机智在教学中是非常重要的,这是学生知识技能和德行内化的关键。同时,在教学中教师要尊重学生的情感,了解学生的心理,时刻关注教学实况,敏锐地捕捉教育契机,以取得良好的教育教学效果。

(本案例在 2015 年崇明县小学体育学科主动有效课堂及学科德育案例评比中获一等奖)

做一个有担当、有责任的男子汉！

——小学体育教学中德育渗透案例

【案例背景】

如果问孩子的童年是怎样的？很多人会说，孩子的童年是金色的，可以有五彩缤纷的梦想，可以有丰富多彩的活动。可是现实呢？我们的孩子不会有自己的空间（即使有，也永远在家长的监视中）；我们的孩子不能主宰自己的课余时间（因为他们永远有做不完的课堂作业）；我们的孩子想发展自己的兴趣爱好，总是会有来自各个方面的阻力，有些爱好并不是自己真正的爱好，而是父母的爱好。这也人为地导致了不少所谓的"问题生"。

小王是学校足球队的主力队员，他能言善辩，有着使不完的精力，但在家长眼里，总认为他可以做得更好，于是出现了孩子做作业时妈妈总在旁边看着，一有错误就马上指出，弄得孩子感觉自己总是在监督下生活；在学校，他总是小心翼翼地和同伴交往，不让老师抓到把柄。但是他也发现，家长、老师会经常变卦，说好的同意他参加活动，总会因为突发事件而发生变化。对他来说，童年生活并没有想象中那么开心，所以有时候他也会用自己反复无常的举动来表达他的不满。

【案例描述】

学区小学生足球比赛已经开始了2周，球队一平一负，还没有赢过比赛，教练、队员压力都很大；不过今天最后一场比赛，只要赢球，就可以获得小组第二。下午1点钟的比赛，队员们从12点15分便开始陆陆续续来到赛场进行热身及传接球练习。但是直到12点50分，还未见小王的身影，作为教练的我也有点着急，想到这个孩子的一贯表现，生怕他又变卦了。

于是我连忙拿出手机，打电话给他妈妈，但他妈妈说孩子早就出来了。我纳闷地问："那孩子几点出来的呢？谁送孩子的？"他妈妈说："孩子上午有书法课，自己出去后就没回来，足球比赛装备都带好了，应该会去的。"我顿时无语了，心想：这家长心够大的，下午的比赛，孩子早上就出来了，那中饭呢？从怡祥居到东门中学要20多分钟，一个10岁的孩子独自行走，没考虑路上的危险吗？到现在他还没来，可能有问题了。于是在我与孩子爸爸联系，告知孩子还没到比赛场地的情况时，孩子爸爸才告诉我原因，原来孩子不想上补习班，跟妈妈闹别扭了，并说凭他们对孩子的了解，相信孩子肯定会来参加比赛的。我压下自己内心的火气，让孩子爸妈先找孩子，我则带队比赛。虽然我人在赛场但心里一直关心着孩子是不是来了。比赛中被对方先进了球，我心中的火气顿时升腾起来，心想：这孩子如果来了，直接让他回家，足球队不需要这样没有责任心的队员。直到比赛开始20分钟后，家长打来电话说孩子找到了，我那一颗悬着的心才放了下来。电话那边孩子爸爸迟疑了一会儿，轻轻地跟我说："杨老师，我让小王听电话，你和小王说几句吧，他喜欢足球，他听你的话。"在电话中，我并没有责怪小王，而是跟他说，球队现在落后，后防不稳，急需要一个能跑能抢的队员，他是否愿意帮助球队。电话那边，小王同意了，并说马上过来。中场时间，小王到了，但他因羞于见我，所以躲在体育馆内不愿意来。我收到家长的信息后马上赶到体育馆，告诉小王队伍现在处于落后的状态，急需他的帮助来实现球队的反超。只见小王眼中透露出坚毅的目光，用力地点点头。

下半场比赛开始，小王在后场积极奔跑、拦截，沿着边路助攻，帮助队友连入两球，实现反超，最终赢得了比赛。

虽然比赛赢了，但今天的问题还没解决，于是我向小王布置了一个作业：想一想，今天的比赛为什么能反败为胜？星期一中午，我再次找到小王，让他回答我的问题，他低着头说："因为小张在前面进了2个球。"我跟他说："如果前锋进了2个球，后卫、守门员丢了3个球，我们能赢球吗？"他摇摇头说："不能。"然后，我语重心长地说："我们学校踢球的队员少，你不来，我们在场上就少一名有实力的队员，只能让低年级的小队员上场。昨天你能在情绪不好的情况下上场，老师认为你是一名有责任感的队员，特别是上场后奋力拼搏，其他小伙伴应该向你学习。"这时小王的脸红了："下半场我们后卫没失球，前锋进了球，我们就能赢球。""对呀，足球就是一个团体项目，需要每个上场队员各司其职，合作攻防，下一次不能轻易耍脾气、影响团队好吗？"这时候，小王放下戒备，彻底袒露心声，说自己之所以要和家长对抗，是因为妈妈总是在他做作业时盯着看，让他很紧张，而且总说别人的孩子比自己好，让他心里不舒服，所以他不想待在家里，找理由就出了家门。看到孩子态度的转变，我趁热打铁对他说："在家里，你和爸爸妈妈也是一个团队，爸爸妈妈都非常爱你，你也要爱爸爸妈妈，做一个有责任、有担当的家庭成员，遇到困难多和家长说说，一起来克服，好吗？"小王听了频频点头，转身回到了教室。

送走了小王，想想前几天网上报道的跳高架桥的男孩，我还是担心，马上又找到小王的班主任施老师进行沟通，谁知班主任老师也在为小王的事"头疼"：好几个老师都反映小王上课不专心，影响别人。再联系田径队带队陈老师，却得到了截然相反的说法：小王每天能准时甚至提前参加训练，训练积极认真，进步迅速，自己还承诺让他当运动队队长。结合两位老师反映的情况，针对小王的现象，我马上联系了学校的心理老师，让心理老师介入对孩子的教育。第二天，她约了小王和他的爸妈，分别给小王和他的爸妈做了一次心理疏导，告诉他们应该如何改善家庭关系，帮助孩子疏通压力释放渠道，促进孩子的健康成长。看着孩子和家长轻松地从心理辅导室走出来，我的心情也放松了许多。

【案例反思】

　　现在的学生面临不同方面的压力，如果处理不当，往往会自暴自弃，成为别人眼中的"熊孩子"，甚至走向极端。反过来说，这些"熊孩子"往往也是经历了一个个冲突、一次次挫折而逐渐养成的。因此，如何将这些影响孩子身心发展的不良倾向解决于萌芽状态，帮助孩子释放压力、形成良好心态、回归健康成长的轨道，是我们的家长及所有教育人应该认真面对和考虑的问题。本案例中的小王已经出现这方面的倾向，和父母对着干、怀疑自己、挑战任课老师，和我们印象中的"熊孩子"无异。但我知道，他不是一个"熊孩子"，他爸爸妈妈也知道这一点，但我们应该如何改变他呢？

　　首先，教师要客观甚至要刻意地看好孩子。故事中的小王在足球训练、田径训练中能表现出很好的自律性，甚至还因为自己当上了田径队队长而主动负起责任，这份责任心，不正是我们所追求的教育效果吗？我们真的要保护孩子的这份责任心，引导孩子正确处理体育与学习的关系。

　　其次，教师要加强与学生家长的沟通。作为一名体育教师，一开始我只是站在体育项目的角度看待小王缺席比赛这件事，甚至打算掏出"黄牌"警告家长要配合做好孩子的接送工作；幸好我没掏出"黄牌"，也没表现出不耐烦情绪，因此小王家长才会充分信任地向老师求助，小王也才会向老师吐露肺腑之言。正因为有这些沟通交流，才会有接下来一系列及时跟进的措施。

　　再次，家长要调整成才观，客观理性地对待自家孩子的发展。现在大部分家庭还是独生子女，家长对孩子的期望总是居高不下。其实我们家长不妨放下期待，增设阶段目标。这个目标不是一个点，而是一个区间，在这样的目标区间内允许孩子在受到不同状态、心情、突发事件影响下产生的反复情绪，做一个开明大度的家长。

最后，理解孩子的成长是一个长远的过程。无论是教师还是家长，不要僵化、功利地紧盯一个目标。如果预设了孩子在每个时间段应该做什么、应该做到什么的目标，那么万一孩子没做到，就特别容易引起师生间、母（父）子间的冲突，反而影响教育效果。我们可以设立多重目标，逐级递进，帮助孩子形成良好的学习习惯。同时，基于对孩子的了解，我们对孩子的行为要有预设，因为并不是每个孩子都像我们想象中那么乖，如孩子在家不做作业、课间不完成课堂练习，都是有可能发生的。因此，无论是家长还是教师，要根据孩子的一贯表现，提前对孩子的行为有个预测，以免孩子情绪失控，引起不必要的争执。

【案例评析】

本案例是一个很典型的牵涉孩子、学校及家庭之间综合问题的案例。现在所谓的"问题生"越来越多，如何解决或缓解这种"问题生"多发的现象，需要家校和社会共同努力。本案例中在小王身上发生的问题，就是父母与子女之间因缺乏沟通以致问题长期积压而无形中伤害孩子自尊、自信的典型问题。这种问题并不是体育教师单方面能解决的，需要学校各部门联合解决。案例中的我，在了解基本情况后求助于学校的心理老师，从孩子的心理问题、家长教育方法上给予指导，不仅取得了不错的效果，而且也从中受到了很好的启示。

在教育背负的压力不断增加的情况下，我们的学生、家长，甚至我们教师自己，承受着不同程度的压力。体育是一个很好的释放压力的途径，我们要充分用好体育的功能，寓教育于体育活动中，更好地开发体育培养人的功能，真正发挥体育的重要作用。作为教育者，我们更需要部门间通力合作、相互交流，正确指导家长科学地教育孩子，使孩子养成良好的学习习惯，从而开心学习、幸福生活；只有这样，才会真正做到家校合作，共同把我们的学生培养成阳光向上、朝气蓬勃的有用之才。

【后续发展】

小王有了明显的变化，他们的家庭也因为孩子的变化而变得和谐温馨。在最近的区校园足球U9预赛中，小王同学发挥出色，多次为球队攻城拔寨、连战连捷，以小组第一的好成绩进军总决赛。期待小王在总决赛中有更好的发挥！

（本案例在崇明区2018年度教师故事活动评选中，被评为优秀教师故事）

"屏"显学练内容激趣,营造乐练氛围增效

——崇明区西门小学体育教学中应用移动智能平板设备教学案例

【设计理念】

当今,在不断深入兴趣化教学、主动提升学生核心素养的教育背景下,在开放、灵动的操场上增加信息化教学手段,既能改善体育教学软环境、营造适宜氛围、激发学生学练兴趣,又能让不同难度教材的重点难点清晰、精准地在屏幕上显示,进而提高学生的学练效果;既能有机融合线上线下教学,丰富体育教学资源,拓宽学生学习知识的广度,又能主动对标学练,及时反馈学练进程,构建主动有效的体育课堂。

【主要功能】

1. 手机端、触摸或无线移动端控制投屏,能实现大屏显示教学所需内容,创建学练环境,打造多姿多彩的课堂。

2. 在室外体育教学中,移动智能平板可以在操场的任何位置使用,改变了固定大屏幕的局限性,方便了更多班级的使用,拓宽了信息化教学的路径,有利于教师实现自己的教学思路,提高体育教学效果。

3. 通过内置的投屏功能可以及时反馈学练过程,修正学练动作,提升学生对动作的认知和实践能力。

4. 触摸屏显示,更加方便,适合体育教师教学中运用。

5. 自带各种书写画图工具,支持对图片、视频进行缩放与旋转,能契合教学需要,明晰教学重点难点。

6. 网络连接有助于线上线下的融合教学,还能连线空中课堂,实时分享线上资源。

【使用方法及使用要求】

一、使用方法

手机上下载配套软件,实现手机和智能平板的连线,既可在手机上操作,也

可以在屏幕上点击。

二、使用要求

1. 确保操场 WIFI 全覆盖且信号稳定。
2. 使用前，对体育教师进行一定的操作培训。
3. 采用移动遮阳篷配合移动智能平板使用，效果更好。
4. 放置移动智能平板的器材室与操场的连接应呈斜坡或平坦，确保进出方便、安全。

【特色亮点】

一、厘清重点难点，助力精准学练

1. 助力教材解析，找准重点难点。针对教材难点，利用信息化设备的慢放和对比功能，能使学生知道教材的核心点，厘清本课教材重点。
2. 利用设备功能，标注动作核心。利用智能平板配套的各种书写笔及其对图片、视频的缩放与旋转功能，用激光笔、色彩标注、反复重放等方法，能强化动作要点，加深学生对正确动作的印象。

二、多元评价激趣，以评促练增效

1. 课标清晰明了，评价有理有据。相比于日常教学中的图示及教师现场示范，教师通过智能平板多形式的播放及文字提示，可以做到课标清晰，使学生评价有据可循。
2. 自评互评师评，评价方法多样。利用智能平板内置的摄像功能，能将课堂学练情景及时投屏或回放，并根据课标开展自评互评活动，使评价内容更加客观有效，达到促进学练的效果。
3. 信息呈现即时，手段灵活有效。根据评价结果，大屏予以即时呈现，能实现不同的年级采用不同的奖励内容，如奖章、星星、达人、能手、标兵等，满足了不同年级学生的需要，营造了快乐有趣的课堂。

三、手机投屏便捷，空中资源无穷

1. 智能平板软件的投屏功能凸显手机的实用功能，利用手机搜索课堂资源并投屏于智能平板，使学习资源更加丰富，拓宽了学生学习渠道。

2. 营造多彩多姿的练习氛围。智能平板可以根据不同学习内容创设不同的学习背景,帮助孩子感受真实场景,激发学练兴趣,助力学练效果。

3. 助推线上线下融合。在上海市教委完成所有《体育与健身》教材空中课堂录制的当下,移动智能平板能将线上教学和线下课堂有机融合,最大效能地发挥空中课堂的价值。

四、观课评课同步,教研活动高效

智能平板的多种功能,拓展了我们对常规教研活动的想象力。利用手机投屏或智能平板自带的摄像功能,可以将直播课通过网络传给不同地方的老师,参与教研的老师可以在不同地点连接课堂实录进行观课,并在聊天区留言互动。执教老师可以在课后参与教研,多维度回看分析教学过程,更好地帮助教师成长。

【课程设计】

1. 教材名称

《小学体育与健身》三年级后滚翻3-2

2. 学习目标

学习后滚翻的动作方法,体验快速后倒时身体重心的变化和及时推手的时机,提高学生身体柔韧协调素质。

3. 教学重难点

重点:后倒快速,及时推手

难点:推手时机

4. 教学过程

(在操场的遮阳处,放置移动的智能平板)

师:同学们,看一下大屏幕上,我们来到了什么地方,小熊猫要干什么?

生:我们来到了山坡上,小熊猫在山坡上开心地玩。

师:今天,我们先跟老师一起,用垫子搭建一个小山坡;我们将两块垫子相互交叠大约30厘米,也可以把小枕头垫在垫子下面。

(执教教师在移动智能平板屏幕上设置一个小熊猫在山坡上后滚嬉戏的场景,营造生动形象的学练环境,增加学生的角色感,激发学练兴趣)

生:我们一起搭建小山坡,学做小熊猫后滚翻……

(师生在斜坡状的垫子上滚动练习)

师：在斜坡的帮助下，大家后倒的速度更快了！看大屏，小熊猫来到了山坡下平整的草地上，它们在草地上继续滚翻玩耍。我们都来学一下熊猫在平地上进行后倒练习，感受一下后倒的力量是从哪里获得的。

生：后坐快，向后倒的就快。老师，对不对？

师：你说得真好！

（教师一边在智能平板屏幕上回放自己主动快速后倒的示范，一边讲解动力来源）

生：认真听讲，积极练习……

师：刚才同学们都能做到团身紧、后倒迅速，接下来我们要学后滚翻成蹲撑。先看大屏幕上老师是怎样给同学做保护并提供协助的？

（针对动作难度，在学生未学会的情况下，由标准示范引出课题，让学生将正确的保护与协助动作要领印记脑海。智能平板大屏上，教师可以通过手机控制动作的慢放、暂停，明确保护与协助的部位与时机）

生：根据老师讲解仔细观察完整动作。

师：接下来，我们在同伴协助下进行体验练习。记住要做到团身紧、后倒迅速；同伴协助的部位在……

生：在同伴协助下进行练习……在同伴协助下完成后滚翻成蹲撑。

（智能平板或手机进行课堂实录，投屏播放……）

师：同学们，我们一起回看一下刚才练习的情况，找找自己练习的视频。

生：老师，我后倒蛮快的，但是脚过头部位置后，身体就侧倒了，这是为什么呀？

生：对，老师，我也是这样的情况……

师：不用着急，这是后滚翻练习时的普遍现象。我们来看一下小明同学的动作：大家观察一下，后倒滚动以后，脚过头部时，小明的手掌是怎样的？

（移动智能平板大屏上显示小明示范的慢动作，在后倒滚动脚过头部后，有个明显的推手用力动作时，画面暂停并用激光笔圈注肘关节和动作）

生：小明同学有个明显的推手动作。

师：观察得真仔细！小明的推手动作帮助他继续完成后滚翻动作，一推，身体就过来了，同时还要注意两手均匀用力推。接下来，我们来做个专门练习推手的小游戏，要注意双手同时推，并关注纸盒停下来时的位置哦。

（播放小游戏视频并组织学生练习）

生：好的。

(学生在游戏中纠正推手用力不均匀的错误动作,教师用手机随机进行课堂实录)

师:我们再进行后滚翻动作,注意要后倒迅速、推手及时,同伴的保护与协助要及时跟上。

生:老师,我们能自己完成后滚翻动作了。

师:好了,看来大家都能完成后滚翻动作了,我们再来看一下老师刚才给大家拍下的练习视频。

(教师将手机拍摄的视频通过手机操作投屏于智能平板大屏上)

师:请大家对照标准评价一下自己在课堂上的表现,分别给出不同的星级评定。

(回放学生视频,右下角画中画播放标准动作……学生自我评价)

……

师生总结:本节课,大家化身小熊猫,在山坡上和草坪上学习后滚翻,都学得非常认真,我们都为自己点个赞!通过大屏幕,我们看到了自己后滚翻的学习成效,都能做到后倒快速与及时推手。下一节课我们要进行后滚翻动作展示,课后老师会把上课实录上传班级群,希望大家课后注意观看视频,发现自己存在的问题,争取在下一节课做得更好。

(本案例收录于《上海市中小学体育、艺术教育设施设备建设与应用案例征集》)

五年级"魔幻造型训练营"月周期体育锻炼活动实施案例

【案例背景】

本案例是在各校实施双减政策、加强学生健康管理背景下,以上海市崇明区西门小学五年级《体育与健身学科》相关教材教学目标为依据,以深受学生喜欢的"韵律游戏:人体造型"单元模块为基础而设计的"魔幻造型训练营"月周期体育锻炼活动计划,契合学校健美操体育特色。通过实施锻炼计划,既能丰富学生课余锻炼内容,培养学生的创新能力、创新精神及综合素质,又能促进学生良好运动习惯和健康生活方式的养成,为掌握体育锻炼终身技巧、形成终身锻炼意识打下基础。

【案例实施】

1. 体育锻炼活动实施目标

提高韵律基本技术,提升身体素质和能力,拓展韵律基本知识,培养学生善于观察、主动创新以及良好的锻炼习惯,养成健康的生活习惯。

(1) 第一阶段目标(第1—2周)

根据体育教学中"人体造型"单元学习情况,通过静态模仿和创新练习,熟悉人体造型游戏的相关规则和相关理论知识,提高基本功并巩固技能;学会柔韧、灵敏等专项和一般体能练习方法,发展身体柔韧素质,提高身体协调性、灵敏性及快速反应的能力;基本能采用一点平衡、二点平衡、三点平衡开展人体造型练习,并能在生活中逐步养成善于观察、好学善练、勇于创新的良好品质。

(2) 第二阶段目标(第3—4周)

通过动态模仿和创新练习,优化人体造型动作,提高人体造型所需要的基本功和知识容量,能够融入音乐、跑跳步等元素,组合运用各种人体造型姿势(单人或多人合作)开展韵律与平衡、韵律与造型的学练,能够将韵律与造型有机结合,设计成"魔幻造型"综合节目,并使其具有一定表演能力;进一步学习柔韧、速度、力量、灵敏等专项和一般体能练习方法,发展学生身体综合素质,提高身体协调性、灵敏性及快速反应能力;通过相互交流、欣赏、学习等方式,拓宽学生魔幻造型思路,能将韵律与造型有机结合,不断培养学生积极探索与自主实践能力。

2. 体育锻炼活动实施流程(详见图1)

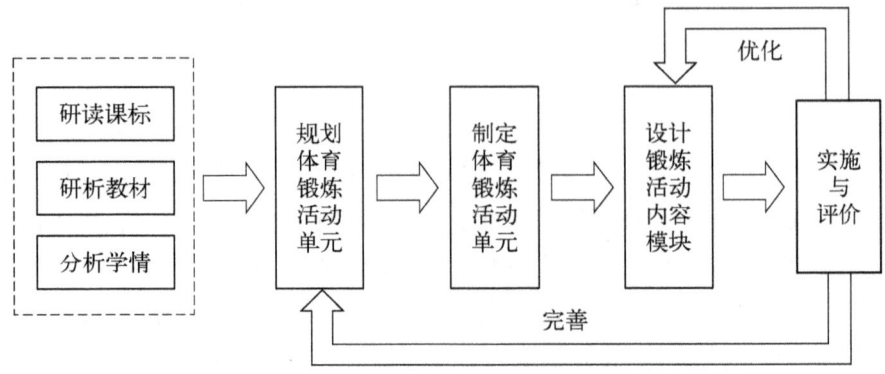

图1 体育锻炼活动实施流程

【实施策略】

以活动目标为引领,以解决问题为出发点,设计连接课堂内外的有针对性的体育锻炼活动。

【实施方式】

采用线上线下相结合的方式布置、监测、分析体育锻炼活动,评价体育锻炼活动过程,再调整设计、优化活动过程。

1. 内容框架

第一阶段(第1—2周) { 专项运动技能(1-3点平衡)
一般体能、专项体能(柔韧、灵敏……)
运动知识、健康知识、体育欣赏 }

第二阶段(第3—4周) { 专项运动技能:韵律与造型组合
一般体能、专项体能(柔韧、灵敏……)
运动知识、健康知识、互动交流与欣赏 }

2. "魔幻造型训练营"第1—2周体育锻炼活动内容(详见表1)

(1) 基本运动技能

动物模仿操;石头剪子布游戏(脚);猜拳乐;象形操;韵律与模仿;垫上运动

（滚、滚翻、前后滚动、滚翻组合动作）；钻；各种跨、爬越；其他创想。

（2）专项运动技能

① 单人与固定物造型：数字造型；字母造型；交通工具造型；桥梁造型；植物造型；场景造型。

② 两人或多人造型：交通工具造型；桥梁造型；植物造型；场景造型。

（3）一般体能

速度：130米快速跑；25米折返跑；变速跑；接力跑。

耐力：1分钟跳绳；50×8折返跑；自然地形跑；600—800米走跑交替；其他创想。

力量：平板支撑；跪姿俯卧撑；俯卧撑；仰卧起坐；原地提踵；半蹲跳；靠墙静蹲；跪跳起；其他创想。

柔韧：各种身体拉伸练习。

灵敏：跑跳步；小步跑；开合跳；交替跳；其他创想。

（4）专项体能

① 走：有韵律的走和跑；变速走；指定方向走和跑；举（托）物走；象形走；其他创想。

② 跑：跨栏跑；蛇形跑；节奏跑；变速跑；指定方向折返跑；举（托）物跑；象形走；其他创想。

③ 平衡：攀爬；走梯子（独木桥）；单脚站立；滚翻；其他创想。

④ 柔韧：坐位体前屈；纵（横）叉；桥；跪坐后倒下；海狮出水；其他创想。

⑤ 力量：投沙包；飞盘；推小车；静力举矿泉水；半蹲跳；平板支撑；立卧撑；其他创想。

（5）运动知识

① 查阅资料。知道人体造型的方法，了解人体造型对促进儿童成长的好处；学习观察的方法，掌握模仿内容的特征；了解身体意识、时间意识和空间意识的概念。

② 体育欣赏。欣赏同伴的人体造型；相互交流人体造型（借鉴别人合理姿势）；能客观评价同伴的人体造型；能理解同伴所做出的造型动作。

③ 健康知识。了解人体造型的健身价值；了解评价人体造型的标准与方法；了解人体造型对培养合作交往和自我锻炼能力的益处。

表 1 第 1—2 周 日锻炼超市

技　能					
基本运动技能	动物模仿操	★	专项运动技能	数字造型	★
	石头剪子布（脚）	★		字母造型	★
	猜拳乐	★		汉字造型	★
	滚动	★		桥梁	★
	滚翻	★		植物	★
	滚翻组合	★		场景	★
	跨	★		交通工具	★
	爬越	★		单人与物	★
	钻	★		两人或多人与物	★
	其他创想	★		其他创想	★

体　能					
一般体能	速度	快速高抬腿 20 秒	★	专项体能	有韵律的走和跑	★
		15 米折返跑	★		变速走和跑	★
		变速跑	★		指定方向走和跑	★
		接力跑	★	走和跑	举托物走和跑	★
	力量	平板支撑	★		象形走或跑。	★
		跪姿俯卧撑	★		障碍跑	★
		仰卧起坐	★		蛇形跑	★
		原地提踵	★	平衡与柔韧	攀爬	★
		半蹲跳	★		梯子、独木桥	★
		跪跳起	★		单脚站立	★
	柔韧	各种身体拉伸	★		滚翻	★

续表

体能							
一般体能	柔韧	桥	★	专项体能	平衡与柔韧	跪坐后倒下	★
	灵敏	躲闪	★			海狮出水	★
		跑跳步	★		力量	轻物投掷	★
		交叉步	★			飞盘	★
		游戏	★			推小车	★
						轻物举重	★
						各种跳跃	★
						各种支撑	★

知识	运动知识	为什么要进行人体造型
		你是否能指导同伴做造型
		你是否会保持身体平衡
	体育欣赏	"你来做,我来猜"游戏
		评价同伴的人体造型
		相互交流人体造型练习
	健康知识	人体造型的价值
		怎样和同伴进行游戏交流
		怎样客观评价同伴的动作

3. "魔幻造型训练营"第3—4周知识学习内容

（1）基本运动技能

大课间健美操；踏板操；有节奏的跑和跳；有伴音的象形操；韵律与模仿：跑跑跳跳真快乐、垫上运动（滚、滚翻、前后滚动、滚翻组合动作）；爬越；各种跨过障碍；其他创想。

（2）专项运动技能

① 双人、三人及多人造型：人体造型；数字造型；字母造型；交通工具造型；

桥梁造型;植物造型;场景造型;其他创想。

②韵律造型:韵律＋人体造型;韵律＋数字造型;韵律＋字母造型;韵律＋交通工具造型;韵律＋桥梁造型;韵律＋植物造型;韵律＋场景造型;其他创想。

(3)一般体能

①速度:30米快速跑;25米折返跑;变速跑;接力跑。

②耐力:1分钟跳绳、50×8折返跑、自然地形跑;600—800米走跑交替;其他创想。

③力量:平板支撑;跪姿俯卧撑;俯卧撑;仰卧起坐;原地提踵;半蹲跳;靠墙静蹲;跪跳起、其他创想。

④柔韧:各种身体拉伸练习。

⑤灵敏:跑跳步;小步跑;开合跳;交替跳;其他创想。

(4)专项体能

①走和跑:有韵律的走和跑;变速走和跑;指定方向走和跑;举(托)物走;象形走和跑;蛇形跑;跨栏跑;其他创想。

②平衡:攀爬;走梯子(独木桥);单脚站立;滚翻;其他创想。

③柔韧:坐位体前屈;纵(横)叉;桥;跪坐后倒下;海狮出水;其他创想。

④力量:投沙包;飞盘;推小车;静力举矿泉水;各种跳跃;平板支撑;立卧撑＋跳起;其他创想。

(5)运动知识

①查阅资料:知道韵律＋人体造型的基本方法,了解韵律造型游戏所需要的技术和体能;学会景物畅想、观察后想象的方法;学会多人合作的方法,能精准把握模仿对象的特征及多人合作造型技巧;了解身体意识、时间意识和空间意识的概念。

②体育欣赏:欣赏同伴有难度的人体造型;相互交流人体造型,借鉴别人创意姿势;能客观评价其他小组的韵律造型,及时做出正向反馈;能想象说出同伴造型动作。

③健康知识:了解韵律人体造型的健身价值;了解韵律造型对学生身心发展的价值;了解评价韵律造型的标准与方法;了解韵律造型对培养合作交往和自我锻炼能力的益处。

表2　第3—4周　日锻炼超市

技　能						
基本运动技能	校本健美操	★	专项运动技能	数字造型	★	
	踏板操	★		字母造型	★	
	有节奏的跑或跳	★		汉字造型	★	
	有伴音的象形操	★		桥梁	★	
	韵律与模仿	★		植物	★	
	跑跑跳跳真快乐	★		场景	★	
	垫上运动（滚翻及组合）	★		交通工具	★	
	爬越	★		韵律＋造型	★	
	各种过障碍	★		韵律与造型组合创编	★	
	其他创想	★		创想练习	★	
体　能						
一般体能	速度	快速高抬腿20秒	★	专项体能	走和跑	有韵律的走和跑	★
		15米折返跑	★			变速走和跑	★
		变速跑	★			指定方向走和跑	★
		接力跑	★			举托物走和跑	★
	力量	平板支撑	★			象形走或跑	★
		跪姿俯卧撑	★			障碍跑	★
		仰卧起坐	★			蛇形跑	★
		原地提踵	★		平衡与柔韧	攀爬	★
		半蹲跳	★			梯子、独木桥	★
		跪跳起	★			单脚站立	★
	柔韧	各种拉伸	★			滚翻	★

续表

				体	能			
一般体能	柔韧	桥	★	专项体能	平衡与柔韧	跪坐后倒下	★
		躲闪	★			海狮出水	★
	灵敏	跑跳步	★		力量	轻物投掷	★
		交叉步	★			飞盘	★
		游戏	★			推小车	★
	耐力	90秒跳绳	★			轻物举重	★
		50×8折返跑	★			各种跳跃	★
		自然地形跑	★			各种支撑	★
知识	运动知识	怎样进行韵律和造型的组合练习					
		你可以做出生活中哪些场景					
		如何与同伴一起做韵律和造型练习					
	体育欣赏	"你来做,我来猜"游戏					
		评价其他小组的韵律＋造型					
		相互交流韵律＋造型练习					
	健康知识	生活中的韵律造型会给我们带来什么					
		如何与同伴进行交流					
		如何客观评价同伴的动作					

【实施建议】

第一,提供多样组合的练习菜单,指导学生合理组合锻炼内容并提供有针对性的指导和配套练习;注意技能与体能相结合,练习强度需循序渐进,不断激励学生自主完成锻炼。通过网络平台发布作业、实施计划和相关要求。

第二,学生每周至少完成 4 次锻炼活动,每日锻炼内容可以根据进度,在周/月锻炼超市的不同栏目中选择 3—4 个练习进行组合;一个锻炼组合练习熟练后,应该更换不同锻炼组合。建议每天从技能和体能超市中选择并完成不少于10颗星的练习,锻炼时间在30分钟以上,其中每天技能星和体能星要分别不少于3颗。

第三,提前准备好运动服装和运动鞋,锻炼前后做好热身及放松活动;居家锻炼除了选择安全环境之外,还要做到尽量不扰民;户外锻炼可选择适宜的时间及场地进行锻炼,但运动负荷要适宜,健身要科学。

【实施评价】

表3 魔幻造型训练营第__周评价反馈表

模块	反馈形式	评价标准	评价等级
技能	随堂检查/练习视频	根据要求完成4项练习,完成效果好	★★★
		根据要求完成4项练习,完成效果较好	★★
		根据要求完成4项练习,完成效果一般	★
体能	随堂检查/练习视频/家长证明	根据要求保质保量完成2项练习	★
知识	随堂问答/问卷反馈/纸质作业反馈	问题回答正确	★★★
		问题回答较正确	★★
		问题回答基本正确	★

【结果与分析】

"魔幻造型训练营"月周期体育锻炼活动,不仅配合了《体育与健身》课程单元教学的实施,而且助力了学生对运动项目的学习。不同水平的学生经过体育锻炼均获得技能的不同提高,通过韵律与造型欣赏、交流、知识问答等活动,学生基本掌握了韵律造型的基本方法,了解了韵律与造型的健身价值。这种学以致用的周期化作业帮助学生有针对性地开展课后体育锻炼,促进了周期体育活动目标的达成,丰富了学生的课余锻炼内容,培养了学生的创新能力、创新精神及综合素质,促进了学生养成良好的运动习惯和健康的生活方式,为掌握体育锻炼终身技巧、形成终身锻炼意识打下基础。当然,这种训练模式也存在着个人练习居多、同伴及多人合作较少、锻炼缺乏一定指导的问题。

【案例思考】

（1）体育周期化作业，为学生养成体育锻炼习惯做了有益尝试，如果能加强学校、家庭及社会的合作交流，做到学校引导、家庭参与、社会保障，一定能让体育作业落到实处。

（2）本着契合区域特色、激发学生锻炼兴趣、养成自主锻炼习惯的教学目标，学校要开设适合区域特色运动项目课程，为学生回到社区进行课后练习打好基础。

（本案例是基于本学区开展课后作业研究、根据学校健美操特点而开展的月周期作业设计，2022年12月在区作业展示活动中进行了交流）

微讲座：如何撰写体育教育教学案例

现实生活中，很多小学体育教师对写文章有着莫名的恐惧，总是担心自己写不出东西。其实，在每一位教师的日常工作中，都有大量的"故事"发生，但在系统内组织的教育教学案例征集中，很多教师将这些故事简单化了，常常通过复制粘贴很多重复的理论知识来弥补篇幅的不足，反而对事情的来龙去脉不作介绍，对事情的发生对教学及学生成长的影响不会分析。其实，教学中遇到的这些"故事"，都蕴含着丰富的教育智慧，如果把这些记录下来并进行适当反思，可以从中得出具有鲜明特色的教育结论。这里所说的教育智慧，指的是教学过程中教师的一种特殊定向能力，是指教师对学生活动的敏感性，即能根据学生新的、特别是意外情况，迅速而正确地作出判断，随机应变地及时采取恰当而有效的教育措施解决问题的能力。这里提出的教学案例，就是要把这些教育智慧从一个个教育故事中提炼出来，在下次遇到或别人遇到时能运用的教学能力。

无论是实践研究还是优秀教师成长经验，都表明案例研究已经成为紧密联系教学理论和教学实践的桥梁。以下简述撰写一个完整的体育教育教学案例的基本要素。

一、体育教育教学案例概念及特点

1. 体育教育教学案例是对体育教育教学中已经发生的真实的、典型的、具有一定矛盾冲突的教育教学事件的过程描述、解读评析和反思感悟。案例通过教育事件反映出来，在教育事件背后隐藏着教育规律，它具有叙事的一般特征，即背景、冲突、问题、反思，反映出教师和学生的典型行为、思想和情感。

2. 体育教育教学案例具有典型性、真实性、反思性和可读性的特点。案例不同于论文，论文是为了提出新的观点或成果，通过周密的论证、充分的证据来佐证论点的成立，重点在论；而案例则是通过教育教学事件的描述，在剖析矛盾冲突中获得感悟，重点在述。案例也不同于工作总结，工作总结是对过去工作的一个全面梳理和了结，而案例则是通过对过去教育事件的描述和反思。案例也不同于故事，故事可以杜撰、虚构，而案例是发生在教育教学实践中真实的事件，叙述者既是事件的讲述者，也是事件的参与者。案例更不同于教学设计，教学设计是对即将开展的教学活动的预设，而案例是对已经发生了的教育事件的反思。

案例的另一个重要特点是它的可读性。阅读者可以从作者的案例中看到教学影像，清楚地看到作者所讲述的问题以及解决问题的技巧，使读者在阅读时有身临其境的感受。

二、体育教育教学案例价值

（一）撰写案例过程能促进体育教师快速成长

教师成长＝经验＋反思，这是美国教育心理学家波斯纳分析教师成长的公式。没有反思的教师是很难成长的，体育教育教学案例是体育教师进行教育实践理性反思的有效手段，是进行教育智慧整合的有效途径。

体育教育教学案例撰写的过程就是在实践的过程中对教育疑虑进行解剖的过程，描述的是事件，揭示的是事件后面的规律。体育教学活动中教育的元素往往容易被忽视，因为体育的呈现方式以动为主，凸显了它的实践性。但是，如果不注重理性反思，体育教学容易形成重"技"而轻"道"的现象，体育教师容易成为术有专攻的教练员或者运动员，难以成为一个富有教育智慧的教育家。案例从真实、鲜活、生动的教育现象入手，能引导体育教师进行理性的反思，从而产生教育智慧，对促进体育教师快速成长具有现实意义。

（二）撰写案例能引导体育教师养成问题意识

撰写案例就是要体育教师立足实践、立足课堂进行校本研究，在教学之余，要求体育教师用心去发现问题，培养问题意识，有意识地观察审视自己的教育教学行为，从而改善教学思维，提升教学能力，生成教育智慧。教育实践活动中的许多教育元素和契机不用心观察很容易"一晃而过"，因此在实践中我们要善于发现问题，并在反思中修正教育理念，在实践中改变教育行为。案例撰写是进行教学反思的一种重要手段，其撰写的过程既是一个理性反思的过程，也是一个教育教学思想形成的过程。教学反思是回忆、思考、评价教学经验的活动过程，在这个活动过程中，我们要善于用理性的线穿起教育实践中的每一颗珠子，以养成独特的教育思维和鲜明的个性，从而形成教师独特的教学风格。

（三）案例研究促进体育教师教育智慧养成

体育案例往往是对教师教育实践中难忘且在日常教育中容易遇到的事件的描述，其贴近日常教育且又富有意义，往往能引起教师们的共鸣，也容易让阅读者接受，能达到分享教育经验的效果。案例中教师对学生活动的敏感性，根据意外情况所做出的迅速而正确的判断，以及随机应变采取恰当有效的教育措施而解决问题的能力，能帮助其他教师在遇到类似问题时参考采用。这种分享是智慧的分享,也是一个教师心路历程的交流,能最大限度促进教师共同成长。

三、如何写体育教育教学案例

体育案例一般是对真实典型的教育、教学事件的描写和反思性的解读,其内容广泛、形式多样,但也有其相对固定的要素。从撰写涉及的内容上来看大致可分为：体育教育类、体育教学类、体育训练类、行为习惯类等；从结构上看,体育案例并不要求用统一的书写格式,但作为一个相对完整的案例应该包含以下几个基本要素：标题、前言、背景、过程描述、反思。

(一) 案例标题

标题是对案例内容高度的概括,能体现案例的核心思想,不能简单用"案例"两个字来代替,而是要充分体现对案例内容的概述,体现案例的意义价值,点燃读者进一步阅读的欲望。

标题的拟定要简明扼要、清晰易懂且高度概括,能让读者一目了然地知道案例的基本内容。可以用案例中的突出事件来做标题,如反映教育事件的"当漏油声响起……",反映教学应变策略的"学会观察,有效学练……"；也可以用主题定标题,即把事件中包含的主题概括出来作为标题,如反映体育教学过程中的德育渗透的"做一个有责任的男子汉",反映见习教师带教案例"实习老师遇到调皮学生",反映体育教学游戏化教学特色的"给学生插上游戏的翅膀"等。

(二) 案例背景

案例具有一般性叙事的特征,体育案例也是如此。撰写案例要向阅读者介绍事情发生背景,也就是体育教育教学中发生事件的时间、地点、人物、起因及特定环境等有关情况,背景介绍虽然不必面面俱到,但要说明教育事件发生的原因和条件,以方便其他教师对案例的解读,因为背景往往是帮助读者评析案例的重要依据。因此,在撰写时要注意有重点、有选择地撰写相关的背景,特别是产生冲突的直接和间接背景。

有些案例,可以在开头部分增设案例前言,简短介绍案例背景、缘起,做到言简意赅,突出重点,向读者说明案例产生的来龙去脉,以引起读者对案例的阅读兴趣。此外,在回顾事件时要力争做到内容简洁,紧扣文章标题。

(三) 案例呈现

案例呈现要凸显真实性、典型性和情节性(所谓的情节,就是指事件发生的冲突性,突出案例要反映和解决的疑难问题)。案例是发生在教师身边真实、有典型意义的事情。案例的选取还要考虑一定的时效性及典型性,这样更能引发阅读者的同步感并给予有效启示。案例写作必须保持一种客观的态度,可引述一些对话、笔记等,以增强案例的真实感和可读性。但要注意,在描述事件时要注意保护学生的隐私,一般不要用学生的真实姓名。

案例呈现要突出主题,针对面临的疑难问题提出解决办法。突出主题就是集中反映作者想要揭示的现象背后的本质,从而做出自己的价值判断。案例不能只是提出问题,还必须提出解决问题的主要思路、具体措施,并在描述过程中,要将自己的态度及价值观蕴含在其中。

描述案例要注意趣味性,虽然案例不同于故事,但是它有故事的一般要素,因此在描写案例时要注意利用语言艺术来激发读者的兴趣,让阅读者产生一种强烈要了解案例结果和真相的感受。

(四)反思感悟

反思、感悟是案例的重要组成部分,是剖析隐藏于教育事件背后的观念、思想和规律的重要环节,是作者对已经做出的解决问题的决策进行评价或反思,以点明案例的基本观点及其价值的过程。通过对教育事件的理性分析、感悟,揭示案例中事件的意义和价值、问题解决的途径或方法以及改进的意见,能给人以启发并形成更多的教育智慧,进而促进作者或阅读者教育教学水平和理论素养的提升。

第二章
以"惑"为题，寻觅体育之花盛开之"径"

体育课程，是一门将思维活动与身体练习紧密结合，以促进学生身心健康全面发展为目的，集知识性、健身性和实践性为一体的应用性课程。它既要帮助学生掌握有关身体健康的知识和科学健身方法，提高自我保健意识，又要引导学生坚持锻炼，增强体能，提升学生身体素质，促进身体健康，养成健康的生活习惯。作为一名体育教师，我们不仅需要通过体育课程，让学生在和谐、平等、友爱的运动环境中感受到集体的温暖和情感的愉悦，在经历挫折和克服困难的过程中，提高抗挫折能力和情绪调节能力，培养坚强的意志品质，而且要帮助他们建立起对自我、群体和社会的责任感，学会尊重和关心他人，形成未来所必需的合作与竞争意识，使他们真正成为有理想、有道德、有文化、有纪律的好少年。

体育学科的多元性和拓展性，使我们的体育教学，不再是简单的体育教授方法的传承，而是学生健康成长的重要载体。无论是社会还是学校，对体育教师的要求在日渐提高，体育教师需要通过教育科研促进自己的职业发展，提高体育教学质量。在日常教学中，一定要养成善于观察、发现的习惯，捕捉课堂中、学校体育中出现的问题，探索解决问题的方法，记录探索实践的过程，探索学校体育发展的规律，用适合学生年龄特点的方法手段帮助学生掌握运动技能，养成锻炼习惯，健全个性人格。

在本章节，我们所收集的文章，既有针对课堂的兴趣化课程改革而进行的探索，也有为解决或缓解学生不主动参与课后体育锻炼，学校体育与社区及家庭因缺少关联而影响假日锻炼的研究,还有针对学校社团发展的师资不足、崇明校园足球发展等问题而开展的实践性研究。这些研究成果,为我们呈现了西门小学学校体育从开办时的百废待兴,到目前体育项目遍地开花,体育人才源源不断,进而逐渐成为全国足球、篮球、射箭特色学校的整个过程。

"自助加菜"式教学模式在体育教学中
运用的实践研究

一、问题的提出

优化体育健身的教学策略，转变学生学习方式，完善以"动"为主的实践过程，提高健身实效性是新体育课程标准提出的新理念。新课标的实施，使得当前小学体育教学面临着教学内容、教学评价制度和教学模式等三大改革，这三项改革是互相联系、互相依存的。随着教学内容和评价制度的改革不断推进，广大体育教师不得不思考这样一个问题——受教学内容和考试评价制度制约的教学模式应如何变革？

据笔者2004年6月对××小学二、三、五年级学生的调查，学生对体育课的喜欢程度随年级的增加而减弱，学生对自己的信心随着年级的增大而逐渐失去。在对××小学三年级172名小朋友进行的问卷中，有81%的小朋友希望老师给他们自己的锻炼时间，做自己喜欢的练习。根据这一实际情况，结合《体育与健身》课程标准，我从2004年10月起，在体育教学中开始尝试"自助加菜"式教学的实践研究。

"自助加菜"式教学突出"自助"和"加菜"，指学生在平等的师生关系下，在掌握课堂基本任务的基础上，根据学生各自不同的能力、兴趣爱好、特长需求，围绕其自身的目标（或课堂目标）选择自己需要加练的内容，自主选择练习形式、练习伙伴。"自助加菜"式教学的特点就是灵活、多样、开放、互动。这种教学模式能发挥学生的主观能动性，激发学生对体育课的兴趣，增加其课堂中的主动练习密度，提高学生身体素质，增强学生因取得成功而获得的信心。

二、研究目的

本课题研究以新课标理念为指导思想，在小学体育教学中尝试使用"自助加菜"式教学模式，其目的在于通过建立以学生为本的教学模式，活跃课堂民主气氛，唤起学生的自信心，培养学生参与健身的兴趣，养成其自觉锻炼的习惯，解决体育课中因学生个体差异引起的多种问题，满足学生内在需要，最终实现课内加强、课外延伸的体育与健身新格局，形成灵活、开放、可选择的课程体系和以学生发展为主导思想的体育教学新模式。

三、研究对象及方法

（一）研究对象

××小学三年级172名学生，其中实验班87名，对照班85名。三(1)班、三(2)班为实验班，三(3)班、三(4)班为对照班。

（二）研究方法

1. 文献资料法

查阅有关跟本课题相关的体育教学改革资料，收集当今教学改革中的自主教学模式、评价方法等资料。

2. 问卷调查法

对××小学三年级172名学生进行问卷调查，并将统计结果进行对比分析，撰写调查报告。

3. 实验对比法

在××小学三年级确定2个班级为实验班，2个班级为对照班，对实验结果及时对比分析，撰写实验报告。

四、研究实施过程

（一）"自助加菜"式教学模式的流程

指导学生认识自我→自定课堂目标→自选活动内容，自找活动伙伴→商议活动形式→师生互动练习→教师隐性指导→评价、展示、交流→师生总结

（二）教学流程说明

1. 指导学生认识自我

体育教师引导学生通过各种活动从不同侧面认识自己，使其既看到自己的优点又看到自己的不足，正确认识自己的运动能力、兴趣爱好，以便为自己正确定位，拟定适合自己不断超越的目标。

2. 学生自主拟定学习内容、学习目标

师生共同根据个人差异确定"加菜"内容及目标：可以根据课堂内容，也可以根据个人喜好；可以根据个人自带器材，也可以根据个人不足等。教师要及时指导学生从实际出发拟定目标，使目标的拟定适合自己的学习水平，并且带有一定的挑战性。同时，也可以启发学生针对同一项目制定不同侧面的目标。

3. 教师指导性提出练习中的结伴原则

以全覆盖为原则,确保每个同学都能参与到活动中。学生可以按照能力兴趣、参与项目、个人目标、友谊程度等组成不同的练习小组。这种因组而异的从练习内容、兴趣爱好、同伴交往、练习目标等方面入手的组合方式,可以使同学们在轻松的氛围中充分交流展示自己的长处,释放自己的能量,主动参与到各种活动来。

4. 积极隐性引导学生参与活动

教师积极隐性引导(以参与者的身份),对学生进行分组、分项指导,以各种激励性语言、表情语言等方式鼓励每个学生参与到活动中来。

5. 搭建交流、表演、展示的平台,引导学生勇敢地展示自我,培养学生善于表现自我的意识

在这个舞台上,交流、展示可以是组内的,也可以是组与组之间的,教师要及时提醒学生掌声相伴,这样既是营造氛围的一种技巧,也是对伙伴的一种鼓励和肯定。

6. 分组评价,教师总结

在分组评价时,教师要引导学生正确地评价他人,启发学生去发现同伴练习中的亮点,引导学生课后用自己的亮点去指导伙伴,鼓励学生在生活中用自己的小手去带动大人一起健身。教师总结时,对体育骨干要严格要求,对能及时帮助伙伴的骨干要及时表扬;对中等学生要从练习的自主性上多加提示和鼓励;对相对弱一点的同学要从多个侧面看到他们的进步,并适当放大以示鼓励。

五、效果与分析

(一) 效果

(详见表1、表2)

表1 实验班和对照班学生调查问卷统计对比 (2005年10月)

班级 内容	实验班(三年级87人)		对照班(三年级85人)	
	人数(名)	所占比例	人数(名)	所占比例
喜欢上体育课	83	95.4%	64	75.3%
喜欢现在的体育老师	84	96.5%	72	84.7%

续　表

班级 内容	实验班（三年级87人）		对照班（三年级85人）	
	人数（名）	所占比例	人数（名）	所占比例
觉得自己的体育能力进步了	81	93.1%	44	51.8%
体育课上能获得成就感	75	86.2%	39	45.9%
愿意在同伴前展示练习	72	82.7%	30	35.3%
喜欢课上的自主锻炼时间	80	91.9%	62	72.9%
喜欢和同伴一起练习	79	90.8%	61	71.8%
愿意把自带器材和同伴分享	79	90.8%	67	78.8%
课前期待上体育课并作准备	74	85%	59	69.4%

表2　教学效果对照表　　　　　　　　　　（2005年5月）

班级 内容			实验班（共43人＋44人）		对照班（43人＋42人）	
			1班（平均）	2班（平均）	3班（平均）	4班（平均）
身体素质水平（2004学年检测）	50米跑	男	10.27	10.21	10.39	10.43
		女	10.51	10.45	10.52	11.00
	立定跳远	男	1.48	1.47	1.46	1.48
		女	1.37	1.35	1.33	1.21
	投海绵球	男	18.2	17.8	15.2	15.7
		女	9.9	10.7	9.8	9.8
能独立完成较标准的韵律广播操			38人　88.4%	39人　88.6%	31人　72.1%	29人　69%
能改编指导伙伴开展游戏1—2个			27人　62.8%	26人　59.1%	15人　34.9%	13人　30.9%
能自制活动器材1—2个			42人　97.7%	42人　95.4%	35人　81.4%	37人　88.1%

（二）效果分析

"自助加菜"式教学模式中的练习内容大多源于学生的生活,在练习中简化了规则与要求,易以课后的延伸。这种教学方法符合学生发展需要,符合《体育与健身》课程目标和课程功能指向。

在实验班的体育课自主练习时段内,没有了闲庭散步、无所事事的小观众,课堂上同学们都表现得生龙活虎、跃跃欲试,能积极主动地参与到各种活动中。

同学们的自信心得到了很大的提升。每个同学通过在课上自选练习内容、自己设计练习形式、自找练习伙伴,并最终达到自定目标体验到了成功的快感和成就感,更愿意在伙伴面前将自己的成就与大家共享,更愿意以饱满的激情投入到体育课中。

同伴间友好交往、合作学习,培养了同学间团结合作的优良品德。在实验班上,有更多的同学愿意把自带的器材与伙伴合用,也有更多的同学愿意把零散的伙伴吸纳到自己的群体中。在互相帮助的学习过程中,每个学生都获得了主动发展和锻炼的机会,自身的个性发展需要也得到了满足。

新型的师生关系使课堂气氛更和谐融洽。在"自助加菜"式教学模式中,教师和学生的关系是一种平等合作的伙伴关系,这种教学模式使师生共处于生动、灵活、丰富多彩的教学氛围中,增强了教师的亲和力及课堂氛围的感染力。

实验班的学生会对体育课产生一种期盼,课前准备更充分主动。采用"自助加菜"式教学模式,激发了学生浓厚的学习兴趣,增强了学生课前对体育课的期待感,有力推动了各项教学任务的完成。

从表2中我们可以看到,虽然对照班和实验班在强调力量和速度的项目上差异并不是很大,但是实验班的学生在"自助加菜"式教学模式中,对韵律练习的兴趣却在不断提高,其自主锻炼、主动参与的意识也在不断增强,有许多学生掌握了简单的游戏和自制简易活动器材的方法,而这些都为自主健身和终身锻炼铺设了道路。

六、结论与思考

（一）结论

"自助加菜"式教学模式充分体现了新课程所强调的"一切为了每一个学生的发展"的教学理念,体现了以学生为主体的教育思想。这种教学模式让学生们都各有所获,并从不同方面体验到了成功的乐趣,更好地激发了学生对体育与健身的兴趣,满足了每个同学自身个性发展的需要,学生的自信心不仅得到了充分提升，而且在课堂上也更加主动地参与到教与学的活动中来。这无疑对提高学生身体素质、改善教学效果、培养终身体育意识有着重要的意义。

（二）思考

思考一："自助加菜"式教学模式给予学生充分的自主，并不能简单地理解为给学生一定的自由练习时间而放任不管，也不是不负责任的传统"放羊式"教学，而是要求教师要认真地钻研教材、深入了解学生，指导学生学会根据自身情况制定课堂目标，引导学生学会评价自我、评价同伴。在课堂上，教师要及时对学生进行启发、诱导、点拨，并及时恰当地鼓励学生去选择、去发现、去感悟，让学生在练习中真正地成为学习的主人。

思考二：在实施"自助加菜"式教学模式时，老师还要特别关注学生身体发展目标的实现，通过引导学生开展合理有效的身体练习，培养学生正确的身体姿势，促进学生身体机能的正常发育。

思考三：实施"自助加菜"式教学模式，教师的备课、授课、教法指导、场地器材布置、评价方法与过去有很大不同，增加了教师的工作量，教师必须有敬业、乐业的事业心和责任感。

思考四："自助加菜"式教学模式要建立在新型、民主、和谐的师生关系基础之上，因而教师要深入了解学生，对不同基础的学生应一视同仁，不仅要体现因材施教、区别对待的原则而且要关注学生的个体差异与不同需求，确保每一位学生都能从中受益。

思考五：实施"自助加菜"式教学模式，特别是在学校场地、器材有限的情况下，教师更要开动脑筋并创造条件，引导学生自带、制作小器材，启发学生改编、创编游戏，相互交流活动内容，这样既可以锻炼学生动手能力，又可以丰富了活动的内容，提高学生参与的积极性。

思考六：在"自助加菜"式教学模式中，老师要有意识地给学生设置一定的困境，使学生在遭受挫折、失败后，在逆境中能勇敢地站起来，让学生有更多的机会在成功和失败中树立自信心。

（完成于 2004 年）

"多元化体育活动课程开发与实施"对提升小学生身心健康指数的实践研究

——以崇明县西门小学为例

一、问题的提出

众所周知,学生的身心健康是青少年人格健全、幸福成长的重要因素,《上海市中小学学业质量绿色指标(试行)》,更是把学生的身心健康提到了关系民族整体素质是否提高、国家的未来兴衰与否的高度。作为学生,一天的大部分时间都在学校度过,校园生活快乐与否,对学生的身心发展有着重要的影响。体育活动,作为学生最喜欢参与的校园活动之一,其是促进学生身心健康发展的重要载体。因此,积极开展实践探索,寻找适合的方法和学练内容,给学生创造阳光快乐的体育活动氛围,编织美丽金色的童年,是我们每一个体育教师的责任和义务。

本课题基于上海市试行"中小学生学业质量绿色指标体系"以及大力推进校园阳光体育的背景,把体育活动课程作为研究对象和内容,旨在探索和开发适合本校学生开展的体育活动课程,以丰富校园阳光体育活动内容,指导学生找到并学会1—2种适合自己的体育健身的方法。

二、研究目标

(1) 建构与实施"以发展学生身心健康为根本目的"的体育活动课程,弥补体育教学内容与课后锻炼衔接不够紧密的缺陷,为每个学生搭建学练平台,使他们各自学会乐于参与的体育活动项目。

(2) 引导学生用各自学会的课程内容,快乐参与阳光体育,以丰富学生的校园生活,为学生拓展节假日体育活动打下良好的基础。

三、概念界定

(一) 身心健康指数

本课题中的"身心健康指数"是指在校学生有健康的身体、良好的素质、健全的人格以及快乐的心情和由衷的幸福感。身心健康指数作为《上海市中小学生学业质量绿色指标体系》中的十大指标之一,明确了学生的身心健康与全面成长的关系,对现行的教学模式、评价方式等有着直接的指导作用。

(二) 体育活动课程

本课题中的体育活动课程是指学校根据本校传统和办学特色,为学生学会健身技能、丰富校园生活而自编并实施的活动类课程。

四、研究方法

(一) 文献资料法

收集国内外有关小学体育活动以及学生身心健康发展的资料,通过记录、整理、分析、建立档案,为编撰学校体育校本课程打下扎实的基础。

(二) 行动研究法

编撰相应的体育校本课程,邀请专家论证指导、修改,不断完善校本活动课程。组织人员实施校本课程,将校本课程列入学校教学计划,检查教学效果,反馈、修改相应内容,不断完善校本课程的评价方法和形式。

(三) 跟踪调查法

采用各种方式和手段,记录学生参与活动的数据、反馈及变化,对学生的身心健康发展进行缜密、系统的考察与分析。

(四) 个案法

收集在活动中涌现出来的有借鉴意义的,带有普遍性、典型性的案例进行分析研究。

五、结果与分析

(一) 学校的传统与现状分析

笔者所在的学校是一所年轻的城郊公办小学,自学校开办以来,始终坚持素质教育之路,坚持"面向全体、加强基础、培养能力、发展特长"的体育工作目标,凭着体育教师的卓越工作,学校运动队多次在市县各项体育比赛中获得佳绩,产生了一定的社会影响。虽然如此,但实实在在的体育成绩并不能和学生身心健康画上等号,面对学校晨练内容单一、体锻活动枯燥、体育教学乏味等因素,学生的身心得不到及时的调节,严重影响学生的健康成长。

如何让每个学生快乐参与并得到有效锻炼,是当前学校体育工作者亟须解决的问题。近年来,学校以开展阳光体育活动为抓手,以提升学生身心健康为突破口做了大量的探索与实践,如学校阳光运动会、体育节及各单项比赛等,然而这些看似热闹的活动由于受组织方式、参加人数、参与条件的限制,学生只能在顶着班级荣誉的压力下参赛,并不能真正提升全体学生的身心健康。因此,学校在此基础上,以校园阳光活动为依托,通过尝试多种组织形式,自主参与各种活动,逐渐形成了西门小学特色的"快乐6+2"阳光体育模式,并逐渐形成校本化的文本资料。

(二)活动课程教材的编写及培训

活动课程教材的编写主要由体育组老师负责完成,并由他们根据各自的特长开发相关课程并负责课程培训。他们在学校已有的体育活动文本资料基础上,进行资料补充、整理,同时委派老师外出学习取经,借鉴同行成熟的校本课程模式,邀请相关专家来校进行指导和审核把关,最终形成西门小学自己的体育活动校本课程。

(三)多元化体育校本课程成果

1. "五个学会"校本课程

该校本课程主要包含以下几项活动项目:

(1)一年级——学会体育舞蹈:了解体育舞蹈的种类,学会几种基本的体育舞蹈,掌握体育舞蹈的基本姿势动作,提升学生体育舞蹈素养和审美情趣。

(2)二年级——学会健美操:增强学生对韵律的感知,提升学生的想象力,学会1—2套儿童健美操,改善学生心血管系统,形成良好的身形。

(3)三年级——学会游泳:掌握游泳技巧和方法,学会欣赏游泳比赛,掌握落水救护、游泳抽筋自救等技巧。

(4)四年级——学会象棋:培养学生学习象棋的兴趣,增强其敢于竞争、敢于接受挑战的勇气,提高学生大局意识和规则意识。

(5)五年级——学会篮球:学会篮球基本技术,能进行3对3、5对5的比赛;学会观看比赛,了解相应战术。

2. "我们的奥运会"校本课程

该校本课程是以体育节活动为蓝本开发的活动课程,指导学生了解体育节主题、项目,引导学生根据自身特点参与体育节的相关活动。内容设置主要有以下几个活动项目:

(1)快乐跑跳投——我们的奥运会:把跑跳投设计成趣味性强、参与面广、可观看性高的田径比赛。

(2)小小摄影家——体育摄影比赛:教会学生在灵动的比赛中捕捉动感的镜头,引导学生懂得欣赏体育、欣赏比赛。

(3) 如何做文字记者——体育征文比赛：引导学生模仿体育记者，用美妙的词语描述比赛，让不在赛场的同伴感受比赛的真实场景。

(4) 我们的体育小主播——小主播竞选活动：指导学生用动听的声音传达运动员的心声与目标、小伙伴的期望与关心、后援团的加油与呐喊。

(5) 我们的小编辑——体育小报征集：介绍体育小报编辑的原则以及版面设计、内容编排等方法，把体育小报办成体育健身方法、健康知识的宣传阵地。

(6) 大型游戏怎样玩——快乐大转盘：将每个年级的体育节大型游戏展示活动系列化和文本化，引导学生赛前开展讨论，确保在比赛中团结协作、力争胜利。

(7) 跳绳大王争霸赛——特色跳绳介绍：介绍各种花样跳绳，并组织相应比赛，争做跳绳大王。

……

3. "我们的体育活动"校本课程

该校本课程是为规范学生体锻课练习内容而编写；作为体育课的拓展与延伸，是连接课堂教学与节假日体育活动的桥梁。该课程的内容主要包括课程目标与组织形式、练习队形、收发器材等；教师通过学习该课程，便可知道如何上好体育活动课，保证了活动课质量，提升了学生身体素质。

4. "小学生自主创编体育游戏"校本课程

该课程设置的目的在于指导学生熟悉、了解体育游戏的类型、游戏要素及游戏结构，学会改编、创编游戏的方法、规则，能够组织伙伴在课余、节假日开展游戏活动。

(四) 课程实施与评价

1. 课程实施

学校把活动校本课程作为体育工作的重中之重，确保管理到位，专人落实，布置与检查相结合。在校本课程实施时，要求体育老师不断钻研相关教材，力争发挥自己的特长，并对活动科任老师进行专门的培训，使其能够胜任活动课的教学任务，以取得良好的效果。"五个学会"由该年级的体育老师兼任，利用快乐活动日完成教学任务。"我们的奥运会"由美术老师、语文老师、大队辅导员、体育老师等兼任，利用体育节前的两周完成，确保学生能学会相关课程内容，能自主参加相关项目。"我们的体育活动"由体育老师利用教师学习时间，对科任老师进行培训，然后由科任老师负责实施教学。"小学生自主创编体育游戏"是校本课程，也是县级课题，由课题组负责老师向体育组全体成员进行培训后在中高年级进行相应的教学实践,他们的成果在六一节、端午节、体育节、体育课等进行展示和实施,并要求在课后进行推广。

2. 课程评价

孩子什么时候最快乐?获得成功时最快乐!学校应充分利用学生的这种心理特征,优化评价方法,提升学生身心健康的正能量。从"关注生命,尊重差异"出发,构建促进每一个孩子健康成长的多主体、多元化发展性评价体系。在活动课程实施中,我们采用了自评——看自己的进步有多大;互评——看伙伴的优点;教师评——教师眼中的你是否进步。三种评价方式都采用星星制,并采用登上台阶的奖励方式。

第一个台阶:百宝袋,在班级中实施。在课程实施过程中,将自评、互评、教师评所得到的奖励都可以放入其中,对在课程实施中表现突出的学生,以及参加校级、县级甚至市级比赛的学生的奖励都有不同的记录,奖励不同的星星,让学生看到自己累计的星星逐渐增加,从而增强信心,体会快乐。

第二个台阶:体育之星评比,在年级中实施。让每个学生都看到成功的希望,得到相应的鼓励,激励他们继续沿着上升的轨迹成长。学校充分落实"关注生命,尊重差异"的教育理念,为构建促进每一个孩子健康成长的多主体、多元化发展性评价体系,每学期会开展体育之星、进步之星评比。体育之星是给体育特长学生在各种竞赛中取得佳绩的奖励,而进步之星是各班级从体育进步最快的学生中推选产生;对于这些获奖学生学校会做成宣传版展示在学校画廊、年级组教室走廊,以激励更多的学生获得自身基础上的发展。

第三个台阶:争做光荣升旗手,在全校实施。站在学校的司令台,在全校师生前面亲自升起鲜艳的五星红旗,是每个学生的梦想。这个梦想在我校体育特长生和体育进步之星手中多次实现。在升旗仪式上,我们将学生在各项比赛中的荣誉或者进步之星的证书发到学生手中,介绍他们的事迹,特别优秀的还会获得升旗手的荣誉。

六、结论与建议

(一) 结论

活动内容的课程化,形成了相应的方法和经验。课程的实施得到了学校、教师、家长的大力支持,大大丰富了学生阳光体育活动的内容,深受学生欢迎,取得了良好的效果。2013年5月,活动课程在上海市学校阳光体育推进会上进行了交流,并收入"健康成长"丛书。"中国象棋""快乐跑跳投""健美操"分获2013年崇明县快乐活动日设计单评比一、二、三等奖。

1. 快乐多样的活动课程激发了学生不断学习的热情

有研究表明：运动能使血压降低、肌肉放松，使大脑压力缓解而释放更多活力，睡眠质量也会提高。近年来，笔者通过对所在学校学生的体育运动情况调查发现，善于运动的学生，其学习压力得到明显释放，学习成绩稳中有升。近几年，我校文化成绩始终稳居本地区前三名，学校体育成绩名列地区前茅，形成了良性发展趋势。

2. 校本化活动课程促进学生快乐成长

"我们的奥运会""五个学会""自编游戏"等课程的开设，使学生对体育节、课间活动，甚至是节假日的体育活动有更强烈的期盼。一个学年中，精彩的体育节、爸妈一起参加的亲子活动、自己设计的游戏、展现自我的体育社团……组成了学生美好的童年画卷，成为学生心中美好的回忆，这份美好将永远陪伴学生走向未来。

3. 不同的课程体验引导学生感知成功与挫折，促进学生健康成长

课题实践中构建的评价体系是多主体、多元化的发展性评价，关注学生差异并尊重这种差异，设置各种不同成功的台阶，让参与者体验了成功，获得了自信。

4. 强健体魄，自主发展，提升信心

通过推进系列化的体育活动课程，大部分学生的身体素质有了不同程度的进步，特别是学生的灵敏性、力量、速度等体能素质明显提高，肥胖和近视的发生率明显下降，身体形态得到修正，学生自信心得到提升。

5. 形成和谐的班级氛围，有利于学生的人际交往，完善学生健康人格

在各种不同的活动中，学生之间思想上的碰撞与交流，对学生的健康成长至关重要。学生在这个和谐的氛围中学会合作、尊重和互助，形成良好的健康人格。

（二）建议

1. 良好的校园体育活动需要完善的制度来约束

当前很多学校对于阳光体育的推进往往是"说起来重要，忙起来不要"，容易形成阶段化的表面繁荣；如何让体育活动课程真正融入学生的童年生活，需要规范的制度、经常性的检查来落实。

2. 建立符合目前教育评价制度的活动课程评价体系

在当前教育评价改革尚未完全成熟的时期，如何建立符合目前教育评价制度的活动课程评价体系，促进学生积极参与活动课程的学习，值得我们深思。

3. 活动课程应该融入节假日体育活动中

学校开设的活动课程除了在阳光体育中普及推广,更应该引导学生在节假日中和家人、同伴多加练习,我们应该充分利用教师、学校、社会、家庭等多种教育渠道,为发展学生的身心健康提供保障,进一步发挥"体育活动课程"的作用。

(完成于 2008 年)

小学体育教学中学生行为习惯养成的实践与研究

习惯是指人在一定情境中所形成的相对稳定的、自动化的一种行为方式,是条件反射的建立、巩固并直至自动化的结果。因此,良好的行为习惯形成的过程,实际上也是一个人将外在的要求内化为自身需要的过程;这个内化过程实际上就是学生接受教育的过程。好的习惯会使人终身受益,因此在教学中抓好小学生的行为习惯养成教育,促进学生从小养成良好的行为习惯,对学生的健康成长是至关重要的。

在已经实施的上海第二期课程改革"体育与健身"部分明确提出,体育教师在体育教学中应积极探索健身育人的多种途径,把体育教学作为教育和完善学生人格的重要载体。良好的行为习惯是体育教学中塑造学生健全人格,提升学生心理健康、社会适应能力及社会责任感的重要保证。作为体育教师,我们应该加强课堂教学研究,充分利用体育教学中固有的开放性的学习与活动环境,将加强学生的行为习惯养成教育融入体育教学中,并通过将学生在体育教学中所形成的良好行为延伸到课外活动中,真正形成一种良好的学习、健身习惯,使学生终身受用。

但是,在目前的体育教学中,很多学校不是很重视对学生行为规范的培养。据 2006 年 5 月笔者对崇明县 10 所学校的体育教师访谈、咨询,发现在教师们的眼里,目前的学生在课前准备、自我保护、课堂纪律、主动练习、同学交往、器材整理等方面的学习习惯还存在着较大的问题,需要在以后加强教育。那么教师在学生行为习惯养成的教育方面又做得怎样呢?据调查小组 2006 年 4 月对全县 10 所学校四年级学生的问卷调查发现有些体育教师的职业素养和业务素质还不能达到相应的水平,上课内容随心所欲、上到哪里算哪里,体育课处于一种"放羊"式的状态;有些教师存在上课迟到、随意拖课或提前下课的现象;有些教师在课堂上的站位也有问题,只关注到所在小组的练习情况,而看不到其他小组的实时状况;甚至有些教师随意更改上课内容,临时起意进行相应的练习,存在学生到了操场再进行器材准备等现象,还有些教师穿着皮鞋、便装上课,等等;有的学校安排的体育课时数量得不到保证,经常被挪作他用,要么是用于补语、数、英主科课程,要么是用来开会、排练节目等,这些现象给学生造成了体育课可以迟到、可以缺席、可以随意请假等不良印象,极大地影响着学生良好行为习惯的养成。

一、研究目的

《小学体育教学中学生行为习惯养成的实践与研究》通过调查在体育教学中小学生行为习惯的现状,分析造成当前现状的各种因素,寻找促进学生行为习惯养成的方法和手段,以引导学生养成良好的行为习惯,形成主动参与、积极进取的学习态度及善于交往、活泼开朗的人生态度,为形成良好的个性品质打下扎实的基础。

二、研究对象与方法

(一) 研究对象

××县××小学等 10 所小学的四年级部分班级学生(共 400 名)。

(二) 研究方法

1. 文献资料法

查阅与本课题相关的教学资料,收集当今体育教学中学生行为习惯培养的实践研究等资料。

2. 教育实验法

2007 年 3 月—2008 年 10 月针对相关学校四年级部分班级的体育课进行教学实验。

3. 调查问卷法

2007 年 3 月对××小学等 10 所小学的四年级部分班级学生进行抽样问卷调查并统计。

4. 访谈法

对所确定的 10 所学校的体育教师进行访谈,访谈内容主要是针对当前体育教学中学生行为习惯的现状和培养对策征求意见。

三、研究实施

(一) 小学生体育教学中行为习惯现状调查

课题组针对学生中的一些不良行为习惯,精心设计调查内容,主要从学生的课堂常规(课前准备、服装、集合、小干部整队等)、学生听讲、练习时的专注程度、同伴间的交往、是否配合整理器材、是否完成体育课外作业等进行调查。

（二）调查分析

本次共抽取 10 所学校 400 名四年级学生进行调查，让任课教师对某一节课学生课堂行为习惯进行客观记录，并在不记学校名及任课教师姓名的情况下，对学生进行问卷调查，统计结果如表 1 所示。从表中我们不难看出，学生在随带硬物、配合整理器材、练习完成情况等方面表现出了相对良好的行为习惯，但在课前请假、运动服装穿着率、集合快静齐、课堂纪律、安全有序等方面还存在着一些问题，需要教师加强管理和督促；在学习状态、同伴交往、挫折训练、学生评价等方面问题较为突出，需要教师加强引导。

（三）对策研究实施

1. 第一阶段（2007 年 4 月—2007 年 9 月），加强课堂常规教育，从行为上引导学生养成良好习惯

针对学生中出现的问题，我们以课堂常规习惯培养为突破口，根据"操作条件反射论"，强化学生的行为习惯。在开学初确定课堂常规的条例，并在教学中加强检查落实，如：小干部整队、运动服装的穿着、集合的快静齐、学生出勤记录等。在课堂教学中，通过严格的队列、队形练习，及时对出现的缺席、迟到、拖拉现象予以纠正，让学生了解正确立姿、走姿、跑姿及其动作要领，让学生逐步形成良好的身体姿态和良好的课堂常规，能以积极的态度、饱满的热情投入到体育课中。

2. 第二阶段（2007 年 10 月—2008 年 6 月），丰富课堂教学内涵，从意识上促进学生良好行为习惯的养成

（1）结合学校"两纲"教育，在教学中渗透生命教育和德育教育，强化学生安全意识和同伴交往意识，形成良好的行为习惯。首先，在课中我们采用案例、演示等方式教育学生珍爱自己的生命，加强自我保护训练，要求练习前必须排查自身和场地器材等不安全因素，避免不安全行为的出现。其次，爱护关心同伴，对同伴要加强保护和帮助，尤其是对体育弱势学生要主动关心、结伴练习、共同进步。最后，在课堂中教育学生爱护器材，并有目的、有组织地安排学生布置、收拾器材，保养场地、器材设备等，培养学生爱护场地、器材的习惯。

（2）加强学生进取意识的培养，促进学生养成主动参与健身的行为习惯。在体育教学中，总有一些体育优等生和弱势学生。我们要求教师及时抓住弱势学生的优点，发挥他们自身优势，及时给予鼓励，让他们逐步树立信心，同时培养他们的兴趣爱好；对于体育优等生，应适当加强挫折训练，教会他们一些自

表 1　2007 年 3 月学生行为习惯抽样调查统计

课前请假			穿着运动服装(鞋)				集合快静齐		随带硬物(钥匙、刀、尺等)		配合整理器材		练习完成情况			
请假人数	实际缺席	请假/实际	服装	%	鞋	%	迟到人数	%	人数	%	参与人数	%	完成	%	积极加练	%
15	32	46.9%	78	19.5	150	37.5	48	12	30	7.5	66	16.5	332	83	22	5.5

课堂纪律(包括无故离开)		学习状态		安全有序练习		同伴交往		1.练习中连续成功　2.失败后再成功			学会评价			
违纪人数	%	主动提问	%	无序人数	%	不主动	%		成功/总次数	%	自我评价	%	主动评价他人	%
126	31.5	26	6.5	153	38.3	250	62.5	1		40	40	10%	80	20%
								2	120	33%				

主练习的方法。教师设计的练习要体现阶梯化,使各个层次的学生始终处在一种需要不断努力、不断提高的过程中,让学生始终能充满自信地完成老师布置的课堂任务。

(3)营造良好的集体练习氛围,充分发挥集体的作用以影响学生良好行为习惯的养成。学生集体行为习惯对个人行为习惯的养成有着很大的影响,并能起到约束、促进、巩固和发展的作用。在教学中,我们采用游戏、教学比赛等方法,对学生提出明确具体的要求,让学生在规则许可的范围内,充分发挥个人才能,并锻炼其同他人集体协同配合的能力;让学生在集体练习中,养成团结友爱、互相合作的习惯,从而达到并养成良好集体行为习惯的目的。

(4)提升体育教师的自身素质,以良好的自身形象影响学生形成良好的行为习惯。在实践研究教学中,体育教师要努力加强自身内涵和教学研究能力的提高,加强对教材的研究,根据教材的特点,采用"定时、定量、定强度、定具体细节要求"的办法对学生进行多种形式的训练;利用教师行为的示范性及学生的模仿性和向师性的特点,身体力行,进行"不言之教",成为学生良好行为习惯的正面示范。

(5)教师鼓励性的评价对学生行为习惯养成起着催化剂的作用。为让学生养成良好的行为习惯,在实践研究教学中应建立科学的评价体系,改变传统的以体锻达标作为对学生体育评价的唯一标准,应建立多元评价体系,鼓励队员在活动中不断地挑战自我、战胜自我。在教学中,教师要针对学生中出现的问题,即时进行评价,提出表扬与批评。这种评价不但能强化表现优秀的学生,让其充满成就感,而且还能有效提醒练习中违规的同学。体育课中突发事件比较多,教师要全面观察学生的行为和表现,对好的行为及时给予表扬,对不良倾向进行严肃批评,让学生分清是非界线,提高明辨是非的能力。对于特殊学生,我们要求每个体育老师为他们建立成长记录档案,随时记录学生的变化,随时给予帮助,确保其行为习惯的养成。

(6)家校配合,加强对学生行为习惯养成的督促、引导。虽然学生在体育教学中受到了良好的教育和熏陶,初步形成了较好的行为习惯,但学生的身心特点决定了小学生的行为习惯容易产生波动和反复,特别是在受到社会和家长的影响后,会使并不牢固的行为习惯很快退化还原。因此,我们在加强课内行为习惯的培养外,还适当布置一些体育家庭健身作业,主动与家长沟通协调,督促和配合学生完成作业,将学生在体育教学中习得的行为习惯迁移到生活及活动领域。此外,教师对学生要及时作出客观的评价,促使形成"以良好行为习惯为荣"的良好风气,进行榜样带动,为学生良好行为习惯的养成创设有利氛围,逐步使学生行为习惯的养成达到自动化的程度。

四、结果与分析

经过第一阶段与第二阶段的对策实施,学生的在体育教学中的行为习惯有了明显的改观,2008年6月,我们再次对相关10所学校的400多名学生进行调查,结果如下(详见表2):

通过表2与表1的比较,我们欣喜地看到学生在行为习惯方面明显的变化,行为偏差学生显著减少,学生通过在课堂中的多次强化和课后的家校互动,基本上能把课堂上教师对课堂常规的要求真正内化为自己的需求,自觉养成良好习惯,这也恰恰验证了叶圣陶先生所说的"习惯是在实践中培养起来的"。从表2我们看到,通过加强课堂常规教育,学生在课前准备、服装、集合、小干部整队、听讲、练习时的专注程度、是否配合整理器材、是否完成体育课外作业等课堂常规方面得到了很好的引导,取得了明显的成效。通过结合"两纲"教育、营造良好的课堂教学氛围、改变教师自身形象等手段,学生的接受挫折、自我保护、同伴间的交往能力得到了提高。学生良好行为习惯的养成,确保了课堂教学任务的顺利完成和学生的健康成长。

五、结论与建议

(一) 结论

本课题通过调查在小学体育教学中学生行为习惯的现状,分析造成当前现状的各种因素,记录实践过程中学生行为习惯的变化,适时调整实验模式、筛选经验,形成了一套促进学生行为习惯养成的方法和手段。通过实践,学生正逐渐形成良好的课堂行为习惯,在体育教学中,他们主动参与、积极进取、善于交往、客观评价。这些变化,说明本课题的研究实践是行之有效的,而积累的各种研究数据也为本课题的进一步深化提供了理论和实践依据。

(二) 建议

第一,我们要在体育教学中培养学生的行为习惯,积极发挥少年儿童的自主性。我们应该加强小学生行为心理的研究,进一步发挥少年儿童的自主性,加强行为习惯养成中的实践体验,要让行为习惯养成成为少年儿童的一种内在的需求,增强行为习惯养成的自觉性,并逐渐将其内化为一种品质修养。

第二,我们在加强学生的行为习惯养成教育中要积极创设良好氛围,要关注

表 2 2008 年 6 月末学生行为习惯抽样调查统计

课前请假				穿着运动服装（鞋）				集合快静齐		随带硬物（钥匙,刀,尺等）		配合整理器材		练习完成情况			
请假人数	实际缺席	%	请假/实际	服装	%	鞋	%	迟到人数	%	人数	%	参与人数	%	完成	%	积极加练	%
10	12	83.3		220	55	350	87.5	25	6.3	0	0	128	32	368	92	50	37.5

课堂纪律（包括无故离开）		学习状态		安全有序练习		同伴交往		1. 练习中连续成功　2. 失败后再成功				学会评价			
违纪人数	%	主动提问	%	无序人数	%	不主动	%	%	成功/总次数	%	成功/总次数	主动评价他人	%	自我评价	%
85	21.3	60	15	103	25.8	150	37.5	60	1	160	2/40	100	25	72	18

家庭教育环节,让学生和父母共同携手养成良好文明习惯。

第三,我们要将严格训练和激发兴趣的巧妙结合。在课中,经常出现教师的严厉压制了学生的兴趣,如何使两者和谐结合,有待进一步研究。

(完成于2009年,获第十届全国中学生运动会科学论文报告会暨第五届中国学校体育科学大会论文二等奖)

基于小学生运动技能提升的区域内
特长教师走校指导的实践研究

一、研究背景

2015年,崇明被列为全国足球县,在大力推进足球校园建设的过程中出现了足球教师匮乏的情况,为缓解和解决这一矛盾,作为学区体育学科负责人,我带领团队开展了"基于小学生运动技能提升的区域内特长教师走校指导的实践研究",挖掘有特长的足球教师走校指导,并辐射于多个运动项目。本课题被列为2014年上海市学校体育一般课题,2017年9月结题。

二、问题的提出

为了切实提升学生身体素质,教育部、体育总局等部门联合下发了《关于进一步加强学校体育工作的若干意见》《青少年体育活动促进计划》《关于强化学校体育促进学生身心健康全面发展的意见》等重要文件,明确规定:要创新体育活动内容、方式和载体,增强体育活动的趣味性和吸引力,着力培养学生的体育爱好、运动兴趣和技能特长,使学生掌握科学锻炼的基础知识、基本技能和有效方法,每个学生学会至少两项终身受益的体育锻炼项目,养成良好体育锻炼习惯和健康生活方式。为此,近年来我区学校体育围绕相关文件落实了相关规定,虽然体育社团如雨后春笋般不断兴起,但随之带来的问题也逐渐衍生,并直接影响着校园体育社团的可持续发展和学生锻炼习惯的养成。经过笔者对相关调查资料的整理分析发现,目前有60%以上的社团是学校为参与各种评比的指标需要而开设,指导教师专业素养与社团成员习得之间的关系不大,有些社团的教师只是一名管理者,负责看护学生进行放羊式练习。笔者所在学校就开设了20余个体育社团,却因为师资力量的不足而中途夭折,社团规模因为师资原因而逐渐萎缩,社团发展与现有学校师资的矛盾随着社团的发展而日益显现。体育社团的发展需要更多的体育人才,但目前本区域师资引进和学校编制有着明显的矛盾。为了解决在社团活动开展过程中出现的问题,笔者提出在我县学区内实行特长教师走校指导的设想,并成立了"基于小学生运动技能提升的区域内特长教师走校指导的实践研究"课题组,希望通过课题实践、论证,为体育社团的发展打下良好的基础。这项课题被列为 2014 年度上海市学校体育科研一般项目。2017 年 6 月,该课题报告通过上海市教委专家评审,成功结题。该课题主要解决以下问题:

一是如何发挥特长教师的教学技能,在为他们搭建平台的同时,为学区内学生带来优质师资资源;二是如何整体推进区域内特色项目,做到优质资源学区共享、服务于更多学校,给学生营造终身运动的大环境;三是如何建立特长教师区域内走校指导机制,人尽其才,开拓特色教师培养体制,形成可推广的经验和案例。

三、本课题研究的价值

(一)形成特长教师走校指导的实施模式

通过本课题的研究,归纳国内外优秀体育社团的特点,分析体育社团建设与当前师资现状的矛盾并提出解决这种矛盾的建议,最终形成《体育社团不断发展背景下实行区域内特长教师走校指导的可行性研究报告》,为本地区体育社团建设提供进一步优化及易于推广的实施方案。通过实际操作案例进行特长教师走校指导的可行性分析,建构教师走校指导的基本模式,为进一步推广提供案例和方法。

(二)有利于发挥特长教师的潜能和工作幸福感

课题的实施,能盘活区域内优质资源,让更多有特长教师发挥特长,用足用好优质资源,也能给更多的学生带来优质教学和指导,有效破解因师资不足而影响社团开展的困局。

(三)有利于区域内特色项目的整体推进

学生养成锻炼习惯,需要有一个感兴趣和会锻炼的项目。走校指导教师为学生学会运动项目提供了保障,同时特长教师走校指导,可以真正推进区域内形成项目特色,为学生假日体育活动开展打下良好基础,进一步推进学生终身体育项目的形成和对运动苗子的培养储备。

四、解决问题的过程与方法

(一)研究思路

秉承"发现问题→分析问题→借鉴经验→解决问题"的研究思路,通过对当前各校体育社团开展情况调查、社团师资配备排摸、社团成员问询等,分析当前日渐壮大的社团建设与师资能力的关系及现状;对不同区域内已经形成的特色项目、板块效应进行跟踪分析,总结当前形势下特长教师走校指导对社团发展的重要作用。课题组在专家指导下形成课题实施方案,开展课题可行性研究和相应的实施策略研究,在主管部门协调、联合体的配合及相关学校的支持下选择项目进行试点实践,并进行相关分析研究,最终形成研究报告,提交相关部门,推动本地区学生学会终身受益的体育锻炼项目,养成良好体育锻炼习惯和健康生活方式。

(二) 具体过程与方法

1. 理论导航,引领方向

借助中国知网"中国基础教育期刊全文数据库"等平台,查阅有关校园足球发展与足球师资培训的相关文献,学习《关于进一步加强学校体育工作的若干意见》《青少年体育活动促进计划》《关于强化学校体育促进学生身心健康全面发展的意见》等重要文件,明确校园体育工作要创新体育活动内容、方式和载体,增强体育活动的趣味性和吸引力;体育社团作为提升学生运动技能的重要载体,肩负着培养学生体育爱好、运动兴趣和技能特长的任务;通过社团活动,帮助学生掌握科学锻炼的基础知识、基本技能和有效方法,初步学会至少两项终身受益的体育锻炼项目,养成良好体育锻炼习惯和健康生活方式。同时,在充分吸收借鉴国内外已有研究成果的基础上,对学区内特长教师走校指导等方面的内容展开研究。

2. 厘清概念,明确任务

(1) 特长教师

特长教师指在一个区域内具有较为突出的专业水平或一致公认的爱好特长,一般需伴有一定的理论素养和教学理念、能指导学生开展社团活动的教师。

(2) 区域

区域是指本地区开展多年的,为加强学校间的交流互动、促进相邻学校共同发展、就近划分的联合体范围。

(3) 走校指导

走校指导指同一名教师在联合体或教研室的协调下,在不同的时间段到同一区域内其他学校进行社团指导活动。

3. 调查摸底,组建团队

运用问卷调查法随机对学区内 6 所学校社团开展情况进行摸底,调查体育社团火热开展背景下师资的配备及社团教学质量。由于足球专项教师缺乏,绝大部分学校的足球教学、社团辅导教师是由非足球专业的教师担任,其中很多小学是由跨学科教师兼任,这在很大程度上影响了本地区校园足球的普及与发展。部分足球传统学校临时聘用社会资源带训足球社团,所有这些措施虽然都有一定的效果,但并不能弥补日益壮大的足球队伍所带来的缺口。

通过访谈得知,学区内社团教师大多是被指派而非专项指导教师。不少体育社团指导教师教学能力薄弱、专业素养不足,导致社团教学质量不高。究其原因,一是由于对执教项目理解不深,再加上自身的研究与指导能力不强等原因,造成课程教学质量一般。二是工作积极性不足,很多教师是学校安排或为满"工作量"而不得已走进社团教学,既缺乏专项知识与运动技能,又缺少内驱力,存在得过且过的心态,教学效率与教学质量堪忧。通过调查总结的主要问题为:如何建立特长教师区域内走校指导机制,做到人尽其用,让专业教师指导学生开展社团活动,提升社团教学质量?课题组根据调查情况,对学区内各校具有足球专项证书的教师进行了排摸和登记,并在教研组长会议上向各校进行反馈,由各校自主确定邀请人选,并反馈相关社团活动时间。由联合体工作机构协调确定走校指导教师名单、工作时间、工作补贴等。一年中,学区联合体发挥了很好的组织、协调作用。

4. 以点带面,全面铺开

课题组通过分析体教结合项目的教练模式、高中专项化教师选用案例,分析研究学区内特长教师情况及原有基础模式,一致认为,足球项目是城桥学区和堡镇学区的特色项目。与此同时,区教育局也出台了校园足球的实施意见,要求各个学校必须班班有球队、周周有比赛,逐步推进校园足球,为学生学会足球打好基础。因此,充分利用区域内足球人才,推进整个学区各校的足球水平已迫在眉睫,本课题选择足球项目进行探索实践,对推进区域校园足球发展水平有着实际意义。

(1) 特长教师作为外聘教师固定来校上课

根据摸底情况,区域内具有足球专项能力的教师除了本校的教学外,还要兼上附近1—2所学校的足球社团活动。如 BB 小学徐老师,具有足球 D 级教练证书,除了出色地完成本校的足球训练和足球社团指导任务外,还在每周三下午兼任 BZ 小学的足球社团指导工作,而两校之间 5 分钟的车程为徐老师走校指导提供了可能。现在两校的足球社团都开展得非常红火,BB 小学已是全国足球重点校,BZ 小学已是区足球重点学校。

(2) 在联合体区域内定期开展社团互动交流活动

学区联合体工作机制已经形成较为成熟的工作模式。根据教育局统一部署，我区在近两年调整了学区所属学校，就近的学校列为一个学区，多个学科进行了学区教研方面的研究，并形成了较为成熟的有效学区联合体教研模式，为本课题的实施提供了很好的帮助。

根据最新的学区分布，学校之间的车程一般都不超过10分钟，每校配置的22座校车使得集中互动成为可能。在城桥学区，因受场地条件和师资力量的限制，XM小学、MZ小学、SY小学利用每双周星期四来到MZ小学，进行足球社团的集中辅导，集中辅导的教师由学区内足球专项教师担任，而其他学校指导教师则予以协助。这种因地制宜开展足球教学的形式既得到了家长的认可，又为学生提供了学习足球的机会。

(3) 联合体教研活动促进教师专项素养提升

目前，虽然学区内有多个学校已成为全国足球特色学校，但是上级部门提出的每个班级均要组建足球社团，且定期要开展足球活动的要求，使专项教师缺乏这个问题更加突出。因此，培养社团教师成为足球社团发展的首要任务。课题组采用定期上门指导社团教师的方式，让社团教师学会足球基本技术和常用足球游戏等，并为社团教师编写教案，指导开展足球社团活动。如，课题组根据学区内建设小学的特殊情况——离城区相对较远、且足球社团数量较多的实际情况，在教研室的协调下，特长教师专门为建设小学社团教师进行示范课展示，对技术动作进行专门的培训，教研员还专门对他们进行足球课的分析，修改指导教师的足球课教案，使得指导教师的指导能力得到明显的提升。2016年10月，非体育教师执教足球社团的教学展示在建设小学进行，获得了一致好评。

(4) 精英训练模式提升特长学生能力

以学区为单位，组建某一项目的精英队，邀请专业教师定期辅导。以足球为例，每周六，我们会将学区内各校推荐的足球基础相对较好、学生喜欢、家长支持的队员，集中于场地条件相对较好的DM小学进行训练，为营造足球氛围、提升特长学生专业能力提供了可能。这样的训练自2015年以来长期坚持，培养了一大批足球特长学生。2018年起，此种训练更是拓展到游泳、乒乓、轮滑、篮球等项目。

(5) 移植先进案例，以点带面推进实践研究

总结足球特长教师试点经验，开展多个项目的普及工作。我们结合体教结合项目，让专业教练走进校园进行巡回指导，共同提高项目的专业水准。如西门小学、东门中学的射箭项目；DM小学、XM小学、SY小学的乒乓项目；SY小学、XM小学、MZ小学的轮滑项目；JF小学、XM小学的游泳项目等。这种以点带面，共享优质师资的模式，取得了良好的实施效果。

（6）提炼成果，推广应用

课题组联合崇明区足球办公室、崇明小学体育教研室、学区联合体、学区各校，一起制订和实施特长教师走校指导方案、编写区本教案等。利用现有资源解决现实问题，在研究中挖掘现有人才，移植已有的联合体工作模式开展试点研究，形成了一定的成果与经验，并在堡镇学区、陈家镇学区进行推广应用。经过3年的实践研究，取得了很好的效果，足球、篮球、乒乓、射箭、健美操、轮滑、游泳等项目持续推进，为区域内学生增加运动体验、提升运动技能打下了坚实的基础。

（7）落实制度，保障经费，确保课题实践顺利开展

走校指导教师的出现缓解了社团发展而遇到的师资问题，走校教师付出的努力是有目共睹的，其发挥的作用也是显而易见的；如何激发走校教师的积极性，使得这项工作能持续开展下去是我们不得不思考的问题。目前，课题组聘用走校指导的学校会从乡村少年宫活动经费中支出适量的劳务费用；2018年起，以第三方形式支付，使运作更加顺畅。同时，对于同意走校指导的教师，在职称评定、评优考核中会优先予以考虑，总体来说得到了学校的大力支持。

五、成果与成效

（一）研究成果

本课题利用现有资源解决现实问题，在研究中挖掘现有人才，利用已有的联合体工作模式开展实践研究，取得了如下成果：

1. 建构了特长教师区域内走校指导机制

本课题经过3年研究和4年的实践检测，形成了一套学区内各校走校指导的实施方案和机制，创建了区域内体育特长教师资源库，区域内学校联动、错时安排，这样的机制和经验、案例，契合双减政策背景及健康管理要求下各校的社团发展，真正提升了学生运动技能。

2. 创新了特长教师区域自主培养模式

课题组利用已有的联合体工作模式开展试点研究，形成了区域内联合体教研模式，有效提升了本地区特长教师的专业素养，形成了新的教师培养模式。

3. 营造了区域内特色项目氛围

特长教师走校指导，拓展了收益面，在本区域内形成了足球、乒乓、轮滑等区域特色项目，并有效推动了家校互动，激活了学区内学生假日体育活动，真正做到了乐运动、会运动。

4. 形成了有效的实践报告

通过3年研究,顺利完成市级课题结题,实践报告对学区各校的体育社团开展和体育人才培养起到了极大的促进作用。

(二) 研究成效

1. 特长教师走校指导使得社团活动更加丰富多彩

在学区学校实行特长教师走校指导,帮助基层学校开展丰富多彩的社团活动。规模较小的学校也不用担心因为师资力量不够而影响社团活动的开展。课题实施以来,先后有象棋、拉丁舞、轮滑、跆拳道、足球、啦啦操、乒乓球等项目实行教师走校指导或学生走校集中受训,取得明显的效果,并深受学生家长欢迎。

2. 特长教师走校课题实践后,基本能做到每个学生学会1—2个运动项目

每个学生都有机会体验自己喜欢的运动项目,并由具有一定专业知识的教师执教,为他们未来的发展打下良好的基础。课后、假日学生运动人数明显增加,运动能力得到明显提高,多名足球、射箭、乒乓运动员进入了上一级专业队伍进行学习。

3. 特长教师走校指导为体育课程改革打下良好的基础

特长教师走校指导,为孩子们的运动项目学练提供了强有力的技术保障。学区内各个学校不同的运动社团在市区各项比赛中名列前茅,在比赛中所表现出来的良好技术和出众意识,充分体现了特长教师走校指导的效果。同时,社团活动的性质也确保了活动的趣味性,两者结合的教学为孩子们学会锻炼、喜欢锻炼打下扎实的基础,也为初中多样化、高中专项化打好了基础。

4. 特长教师的工作激情得到激发

学区内体育特长教师的工作热情空前高涨,在研究中挖掘的专业人才、优质师资人尽其才,在绩效工资背景下体现了特长教师的价值。

5. 走校指导课题研究也为我区体育人才的储备贡献了力量

特长教师走校指导,为各种特长学生的发展搭建了平台。在崇明区学生足球精英队中,课题实验学校的队员占了90%,有4名队员被徐根宝足球基地录用,走上了职业足球之路。除了足球,乒乓、轮滑、啦啦操、射箭等接受走校指导的项目也是人才辈出,学区内多个学校在市、区比赛中争金夺银,为我区体育人才的储备提供了源源不断的活水资源。

6. 形成了品牌项目,社会影响力不断提升

以足球为主题,家校联动的假日体育活动"绿岛阳光足球节"已经形成品牌,

每年都会吸引各年龄段不少学生及家长参与。

（三）创新之处

1. 区域联动，实现机制创新

课题的实施，建构了特长教师区域内走校指导机制，形成区域内体育特长教师资源库，区域内学校联动、错时安排教学、合理分配绩效，为建构区域内特长教师使用机制积累了经验。

2. 搭建平台，共享优质师资

课题的实施，盘活了区域内优质资源，使得人尽其才，让更多有特长的教师发挥特长，用足用好优质师资，使更多的学生得到了优质教学和专业指导，有效破解了因师资不足而影响社团开展的困局。

3. 拓展思路，更新师训观念

利用现有的联合体区域工作形式和经验，挖掘和培养区域内特色人才，定期开展教研活动研究，开拓了非体育专业的体育特长教师也可以进行体育社团指导新思路，改变了传统的体育项目一定由体育教师执教的观念，为各基层学校储备了更多专项人才，切合当前所需。

4. 利用资源，营造区域特色

针对当前学校体育的蓬勃开展、体育社团丰富多彩的发展现状，引入有资质的社会资源，组建学区精英社团培训，提高了区域内学生运动能力，营造了区域内运动项目的特色化氛围。

5. 丰富假日活动，拓展社会影响

开放校园场地，定期组织活动，激励学生积极参与，携手家长共同推进学生课后锻炼，形成了具有一定社会影响力的活动项目，为养成终身体育锻炼习惯打下基础。

六、结论与思考

（一）结论

本课题探索利用现有资源解决现实问题。在研究中挖掘现有人才，利用已有的联合体工作模式开展试点研究，切合当前所需，并有望进一步促进区域内学生社团建设，提高所习项目的技术水平，激发学生进一步参与社团活动的兴趣，提升终身体育活动的能力和水平。

本课题的研究针对当前体育社团发展与师资短缺的矛盾，开展特长教师在一定区域内走校指导的实施方案，通过课题实践论证了这种设想的可行性，对解决当前的矛盾有现实意义。通过课题实践证明,非体育专业的体育特长教师也可以进行体育专项的指导,改变了传统的体育项目一定由体育教师执教的观念。通过一定的深化培训,使相关教师适应了社团发展的需要,拓展了本地区优质师资来源,储备了更多专项人才。通过特长教师走校指导,在一定区域内形成区域特色项目,如城桥学区的足球、篮球、啦啦操、乒乓、轮滑等项目,堡镇学区的足球、乒乓等项目。区域特色项目的形成,有利于学会终身体育项目和专业人才苗子的发现。特长教师走校指导的成功案例,建构了特长教师走校指导的基本模式,为进一步推广提供操作的可行性。通过走校指导发挥了特长教师优势,给特长教师搭建了展示的平台,在绩效工资背景下为进一步推动本地区教师的专业素养进行了探索,并形成了新的教师培养模式。

(二) 思考

1. 行政应进一步支持特长教师走校指导

目前,教师的校际交流仍存在一定困难,更多社团项目的教师走校指导工作还需要行政的支持。特长教师走校指导在我区还刚刚尝试,虽然有一定的效果,但还需要政策方面的支持。在绩效工资背景下,如何进一步实施特长教师走校指导,还需多方努力。

2. "为了每个孩子"的发展理念尚需深入贯彻

在实践中,特长教师进行社团指导时,应摒弃本位思想,突出大局观念,为形成区域特色、促进每个孩子健康成长而努力。

3. 学区联合体与学校的沟通尚需加强

在课题研究中发现,学区联合体缺少与学校的沟通,致使少数学校停课、换课的情况时有发生,影响了实践效果。在未来推进中,需要加强联合体与学校的沟通,制定规章制度,以确保该项活动持续发展。

引入SPARK理念,改编、创编体育游戏实践探索

兴趣是人们积极认识和优先从事各种活动的心理倾向。同样,体育教学也需要来自学生自身的兴趣,因为它是学生积极参与各项健身锻炼的前提。对小学生来说,体育游戏是他们兴趣的来源,他们能在参与体育游戏中获得快乐与自信;对体育教师来说,游戏是开展有效教学的重要媒介。国内体育教学中的游戏呈现怎样的现状呢?笔者作为区域内的兼职教研员,通过一年的时间走访了本区域内近20所小学,通过大量的听课与日常观察,发现在区域内小学体育教学中,游戏教学虽然较多,但学生参与的兴趣却不是很高;究其原因是因为游戏的规则、方法相对比较陈旧,有些甚至是幼儿园就使用的游戏,如丢手绢、老鹰抓小鸡等,严重影响了体育教学的效果。

一、小学体育教学中体育游戏运用的现状

(一)学生喜欢游戏,但不喜欢体育课上的游戏

游戏是学生最喜欢的体育锻炼方式。调查数据显示,有将近88%的中高年级学生喜欢体育游戏,低年级学生更甚,但只有20%的学生喜欢体育课上的游戏。学生不喜欢体育教学中的游戏是因为教师安排的游戏没有新意,过于陈旧,排队轮流时间过长,而且没有挑战性。可见,在体育教学中对体育游戏环节的设计是守旧还是创新,值得我们深刻反思。

(二)体育游戏还不是校园体育的主流

当前,校园中主动参与体育游戏的学生还不是很多,大部分学生在课间常常以追逐打闹等方式进行课间活动。数据显示,在体育教学中有35%的体育老师会安排游戏,而课间游戏的情况则更不理想,只有15%左右的学生会在课间主动游戏,更多的学生只是偶尔参与,逾40%的高年级学生表示不会将游戏作为自己的课余生活内容。因此,创编学生喜欢的游戏,不但可以营造快乐的教学氛围,而且也可以丰富学生的课余生活。

二、我国传统体育游戏的主要特征

(一)竞技性强

传统的游戏大多以跑跳为基础,参与者胜负意识强烈,为取胜甚至不惜犯规

或为同伴隐瞒犯规事实等情况时有发生。

（二）组织形式单一

传统游戏大多采用比赛形式，队形以纵队为主，参与者轮流参与。

（三）评价标准单一

由于传统游戏一般都是以快慢、多少作为评价标准，因而游戏过程中学生在选择同伴时往往喜欢和运动能力强的同伴为队友，体育素质高的学生往往是首选的合作伙伴，而体育困难生往往成为团队游戏的"弃儿"，游戏过程中甚至出现针对对手喊"漏油"的现象。

三、引入SPARK理念改编创编游戏，激发学生主动锻炼热情

2012年，笔者在美国纽约州参加体育教师海外培训时，曾较多地关注了美国纽约州布法罗地区的小学体育教学，该地区的小学体育大多采用SPARK课程，非常注重游戏的应用，无论是热身活动还是技能教学，都运用游戏来进行。这一点和我们的新课程理念非常相似，因此，如果能引用SPARK理念来改编或创编体育游戏，一定会激发学练兴趣，营造主动有效的体育课堂。

（一）SPARK课程简介

1. SPARK课程概念

SPARK（Sport，Play，and Active Recreation for Kids，即儿童运动、游戏和娱乐活动）是20多年前美国体育专家针对美国中小学中存在的"重运动竞技，课堂氛围枯燥、学生不喜欢体育课"等现象而研发的课程，旨在摒弃枯燥的教学方法，活用道具，吸引学生进入活动情境，养成良好的运动技能个人健康习惯，是目前全美国中小学使用最为广泛的一种课程，并在近几年进入了我国学校体育学者的视线。

2. SPARK课程的理念

（1）把教师变成更有效的体育活动的引导者

SPARK课程要求体育教师在指导学生学会基本的运动技能之后，要转变自己的主导者的角色，充当"水管工人"，通过"引导、疏通"帮助学生利用已有的运动知识不断达到新的层次，从引导者的角度去讲授体育课和体育活动，从而成为更有效的引导者。

（2）学生轮流成为领导者

SPARK课程非常关注学生在体育学习中的主体地位，它突破传统的学生跟着教师做的教学方式，让学生成为体育活动的领导者与组织者，从而使得整个

课堂教学氛围变得更加活跃,学生自觉、主动地投入到体育学习中。

(3) 丰富多彩的游戏器材

在教学器材上做出大量的改革,活用道具,营造能吸引学生参与的活动情境,让孩子们不容易产生疲惫感,其宗旨便是要学生做运动的主人。

(4) 倡导50%以上的中等强度的运动

SPARK课程能够在体育课堂上有效地提高学生进行中等强度至剧烈体育活动的水平,促进学生发展体能和运动技能。

(5) 帮助学生设计校外体育与健康活动计划

教会学生一些知识和技能,如如何确定活动的空间、时间和目标,如何选择有助于身体健康的食品等,让他们学会自己设计并实施适合自己的体育活动。

3. SPARK课程游戏的特点

(1) 全纳性

全纳性首先表现在让每一个学生都参与体育活动上。在SPARK课程游戏中任何一项体育活动,都有不同层次的学生参与其中(详见案例1)。SPARK游戏在时间和空间上超越了传统的体育课,学生可以在社区、家庭生活中大量采用。

案例1 翻 烧 饼

【游戏前准备工作】

将4个标志桶作为边线,设置一个中等大小(20步×20步)的活动区域,所有的学生分散在这个区域内,并自行选择好合作伙伴。教师播放背景音乐烘托游戏氛围。

【游戏目标及方法】

这个游戏是针对身体大肌肉群而进行的热身练习。学生进入指定区域,自行寻找一个合作伙伴并走到一起(充分利用场地)。参与游戏的合作双方中,由其中一人扮成正面烧饼(四肢着地,肚子向上)或反面烧饼状(四肢着地,成桥型);听到信号,另一个伙伴扮成厨师在这个区域内移动,跨过烧饼或者从烧饼下面钻过。当有人跨过或者钻过"烧饼"时,"烧饼"翻转身体姿势。当听到老师的信号,交换角色。

从上述案例中我们可以看到,SPARK游戏的全纳性特征十分明显,所有的学生分成两个角色,A角和B角同时参与,学生要完成的是身体活动而不是竞技运动,不需要刻意强调个人的技术、战术等,每个学生都可以参与其中。

（2）挑战性

SPARK游戏不只是完成游戏本身,在基本游戏完成后,会有相应的递进性练习,以适应学生更高层次的练习。

在进行案例1的"翻烧饼"游戏时,可尝试实施以下两项内容:

【评价】

① 30秒内你能穿过多少个同学?

② 你能打破自己的记录吗?

【拓展练习】

激励充当"烧饼"角色的学生移动起来。

在游戏的第一阶段,教师可以安排学生通过走来完成,第二阶段可以采用跑跳,第三阶段可以采用快跑等递进式的形式实施游戏。教师引导学生主动预计同伴的步数,挑战自己的预估能力;游戏的最后,还会采用移动的"烧饼",增加游戏的难度,接受更高的挑战。

游戏的低起点满足了所有学生的参与,教会了学生学会游戏;设计的层次性激发了学生参与的积极性,满足了学生不断挑战更高目标的欲望。

（3）创新性

SPARK游戏课程对传统体育活动的内容和方式做了修改,使每个学生都成为参与者而不是旁观者。如游戏器材的创新——更安全、更新颖;游戏内容的创新——融入学生自主创新游戏的拓展内容等。另外,如教师要求学生改变"烧饼"与"厨师"的角色分配,很多学生会想出螃蟹与桥梁、翻越高低障碍等,有效激发了学生的创新意识。

（二）引入SPARK理念改编体育游戏

SPARK课程所提出的"帮助教师和学生形成健康的生活习惯、良好的运动技能和运动知识以及提高个人社会交往能力"的理念和《崇明县关于中小学实施"主动有效"课堂的指导意见》提出的努力追求"上好每一堂课""教好每一个学生"的指导思想不谋而合。在此背景下,引入SPARK理念改编、创编体育游戏,可以切实更新教师教育教学理念,大力推进教与学的方式的转变,激发学生主动参与课堂学练,全面提高课堂教学效益。那么,如何在传统游戏中引入SPARK游戏理念?

1. 剖析SPARK游戏,了解SPARK游戏的一般类型、要素及游戏结构

SPARK游戏是按照项目来分成不同的单元,如篮球单元、足球单元,并结

合教学内容编排不同的游戏。下面,我们结合 SPARK 游戏的实施及文本(详见案例2),分析一个完整游戏的基本结构,如,游戏名称、目的、准备、方法、规则、注意事项(教学建议)等,为后面的创编游戏打好理论基础。

案例 2 有氧保龄球

【器材及参与者准备】

4人一组,每组2个标志盘;2个保龄瓶(或用2个轻物代替);4人小组,每组有1个实心球。

【活动场地准备】

① 划2条平行线,线上根据小组数放置若干个记号盘片,再画一条线,放置保龄球。

② 平行线之间隔开5步距离,每条线上的点与点之间间隔三步距离。

③ 第一条线上的点是起点,2个学生开始时站在这里。第二条线上的点是投掷保龄球的点,投掷者站在这里。第三条线是放置保龄球或轻物的点,也是捡球者站位的点。

【活动内容】

① 教学目标:复习低手滚球技术,能滚准目标,且能在停止信号发出之前尽可能地多得分。

② 方法:听到信号,投掷保龄球者(第二条线上的人)把球滚向保龄瓶,试着击倒保龄瓶,投掷者投完必须跟着球前行,扶起击倒的保龄瓶,然后站在安全的区域(作为下一个的捡球人),投掷者捡球后把球拿回至第二个点(第二条线上即投掷点),交给新的投掷者,然后再跑回至第一个点(第一条线上即开始处),到达起始线,依次跑至第二点作为下一个投保龄球的人,持续的击球、扶起保龄球、捡球、跑回……直至信号响起。

③ 规则:a. 全中(两个都被击倒)=10分,剩余(1个瓶子被击倒)=5分

    b. 捡球者确保安全距离。

    c. 击球者要在指定点上击球,不能超过标志盘。

【评价】

① 你所在小组得到50分,最快能用多少时间?比上次有进步吗?

② 在停止信号响起之前,你所在小组最多能得几分?

【建议】

① 投掷保龄球时,向前一大步,瞄准目标后释放实心球。

② 捡球者尽快跑动,把球交给投掷的人。

③ 下一个投掷者尽快跑至投掷点。

【拓展】

① 改变得分分值。用需要计算的数学技巧改变分值,如一个全中得 3 分,击中一个得 2 分,等等。

② 改变投掷目标数量。放置 6 个瓶(三角形:1、2、3),一次全中得 10 分,其余的一个瓶 1 分;1 个瓶。1 个瓶子是给学生很大的挑战,要么中,要么不中,全中得 10 分。

【活动对应课程标准】

① 契合国家标准 1、2——知道精确的滚球。

② 契合国家标准 3、4——提高心血管功能、耐力。

③ 契合国家标准 5、6——合作、接受挑战,学生自己的评价。

【教师教学技巧】

① 在任何场地上都可以完成,但平整的场地更有利于保龄球的滚动。

② 音乐连续放 60 秒,再用 5—10 秒交换角色。

③ 更高水平的同学向后退,离开瓶子更远一些,如每个回合向后退一步。

从上面的游戏剖析中我们可以看到,SPARK 游戏相对应的教学目标,契合"受过体育教育的人"的体育课程理念。游戏中有一个主线贯穿于活动过程,如,知道精确的滚球,契合国家标准 1、2;游戏提高心血管功能、耐力,契合国家标准 3、4;合作、接受挑战,学生自己的评价,契合国家标准 5、6。在游戏中,我们可以看到,SPARK 游戏的场地、分组、器材等安排和我们的传统游戏相似,不同之处在于游戏分组人数比较少,评价时以各小组各自的进步来考量;但我们可以观察到,在游戏的最后,安排了相应的拓展练习,如改变得分分值、改变保龄球瓶数量等来激发学生不断深入游戏,并接受挑战。通过完整的 SPARK 游戏剖析,感悟美国体育教学理念,对比国内游戏,尽快掌握 SPARK 游戏文本形式,为接下来改编、创编游戏打下基础。

2. 运用 SPARK 游戏所隐含的课程理念改编、创编传统游戏

在实施 SPARK 游戏时,关注其中隐含的课程理念,如游戏中呈现的全纳性、递进性、强负荷、高密度的特点,以及游戏内容所包含的运动技能、健康意识、社会交往等与课程标准密切相关的要素,关注这些要素与游戏组织形式、实施内容是如何紧密结合的,在改编传统游戏时,可以有意识地融入我国课程标准所倡导的理念,进行积极尝试。

(1) 以传统游戏为蓝本,改变游戏形式,体现 SPARK 游戏的全纳性

以学生喜闻乐见的游戏为突破口进行改编,对游戏中的方法、规则、组织队形等做适当的调整,使新的游戏具有挑战性和全纳性,吸引更多的学生快乐地参与到游戏当中来,促进学生的身心发展。如传统游戏"老鹰抓小鸡"。

案例3　改编传统游戏"老鹰抓小鸡"

传统的"老鹰抓小鸡"			改编后的"老鹰抓小鸡"		
方法	规则	场地要求	方法	规则	场地要求
每组8—10人,其中一名学生当"老鹰",余下成员排成一列,位于列首的成员当"母鸡",列中的成员抓紧前一名成员的衣服,"老鹰"去抓最后一名"小鸡","母鸡"通过移动来保护"小鸡"不被抓到。如果"小鸡"被"老鹰"抓到,则进入另外的圈中直至游戏结束,看哪个"老鹰"抓到的"小鸡"多。	1."老鹰"不能侵犯"母鸡"。2."老鹰"不能从"母鸡"腋下钻过去抓"小鸡"。3."小鸡"列队不能散架。	场地需求较大。	根据实际把学生分成5—6人一组,每组一个标志桶。分别选出一个同学做"老鹰"和"母鸡",其他同学都作为"小鸡","小鸡"和"母鸡"在标志桶外围围成圆圈,"母鸡"基本上背对"老鹰"。游戏开始,"老鹰"在圆圈外侧追捉"小鸡","母鸡"全力侧身跑保护"小鸡","老鹰"触到"小鸡"或音乐停,轮换角色。比哪个学生轮换的角色次数多。	1."老鹰"冲击圆圈。2."老鹰"不能从圆圈中钻过去。3."母鸡"和"小鸡"必须围成圆圈。4."母鸡"和"小鸡"不能离开标志桶。5.及时交换角色。	场地要求较小。

改编后的游戏降低了对人数和场地的要求,每个学生都能及时体验"老鹰""母鸡""小鸡"的角色感觉;游戏的组织形式得到了改变,从纵队队形改成了圆形队形,人数也可以从4人逐渐增加到8—10人;评价标准也从竞技性很强的"老鹰"抓多少"小鸡"改为每个学生轮换多少次的角色,这样可以吸引每个学生积极参与;学生要提高自己的评价数据,必须要确保团队游戏的正常进行。显然,改编后整个游戏显得更加合理有效。

(2) 优化游戏方法,提高游戏者参与的运动负荷

通过分析传统游戏的组织形式、实施方法,进行适当的优化,提高了游戏练习的密度和强度。如,传统游戏"快传快递"以10人一路纵队,从队首开始把球

从头上或胯下等不同部位传至最后一位同学,用时少者获胜。每个学生一局只参与一次传递,密度和强度都很小。我们运用SPARK理念对其进行改编,保持原来的传递方法,但是要求队首的同学传完后跑至队尾接球再传,通过改变传球距离和形式完成快传快递,用传和跑结合的方式,确保一组练习中每个人都保持运动,提高了运动密度和强度,使学生的运动负荷明显提升。

(3) 完善评价方式,让每个参与者都能体验成功

从上述"老鹰抓小鸡"游戏评价方式的改编到快传快递游戏评价方式的改编,这些改变能使学生时刻感受到自己的进步以及自己在这个团队中所起到的作用,从而变得更自信、更快乐。

改编游戏使传统游戏焕发了新的活力,成为学生喜欢参与的活动。其实,在体育游戏教学中,同样可以引导学生根据老师的要求进行游戏改编。如,改编游戏名称、游戏结构,更新游戏规则、游戏内容,更换游戏器材、优化组织形式等。只有学生亲身参与了游戏的改编,他们在参与游戏时才会更加投入,才会更好地完成教学任务、提高教学效果。

(4) 丰富游戏的层次性,引导学生接受游戏挑战

针对很多游戏缺乏层次的特点,建议在改编游戏时,降低起始难度,逐渐增加游戏的层次,使整个游戏适合不同层次的学生参与。如传统游戏"蜈蚣跳",每个小组8—10名学生相互扶住前面学生的身体向前跳跃,不仅很容易失败,而且容易导致学生之间相互责备。改编后的游戏,从2人开始练习小蜈蚣,遇到其他两人组的,队首进行"石头剪子布",输的小组主动到后面形成4人蜈蚣,再找其他4人蜈蚣进行"石头剪子布";若蜈蚣松散掉,降低一级,再开始……使学生不断有机会挑战更高的层次。

(5) 在改编的基础上延伸,逐渐学会创编游戏

根据小学生的特点,我们在改编游戏的基础上,采用合作创编、师生创编等方式,适当引导学生进行游戏创编;这些创编可以是原有游戏的延伸,也可以是提供相应器材的自主创编,这种方式为体育教学的拓展起到了很好的推进作用。如我们让学生改编传统游戏"贴人"游戏时,要求摒弃原有的圆形追逐、一人追一人逃的方式;经过小组交流合作,创编了新的"贴人"游戏。以下是师生共同创编的游戏:

案例 4 贴 人 游 戏

【游戏前期准备及要求】

以4个标志桶作为边线,创建一个中等大小(20×20 步)的活动区域,所有

的学生分散在这个区域内。

【游戏方法】

① 利用 SPARK 尽快参与的理念随机形成 2 人小组。

② 音乐开始，采用"石头剪子布"分角色，输的一方逃，赢的一方原地做 3 次手脚协调的跳跃练习后追逐对方。

③ 靠近对方时，用手指触及对方就算得分。

④ 在触及对方后，马上反向逃，如果被对方触及则做 3 次手脚协调的跳跃练习，然后反追对方。

【挑战练习】

① 60 秒内你能得到多少分？

② 你能打破你自己的记录吗？

【拓展练习】

① 两人一组，来回抛接球，音乐停，无球队员快速逃离，有球一方追逐，靠近时用球触及对方。

② 3—4 人一组，分两组进行比赛。有球的一组相互之间传球，同时需要靠近无球的一方，并用球触及对方；一旦触及对方得 1 分，并交换角色。

"贴人"游戏是中国传统的体育游戏，在学生心中已形成了固定的模式：圆圈追逐，追到贴人，换角色继续。在游戏创编过程中，由教师和学生一起对游戏进行设计，如角色的分配、实施的队形、追逐的方式等。根据建构主义对知识重构的理论，教师在学生学会新型"贴人"游戏的基础上，可提出探索性的问题，如怎样才能知道不同角色的运动量？如果要在游戏中加入小皮球，如何设计？如果这个游戏改成 3—4 人一起玩，怎样设计？等等，引导学生通过小组合作学习等方式去做一定的游戏延伸或创想，充分挖掘学生的团队精神和创新能力，激发学生参与热情，教会学生学会观察、积极创新、做教学的主角，是一种很有必要的尝试。

实践证明，在小学体育教学中，充分利用原有传统游戏资源，引入 SPARK 理念改编、创编体育游戏，引导学生综合运用已有知识拓展游戏内容，可以培养学生的创新能力，做到传统体育的传承与创新。同时，把 SPARK 课程的先进理念融入本县教研室着力打造的"主动有效"课堂的实践中，能有效突破小学体育教学中学生被动学练的瓶颈，真正促进本地区学校体育的蓬勃发展，及学生的健康快乐成长。

（本文曾获崇明区学校教科研评比一等奖）

崇明县城镇学校小学生假日体育的现状及学校干预的实践研究

——以崇明县西门小学为例

一、研究背景与目的

（一）研究背景

近年来，为落实中共中央、国务院发出的《关于加强青少年体育增强青少年体质的意见》，减少学生"整天埋头于作业，睡眠不足，又缺乏锻炼，体力下降"的现象，各学校纷纷开展提质增效、加强学生体质管理的研究，确保学生每天不得少于1小时的体育活动时间。各项调研数据也表明，在校期间，学生每天1小时阳光体育基本能得到保障，那么学生不在校期间的体育活动开展情况怎样呢？根据统计，小学生每年有包括双休日、节假日、寒暑假等170多天假期，接近全年时间的47.2%。如果在这近半年的假期中，小学生不能系统参加体育锻炼，那么又如何增强青少年的体质水平？

为了探索学生课外锻炼的途径和方法，我们成立"学校体育对农村城镇小学生假日体育的引导和管理实践与研究"课题小组，开展了小学生参与假日体育活动现状的调查。从调查中得知，有近60%的小学生的假期生活除了做作业就是看电视、玩电玩……经常参加体育活动的学生不足50%。与轰轰烈烈的校园阳光体育相比，小学生在假日中的体育活动时间明显不足，相应的小学生参与假日体育活动的引导和管理更是严重缺失。虽然近几年社区体育作为政府实事工程不断得到推广，居民小区的体育配套设施越来越完善，居民跨出家门就可以参加锻炼，但在锻炼队伍中却很少有我们小学生的身影。为什么会出现这种现象？如何让这些"锻炼方法、手段还有所欠缺，自我约束能力尚待加强"的小学生利用节假日参加体育锻炼，促进他们的生长发育？课题组针对小学生参与假日体育活动的现状进行调查分析，探索学校干预的策略，期待解决或缓解现有问题。

（二）研究目的

通过调查本地区城镇小学生参与假日体育活动的现状与成因，分析学校体育对假日体育影响相关研究的文献资料，为课题组构建研究策略提供客观数据和合理建议。

通过探索学校对小学生假日体育正向干预的策略及保障措施,总结学校引导和管理的方法经验并予以推广,帮助小学生提高锻炼意识,培养锻炼习惯,真正实现学生365天参与阳光体育活动,促进学生健康成长。

二、研究对象与方法

(一) 研究对象

以西门小学的1025名学生为实验对象。

(二) 研究方法

1. 文献资料法

查阅国内外有关学校体育与校外体育活动关系的相关文献资料及最新研究动态,并对其进行分析研究,为本课题研究提供参考。

2. 问卷调查法

随机抽取西门小学一年级学生家长共计150名,共发放问卷150份,回收144份,有效问卷144份;三至五年级学生506名,发放问卷506份,回收506份,有效问卷500份。问卷均为无记名问卷。借助分析框架,对问卷调查中的开放题答案进行编码分类、统计,为本课题研究提供支撑材料。

3. 行动研究法

针对本地区小学生参与假日体育的现状,开展学校干预小学生参与假日体育的实践研究,探索提高小学生参与假日参与率的手段、方法。

三、研究结果与分析

(一) 课题相关概念

本课题中出现的"假日体育"专指学生在双休日和寒暑假中在居住地就近参加的体育活动;"学校干预"是指学校的引导和管理;"引导"指学校根据学生课后锻炼需要有意识增加学生对多种运动项目的体验,教会学生假日体育的方法,告知学生假日体育的去向和路径;"管理"是指搭建平台吸引学生、制定激励措施鼓励学生参与等,用来激励学生主动参与假日体育的方法手段,如组织活动、记录、评价、奖励等。

(二) 本地区小学生参与假日体育活动的现状

1. 小学生假期中常用的休闲方式

当前,虽然学生居住地体育设施较为完善,但真正把体育锻炼作为必要休闲方式的学生随着年级的提升而逐渐减少,看电视是学生除作业以外主要的休闲方式,玩电子产品则是随着年级增高而增多(见表1)。

表1 调查对象在假日中常用的休闲方式统计

年级	方式								
	体育锻炼		看电视		玩电脑		和家人聊天		其他	
一年级家长	33	22.9%	77	53.5%	6	4.1%	35	24.3%	—	—
三年级	86	50%	74	43%	12	7%	—	—	—	—
四年级	42	25.3%	44	26.5%	4	2.4%	56	33.7%	18	10.8%
五年级	32	19%	58	34.5%	36	21.4%	26	15.5%	16	9.5%

2. 小学生在假日中参与体育活动统计

在双休日、节假日及寒暑假中,经常参与锻炼的分别占49.8%和58.4%,寒暑假中参与锻炼的稍多,而在双休日中,偶尔参与体育锻炼者居多。调查数据表明,学生不参加体育锻炼跟学生学业情况有着很大的关系。在调查中发现,低年级学生比高年级参加的频率高,低年级学生参与体育锻炼基本上是受家长的影响,这说明我们的学生还没有形成规律性的锻炼习惯(见表2)。

表2 调查对象在假日中参与体育锻炼人数与各年级总人数之比

选项\年级	双休日参与						寒暑假参与					
	经常锻炼		偶尔锻炼		不参加		经常锻炼		偶尔锻炼		不参加	
三年级	132	72.1%	48	27.9	—	—	128	74.4%	44	25.6%	—	—
四年级	46	27.7%	110	66.3%	8	4.8%	70	42.2%	78	47%	16	9.6%
五年级	74	44%	86	51.2%	8	4.8%	98	58.3%	52	31%	18	10.7%
合 计	252	49.8%	244	48.2%	16	3.1%	296	58.4%	174	34.3%	34	6.7%

3. 小学生假日中不参加体育活动的原因

从收集的数据看,作业多是主要的矛盾,占60.9%,而压力大,则多来自家长和学校。其次,有25.7%的学生因为不会锻炼而选择宅在家里。当然,也有部分家长不支持孩子参加锻炼,不支持的原因除了作业压力之外,还有就是担心孩子出去锻炼的安全保障,家长没有时间陪伴,等等。另外,小区内设施种类比较单一,其中比较普遍的是漫步器、扭腰转盘、上肢牵引器,有近25%的学生认为没有合适的器材供自己锻炼用。部分学生甚至根本就没有形成锻炼意识(见表3)。

表3 学生不参加课外体育锻炼的原因(多选题)

年级\选项	不会锻炼方法		作业多		家人不支持		自己不喜欢		社区不组织		无合适器材	
	人数	占比	人数	占比	人数	占比	人数	占比	人数	占比	人数	占比
三年级	60	34.4%	130	75.6%	16	5%	10	5.8%	8	2.3%	18	10.4%
四年级	42	25.3%	74	44.6%	34	20.5%	14	8.4%	28	16.9%	50	30.2%
五年级	30	17.8%	104	61.9%	12	7.1%	14	8.3%	—	—	54	32.2%
合计	132	25.7%	308	60.9%	62	12.2%	38	7.5%	36	7.1%	122	24.1%

4. 学生家中自备健身器材

调查中我们发现,城镇学生中大部分家庭或多或少都有自备的健身器材,如跑步器、足球、乒乓球、羽毛球等。当然,不能忽视的是还有39.1%的学生由于各种原因,家里没有自备器材,假日内锻炼仍需要借助社区现成的体育设施、器材(见表4)。

表4 家庭自备体育器材统计

年级	器材情况					
	有/很多		有/很少		没有	
	人数	占比	人数	占比	人数	占比
三年级	40	23.2%	42	24.5%	84	48.8%
四年级	50	30.1%	60	36.1%	52	31.3%
五年级	26	15.5%	88	52.4%	58	32.1%
合计	76	15%	228	45.1%	198	37.7%

5. 城镇公用体育设施对学生假日体育锻炼的影响

目前,因城镇公用体育设施包括体育场、游泳馆、社区体育设施以及校园开放所提供的体育场地因需自费购买门票,所以入内坚持锻炼的学生并不多。以体育场为例,我们在进行调查后发现,在城镇学生中有超过50%的学生家庭离体育场不远,但在假日中到体育场锻炼的高年级学生并不是很多,其中原因值得我们思考。由于体育场人数众多,对球类项目有限制,所以现有器材适合个人练习的偏多,这也影响了学生参与的积极性。此外,低年级学生和家长一起健身的较多,因此参与比例相对较高(见表5)。

表5 常到体育场进行体育锻炼调查

选项 年级	经常和家人去体育场		经常和同伴去体育场		不大去体育场	
	人数	占比	人数	占比	人数	占比
三年级	112	65.1	44	25.6%	16	9.3%
四年级	48	28.9	16	9.6%	102	61.4%
五年级	68	40.5%	32	19%	68	40.5%
合 计	228	45%	92	18.1%	186	36.8%

6. 学生参与社区体育俱乐部情况

随着居民生活水平的提高,提升生活质量,丰富业余生活成了社区居民追求的目标。各种健身馆应运而生,如瑜伽馆、跆拳道俱乐部、拉丁舞社团。近两年随着崇明县竞技体育水平的提升,乒乓球、游泳俱乐部也是日渐红火,这些俱乐部的存在,丰富了城镇学生的假日体育。调查发现,有26.4%的学生参加过类似的体育俱乐部,这说明了社区俱乐部是学生掌握运动方法,提高运动能力的重要途径。(见表6)

表6 学生参与社区体育俱乐部情况

学生(506人)						家长对待收费项目的态度(144人)					
知道,未参加		报名参加过		不知道		已经报名		会考虑		不 会	
298	58.9%	134	26.4%	74	14.6%	10	6.9%	101	70.2%	33	22.9%

7. 学生及家长如何看待体育家庭作业

在农村城镇学校,体育作业对于学生和家长来说还是一个陌生的事物。仅有6.1%的学生有过体育作业,有52.5%的学生从来没有过体育作业。相比这个数据结果,有87.3%的学生在调查中表示会认真完成老师布置的体育作业。可见,体育作业的设计,应该引起我们更多的重视。

家长对于学生参与假日体育有着重要的影响,虽然只有49%的家长明确表示支持学生有体育作业,还有40%多的家长因为孩子学业问题而抱有无所谓态度,但如果有了体育作业,有88.7%的家长表示会帮助孩子完成体育作业(见图1)。这是一个比较理想的数据结果,我们应该精心进行家庭作业设计的研究。

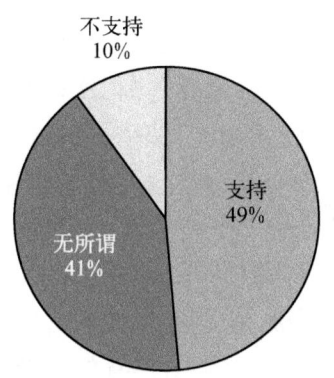 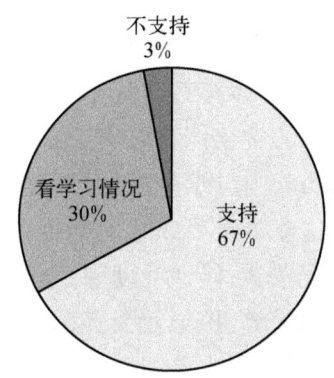

图1　家长对体育作业的态度　　　　图2　家长对孩子参与假日体育的态度

8. 家长对孩子参与社区体育活动的态度

每位家长都希望自己的子女健康成长,因此对孩子参与体育锻炼一般都是非常支持的,但我们也发现,有些家长则认为学生参与体育锻炼是学校体育课上的事情。可见,假日参与体育锻炼还没有引起家长的重视。在学生问卷中,我们能感受到家长支持的有67%,有30%的学生家长表示还需学生在学习方面表现的足够好才能允许其参与体育锻炼(见图2)。

9. 参加社区体育活动的同伴(自主锻炼能力的缺失,家长接送者多)

数据表明,学生的假日体育锻炼同伴大多受制于家长的管理,低年级学生更愿意和家人一起出去,高年级则逐渐有和同学及玩伴一起出去的意愿。如何分层次引导学生参与不同层次的假日体育值得我们深思(见表7)。

表 7　小学生参加社区体育活动的同伴调查

选项 年级	家 人		玩 伴		同 学	
	人数	占比	人数	占比	人数	占比
三年级	78	45.3	90	52.3%	8	4.7%
四年级	54	32.5	13	15.7%	82	49.5%
五年级	54	32.1%	48	28.6%	72	42.9%
合　计	186	36.7%	151	29.8%	162	32%

（三）学校体育对学生假日体育的干预

笔者近几年对国内外社区体育与学校体育的关系有着一定的关注和了解，并随上海体育教师骨干班参加过海外培训。通过海外培训，笔者发现体育发达国家的学校体育对学生参与社区体育的影响非常大，学校会利用活动课、体育社团时间对学生进行社区体育的指导，如棒垒球、网兜球、橄榄球等项目，而学会这些项目可以帮助学生主动参与社区活动。受其启发，本课题组充分利用体育教学、体锻活动课、阳光体育活动等平台积极开展实践探索，利用学校资源和优势，挖掘社会资源，搭建课外活动平台，对学生开展体育活动项目的指导，引导学生参与假日体育活动，使学校体育成为假日体育的引领者和支撑点。

1. 学校体育对学生校外体育的引导

（1）融合区域和校本特点，拓展课程内容，丰富学生假日体育活动的内容

在校园体育活动中融入了具有区域特色和校园特点的拓展课程，如学校在体育社团活动中使用根据学校传统体育特色项目自编的《校园健美操》，帮助喜欢韵律的女生学会健美操的基本动作，再通过小手牵大手活动，带动妈妈一起练习，并在班级内开展亲子健美操选拔，或在六一节作为特色活动进行亲子文艺演出。根据本区域内新建的游泳馆的便利条件，在学校开设游泳课程，使用学校教师自编的"游泳"校本课程，依托区级"人人学会游泳"项目的开设，有更多的学生会利用假日去新建的青少年游泳馆去体验；本地区开设了多个乒乓球俱乐部，学校利用开设"银球飞舞"校本课程帮助学生学会乒乓球，这些同学往往会深入到乒乓俱乐部进一步学习。另外，学校开设的"中国象棋""轮滑""跆拳道"等课程也为学生参与校外体育活动提供了选择空间。

(2) 加强课程改革力度,激发学生体锻兴趣,拓展学生课后练习

笔者所在学校是上海市小学体育兴趣化课程改革和上海市体育一校多品试点学校,通过课程改革,培养小学生基本体育素养,体验多种运动项目,引导学生自主创编游戏,激发在校学生广泛的体育与健身兴趣,形成我要锻炼意识和我会锻炼能力。在体育教学中积极推进六环主动式体育教学,以问题为导向引导学生上课主动练,课后想着练,养成锻炼好习惯。

(3) 挖掘校内师资和引入社会资源相结合,让学生开展丰富的活动体验

根据贯彻双减政策和体质健康管理意见的要求,学校先后聘请区域内多个有资质的社会团体进入校园,同时又在全校老师中,遴选出有篮球、足球、乒乓球、健美操特长,愿参与、乐奉献的志愿者教师,并对其进行一定的培训,以提升相关项目的理论水平与教学实践能力。学校先后组建了健美操、篮球、足球、射箭、象棋、乒乓、跆拳道、拉丁舞、轮滑等项目社团活动,极大地丰富了学生的运动体验,为假日体育活动打下了扎实的基础。

(4) 组织亲子体验活动,指导家长关注孩子身心健康

利用学校门口的画廊及家长会、校园网等,加强对学生家长进行身体健康知识的普及教育,帮助其了解体育锻炼与少年儿童身体发展、智力发展的关系,以及学习效果与学习效率之间的科学关系,改变家长传统、单一的知识论观念。

此外,还可利用端午节赛龙舟、六一自创游戏活动和体育节家长参与日等,开展不同形式的亲子活动,通过参与活动,让家长体验运动之乐,了解孩子所需,关注孩子健康。

2. 学校体育对学生校外体育的管理

(1) 布置体育作业,提升学生身体素质,巩固课堂教学内容

课题组根据各自的教学情况和学生的需求布置了适量的体育作业,并印制发放了作业单,作业单回收率达到88%,家长或小伙伴的证明签字率达到75%,有了作业单的约束,学生参与假日与活动人数明显增加。实践说明,要求小学生走出家门走向社区健身场所,体育作业的布置,是当前农村城镇小学非常有效的引领学生参加假日体育的手段之一。

目前,学校布置的体育作业分三种:第一种是体育教师根据课堂教学内容适当布置一些巩固和预习性的练习,如蹲踞式跳远的上步屈膝抬腿、滚翻中的滚动练习等;第二种是素质类的体育作业,学生根据自己的素质弱项进行练习,如跳绳300次,仰卧起坐50次等;第三种是自主项目,如和家长打羽毛球、和小伙伴踢足球、自主选择体育锻炼项目参与等。

（2）开放学校体育场地，确保学生假日体育活动空间

学校体育场地开放，较好解决了学生不喜欢社区体育设施的问题。学校采用利用政府提供的场地开放经费，聘请学校相关人员管理开放的体育场，登记出借现有体育器材等方式，为学生的假日体育开展提供了场地保障。双休日、寒暑假返校活动的学生日益增加，取得了预期效果。

（3）共享优质资源，搭建学区内学生体育锻炼平台

双休日乡村少年宫体育活动的开设，为孩子们双休日体育活动提供了固定的活动场所。为确保社团活动质量，学校聘请学区内优质师资进校指导，吸引了更多的学生的积极参与。目前，乡村少年宫，开设了足球、篮球、乒乓、射箭、田径、健身操等多个社团，每周约有200名学生走进校园开展活动。

课题组联系本学区相关学校，争取了有关部门的支持，由学区牵头，发动组织开展区域内小学生足球联赛，为小学生双休日体育活动搭建了一个参与平台。活动设计了不同年龄组、多层次的活动内容，如技能挑战赛、社团交流比赛、足球亲子活动等，活动因学校的参与而变得有序和规范，活动连续进行了五届，家长非常支持这样的形式。这个活动案例不仅丰富了区域内学生双休日体育活动，为学生每天阳光体育1小时提供了保障，也构建了"区域自治、资源共享、共建区域内学生双休日体育活动平台"模式。

（4）发挥学校协调能力，依靠社会资源推进假日体育

近年来，本地区的社区体育俱乐部如雨后春笋般兴起，如跆拳道、乒乓球、轮滑、武术、拉丁舞、国标舞等等，为学生参与假日体育增加了选择，但农村城镇学生自费参加俱乐部锻炼的意识还不强。因此在本课题实践中，我们加强了与跆拳道、乒乓、拉丁舞、足球俱乐部的联系，把规范运作的俱乐部请入校园，利用每周的快乐活动时间免费教学，为学生进入俱乐部学习打下基础，这种转换开拓了俱乐部的经营思路，更多地向社区学生公益性开放，吸引更多的学生去体验参与，取得了良好的效果，实现了双赢。

（5）使用健身积分卡、学生作业单，激励学生主动参加假日体育锻炼

积分卡主要针对寒暑假设计，内容涵盖了该学生参与社区体育活动的时间、内容、形式及所得积分及积分兑换等，也包括健康知识的宣传和健身途径等信息。在课题实践期间，我们要求学生在锻炼的同时做好积分卡的记录，同时还组织摄影、案例征集等活动。经过整理、统计，每个年级会评选出假期体育锻炼达人若干名，并进行颁奖，且会根据积分多少推选出学校体育节亲子活动和体育游戏的参与对象。

作业单作为积分卡的形式之一,主要针对双休日开展,特别适合农村城镇学生参与社区健身。本地区的体育设施发展极不平衡,作业单很好地弥补了这方面的硬件缺失,对学生参与双休日体育有很好地引导作用。课题组指导体育教师根据各自的教学情况和学生的需求布置适量的体育作业,印制发放了作业单,作业单回收率达到88%,家长或小伙伴的证明签字率达到75%(见表8)。

表8 西门小学课后体育作业菜单及评价

日期	必选(每天必须完成1—2个项目)			自选(每天至少完成2—3个项目)根据年龄段选择练习次数	家长互动(每周至少完成一个项目)	居家体育游戏,每周完成3次以上(小区开放后进行户外练习20分钟)视频上传	自我评价:★★★:按最高次数完成所有项目;★★:按最低次数完成所有项目;★:做过锻炼,没进行统计。
	一分钟跳绳	坐位体前屈完成情况	一分钟仰卧起坐对标分值	① 高抬腿(卧撑高抬腿)20秒,完成3—4组 ② 开合跳(15次*5组) ③ 立卧撑跳10—30次 ④ 直腿爬行6米(5—8组) ⑤ 平板支撑 ⑥ 仰卧举腿15次3组 ⑦ 空中骑车20秒3组 ⑧ 半蹲跳摸高	① 双人跳短绳 ② 面对面俯撑击掌 ③ 推小车 ④ 公众号亲子活动 ⑤ 选择参与一次球类活动		
3.1	★★★	★★★	★★★	★★★	★★★	★★★	

(6)畅通信息渠道,给学生搭建展示自我的平台

充分利用当今多种信息媒体,如微信、QQ、电视、网络、钉钉、公众号等媒介,利用社区、学校等多种平台,及时发布健身信息,如社区体育活动、场馆开放、免费体验信息、专家指导等,让更多的学生走进专业场馆,感受时尚体育,激发学生体育锻炼的兴趣。

（四）成效

1. 学生获得了参与假日体育活动的方法

拓展课程的开发与实施，以及丰富多彩的社团活动，极大丰富了学生的运动体验，为假日体育活动打下了扎实的基础，有效弥补了体育教学内容与课后锻炼衔接不够紧密的缺陷，根据学生的假日记录卡和自主体育作业的反馈，有50%的学生已把这些项目作为假日体育活动的必选项目。

2. 保障了参与假日体育的场地器材

学校体育场地开放，学校社团活动、区域组织比赛等，较好地解决了学生不喜欢社区体育设施的问题。学生回到熟悉的校园，在与项目相对应的场地上尽情锻炼，确保了锻炼的质量，保障了锻炼的安全系数。

3. 初步形成了学生节假日体育活动的管理模式

丰富多样的评价方式，激励了更多的学生主动参与节假日体育锻炼，学校通过积分记录卡、体育作业单、上传视频和信息化管理平台激励学生参与体育锻炼，得到学生和家长的支持。90%的学生都能及时上传相关参与信息，做到相互交流，逐渐提升参与意识和参与习惯。

4. 搭建了精彩纷呈的运动舞台

贯穿于整个学年的乡村少年宫体育社团活动、学区自治体育活动、片区内比赛、校级亲子活动及社区体育活动，为学生参与体育活动搭建了很好的参与平台。这样的活动平台，在教师或教练的指导下，既提升了学生的运动水平和能力，又确保了其安全有序参与体育活动，有效促进了学生锻炼习惯的养成。据统计，学生假日体育的意识有了明显的提升，家长对孩子参与假日锻炼支持率提高，学生有自己喜欢的假日体育活动项目，参与假日体育的人数明显增加，全学年有80%的学生参与过学校有组织的活动，100%的同学都能主动参与假日体育活动。

四、结论与建议

（一）结论

1. 小学生假日体育现状足于抵消红火的校园体育成果

课题调查表明，学校、社会、家庭管理职责不明，对学生假日活动的引导和管理还存在严重缺失。学生假日体育的内容、方法、场地设施等仍存在明显的不足之处，参与假日体育的随意、无序，导致学生假期过后的身体素质的下降，直接引起国家体质测试数据的下降，而这足于抵消红红火火的校园阳光体育活动成果。

2. 学校干预是当前学生参与假日体育的强有力支撑和保障

在本课题实践中,探索学校体育对学生假日体育的干预作用,加强学校体育对假日体育项目的开发和指导,在假期中组织开展学校、社区、家庭一体化的体育活动,协调社区体育俱乐部走进校园,邀请体育指导员进驻社团,以及引导孩子家长关注孩子健康等举措,对学生假日体育活动有着明显的推动作用,学生假日体育的参与热情和参与次数明显增加。课题实践说明,只有我们持之以恒,不断完善对假日体育的引导和管理,小学生假日体育活动的前景才会有无限光明。

(二)建议

1. 在学校适当引入社区体育设施

随着上海市"30分钟体育生活圈"的建设,社区体育设施将得到进一步的更新和完善。如果在校园内设置一定的社区体育设施,通过教学让学生学会使用方法,必定会进一步激发学生参与社区体育活动的兴趣。

2. 加强对学生假日体育的管理和激励

青少年假日体育关系着学生的身心健康发展,无论是政府部门还是学校社区,都应该高度重视假日体育的推进,政府要及时出台相关政策文件,在积极推进校园阳光体育的同时,做好学生的假日体育活动的推进工作。

3. 健身场所安装智能刷卡仪

随着信息化的推进,信息化管理已不再遥远,建议相关部门利用专项基金在各健身场所安装智能刷卡仪,使学校可以对学生社区健身进行科学管理,以便做到进一步指导。

(本文是在上海市市级课题"崇明县城镇小学生使用健身积分卡参与社区体育活动的实践研究"基础上拓展而成,完成于2014年,曾获第四届全国中运会论文评比二等奖,收入本书时做了修订)

专业师资匮乏背景下提高崇明区青少年足球水平的实践研究

——以崇明城桥学区小学校园足球社团发展为例

2015年,当时的崇明县申报成为全国校园足球试点县,校园足球得以蓬勃开展,每周一节足球课被列入学校体育工作的硬性评价指标,校园足球社团也从每校一个年龄段,增加到多个年龄段。普及式的足球教学及不同性别、不同年龄段的足球社团,为全校学生参与足球搭建了很好的平台,越来越多的孩子利用课内外时间参与足球活动。但从近年来崇明区校园足球发展来看,虽然整体水平在大幅提升,但总体是基于原本比较落后的状况而言的提升,和市区足球项目先进学校相比,我区的校园足球还处于落后状态,如足球教学质量有待进一步提升,足球社团竞技水平缺乏竞争力,梯队建设不够完善等等。在足球社团大力发展背景下,是什么问题影响着校园足球的可持续发展和足球社团水平的提升?笔者经过调查分析认为,阻碍校园足球可持续发展的原因主要有以下三个方面:一是我们缺乏相对专业的足球师资数量。每周一节的足球课绝大部分是由非足球专业的体育教师担任,有很多小学的足球教学、社团辅导教师更是由跨学科教师兼任,而这些只能是勉强应对各种"硬指标"的检查。二是不少非足球专项教师的足球教学能力薄弱,导致足球课程教学和社团教学的质量不高。根据学校安排或为满"工作量"而不得已走进足球教学课堂的非专业教师,由于他们本身缺乏专项知识与运动技能,致使有少数教师往往把足球教学课上成了足球活动课,其只是负责看护学生放羊式的练习,对学生缺乏有效指导,教学质量更无从何谈起。三是部分全国校园特色学校的原本外聘的专业教练因为多种原因不能续聘,使足球精英训练和社团教学的质量大打折扣。可见,随着活动的深入开展,师资水平不高的弊端日益显现,严重阻碍了我区校园足球的进一步的发展。如何根据存在的问题,探寻缓解或解决这些问题的办法,这是我们面临的现实问题。因此,作为校园足球工作者,积极开展了"专业师资匮乏背景下提高崇明区青少年足球水平"的实践研究,希望在现有条件背景下,有效缓解我区因师资不足给校园足球的持续推进带来的影响。

一、研究目的

本课题针对崇明青少年足球因专业师资匮乏,足球社团虽然红火但长期在低水平徘徊的现实问题,旨在探索多渠道、全方位的足球执教人才培养机制和有效培养青少年足球人才的方法途径,形成可复制和推广的足球教学、社团指导模式,建构完整的区域校园足球比赛制度,增加比赛体验,为崇明学生未来的足球之路打好基础。

二、研究对象与方法

(一) 研究对象

以崇明城桥学区小学为调查和方案实施单位,所在学校足球项目执教教师及足球社团为实践研究对象。

(二) 研究方法

1. 文献资料法

认真研读校园足球、实施小学"阳光体育一小时"相关文件,及足球人才培养相关文献书籍资料及最新研究动态,并对资料进行分析研究。

2. 观察法

对课题实施对象(足球运动员及教练、足球教师)成长进行动态观察、记录和分析相关数据。

3. 行动研究

在城桥学区各小学实施本课题方案,开展相应的足球师资培训、实践、教学及训练,分析课题实施效果,修正实施方案,分析实施方案与实施成果的因果关系。

4. 问卷调查法

在城桥学区各小学进行问卷调查,了解当前校园足球教学现状、足球社团训练现状及存在的问题,分析课题实施的可行性和必要性,并提出合理的实施建议。

三、结果与分析

(一) 崇明区校园足球师资力量配备情况调查结果与分析(以城桥学区为例)

1. 足球专项师资匮乏影响了区域校园足球社团的普及与发展

自××区成为全国足球特色区以来,校园足球得到社会各界的关心关注,从足球课程开设、足球队组建与比赛等情况来看,区域内各校校园足球得到了快速发展,具体见表1。

表 1　足球区创建之前后校园足球开展情况

足 球 教 学			
2017 年之前		2017 年之后	
拓展课上有选择开设		每周一节足球课,列入每周课表	
设置区级校园足球比赛组别		参与校园足球比赛队伍	
2017 年之前	2017 年之后	2017 年之前	2017 年之后(以 2018 为例)
以学校为单位,设置一个年龄段比赛	以学校为单位,设置 U9、U11、U13、U15、U18 男女组别	小学 3—4 支 中学 4—5 支 高中 3 支	U9:男子 18 支,女子 13 支 U11 男子 17 支,女子 11 支 U13 男子 15 支,女子 10 支 U15 男子 13 支,女子 8 支 U18:男子 5 支,女子 5 支

从表1中可以看出,各中小学不仅把足球项目作为学校体育工作的重点,还将每周一节足球课列入学校体育工作的硬性指标,校园足球社团也从每校一个年龄段,最多增加到一个学校 4 个年龄段,这些社团并不包括更小的梯队建设。不同性别、不同年龄段的足球社团,为全校学生参与足球搭建了很好的平台,足球项目成了学校阳光体育的重要载体。越来越多的孩子放学后拿起足球飞奔于操场。上表中的数据,清晰说明了这几年学生参与足球运动的变化。

由于足球专项教师缺乏,绝大部分学校的足球教学、社团辅导教师是由非足球专业的教师担任,其中小学很多是由跨学科教师兼任,这在很大程度上影响了学区内各校校园足球的普及与发展,具体见表2、表3。

表 2　2016 年城桥学区小学校园足球师资情况调查

现有体育教师人数	足球专业毕业人数	已有足球教练证书人数			参加足球培训意愿人数
		参加过校园足球培训的人数	E 级	D 级	
50	2	12	1	0	15

表3　××学区小学校园足球开展及足球师资现状(2017)

学　校	足球社团数量	足球社团指导老师数量	外　聘	每周一节足球课
××小学	2	1	无	正常
××小学	4	0	1名,社团指导	正常
××小学	3	1	1名,社团指导	正常
××小学	4	1	无	正常
××小学	3	1	1名,社团指导	正常
××小学	2	1	无	正常

从表2和表3可以看出,学区内各校为推进校园足球的发展,已经尽了最大的努力,根据师资实际和足球教学需要,安排非足球专项体育教师带教足球教学,非体育专业跨学科教师兼任足球社团指导教师,部分足球传统学校甚至临时聘用社会俱乐部球员带训足球社团,所有这些措施应该说都有一定的效果,但却并不能弥补日益壮大的足球队伍及校园足球社团水平进一步提升所带来的缺口。

2. 社团教师足球专业素养的不足影响了区域校园足球的可持续发展

以崇明区××学区小学足球教师为例。学区内小学6所,小学体育教师52名,师范学校足球专业毕业2人,截至2016年均无足球教练员证书。2015年6月,相关部门虽然进行过体育教师全员足球培训,但这样的足球通式培训,对于没有基础的教师来说,是远远不够的。2016年以后部分学校临时聘用社会足球俱乐部中的爱好者带训足球社团,虽有一定的效果,但却是杯水车薪,并不能弥补日益壮大的足球队伍所带来的缺口。区级比赛队伍寥寥,市级比赛总是排列最后。

3. 专业师资匮乏背景下开展校园足球的途径与分析

(1) 挖掘校内可用资源,提升非足球专项教师的社团教学胜任力

以本区教研员的市级课题《提高小学"校园足球"兼职教师参与校本教研的实效性研究》为引领,拓宽探索方向,开展跨学科教师兼任足球教学的尝试。我们利用学校教师中的足球爱好者,组建学校、学区教工足球队,重新激发他们对足球的热情,挖掘其中愿意执教足球社团、足球教学的教师,对其进行相关培训

后使其走进足球社团课堂。培训中，我们实施多种校本教研模式实践，特别是"演绎式"课堂设计与实施，即通过集体备课、模仿实践、带教指导、课后反思这种手把手的带教形式，有效提升了校园足球兼职教师参与校本教研、课堂教学的实效性和教学胜任力。实践结果显示，跨学科教师兼职足球教学，一定程度上缓解了"校园足球"课程开设与师资缺乏之间的矛盾，促进了校园足球的顺利实施。

(2) 参与各级足球培训，夯实非专业指导教师足球素养

针对学区内足球专项教师匮乏的情况，各校纷纷鼓励足球社团教师通过多种渠道参与非足球专项教师的校园足球业务培训，提升了他们的足球理论水平与教学实践能力。近几年，学区内足球指导教师先后参加了中小学足球教师（执教足球课和社团课的所有教师）足球业务培训、上海市E级足球教练员培训、上海市校园足球办组织的可科维奇足球学院培训，选拔优秀老师参加中国足协D级教练员培训班及国家二、三级足球裁判员培训。这些培训内容非常契合我区校园足球的实际，具有很强的针对性，如体育课上的足球练习安排，足球训练中年度、学期、周、课训练计划的制定，一堂训练课的组成等等。通过培训，加深了非足球专项体育教师对进攻与防守战术、比赛中的排兵布阵、临场指挥等足球运动的理解，使得区域内学校足球老师执教能力有了质的飞跃。同时，搭建校园足球交流平台，让足球指导教师执裁区域内校园足球比赛，提升了非足球专项教师的足球技术应用能力。

(3) 借力校外专业资源，培育非专业指导教师足球教育先进理念

2016年，在上级部门的支持下，徐根宝足球基地的多名专业教练走进校园，带教我区校园足球精英队的训练。我们充分利用学区内精英基地优势，借力校外专业资源，提升自身专业能力。相关学校足球教师主动申请兼任精英训练营教练的助手，协助专业教练教学带训，努力提高自身足球素养和执教能力。多名学校非足球教师在专业教练的带教下迅速成长起来，他们在徐根宝足球基地专业教练的言传身教下，对足球的理解有了更进一步的领会，已成为区域校园足球精英队的教练，甚至是主教练，成了独当一面的足球老师。

另外，近几年来我区向教育部共申报了19人次的外籍足球教师。这些足球外教大部分都在城桥学区执教足球社团，各校除了配置翻译之外，还配置1—2名非足球专业教师当他们的助教，全程参与了教学、训练的全过程。通过带教与学习，使非足球专业教师对足球技术在真实环境中的应用有了更深刻的认识与理解，使其更加注重学生足球意识和创造力的培养，如左右脚的均衡发展、控球时的左右观察、接球时的假跑接球、传球时的多个传球线路选择等等。他们把足

球教学的思想、足球教学理念辐射到我们每一个教师中,根植于课堂教学、社团活动中,为提升学生的足球技能奠定了良好的基础。

(4) 合理使用社会资源,补强校园足球师资力量

近年来随着校园足球的不断推进,专业青训教练更见匮乏,地处边远地区的崇明更是难觅足球专业人才。因此,挖掘社会资源补强校园足球师资力量,是推进校园足球的方法之一,如 MZ 小学女足聘请外省市女足队员进校带女足;DM 小学、SY 小学聘请区域中社会足球俱乐部中的足球爱好者指导学校足球队,这些举措有效解决了城桥学区足球师资匮乏的现象,也取得了很好的效果。DM 小学、SY 小学、XM 小学、MZ 小学分别在 2017、2018 区校园足球 U11 和 U9 比赛中称雄。

(5) 区域联动,共享优质足球师资,提升校园足球社团发展

一是实行区域内优质足球师资走校指导活动。由学区牵头协调,排摸、安排区域内具有足球专项能力的教师,除了自己在本校的教学外,还兼上附近 1—2 所学校的足球社团活动。如小×老师,毕业于上海体院足球系,他除了出色的完成本校的足球教学和足球社团外,还在每周三下午兼任××学校足球课的教学任务。两校之间 5 分钟的车程为小×老师走校指导提供了可能。现在两校的足球社团都进行得非常红火,足球人才层出不穷。

二是组建区域内足球精英队,接受专业教练指导,提升足球运动水平。以城桥学区为例,各校推荐产生优秀足球特长学生,组建城桥学区足球精英队,每周三次接受徐根宝足球基地教练或俱乐部教练指导,使优秀足球特长生有了更大空间的发展,多名学生升入足球对口初中,多名优秀队员入选上海市精英训练营,学区内三名优秀队员签约徐根宝足球基地,接受足球专业指导。

三是开展校园足球教学研讨,改善足球教学质量,激发学生学练兴趣。为促进学区内足球教师相互学习、共同进步,我们建立了城桥学区校园足球联合体和外教足球教师教学联盟,切实提升教研活动的质量,定期邀请资深足球专业人士参与联合体教研活动,提升教研活动的品质,强化教研对教学的促进作用。此外,外籍足球教师教学联盟每月定期开展教研活动,进行教学、训练、竞赛等方面的活动研讨,促进了学区内足球社团教师教学水平与业务能力的提升。

四是在学区范围内形成学区联赛制度。学区内 5 所学校之间相距不超过 10 分钟车程,为了让学生共同提高,除了让各校优秀运动员集中接受专业教练指导外,5 所学校还会定期对各校的足球社团进行集中辅导,辅导教师由学区内

足球专项教师担任,其他学校指导教师予以协助。为增加各校足球社团的比赛场次,提高足球社团水平,自2017年起,由城桥学区各校自主发起和合作主办的五校小学生足球联赛,利用周日,借助东门中学场地,开展了城桥学区小学生足球联赛(绿岛阳光足球邀请赛),这种因地制宜开展足球教学的形式为学生提供了学会足球的机会。

(6) 利用多媒体开展学练,拓宽学练渠道优化足球教学方法手段

为了应对信息技术对教育教学产生的革命性影响,促进足球教学内容、教学手段和方法的现代化,拓宽学生学习的渠道,尝试在足球教学和社团教学中开展微课、翻转课堂的教学,促进学生线上与线下学习的相结合。为此,非足球专项体育教师积极探索线上教学、线下学练的新型教学方法,推进"云足球",通过钉钉课堂、学习通、晓黑板等网络平台,在线直播或录制足球教学课堂视频,特别是足球理论知识、单个技术的学练要点、战术的讲解等等,从而引导学生在视频教学下多渠道学练足球知识和技术技能。这些新型的学习方法,使得优秀的足球特长生脱颖而出,西门小学冯浩然就是这样一个典型的例子。没有足球场地的学校,却走出了一名专业足球运动员,这与他自学足球技能,自觉提升自身能力不无关系。

四、结论与建议

(一) 结论

1. 校园足球是区域内青少年足球的主体,足球社团是体育特长学生发展的重要平台

崇明区是全国足球特色区,足球特长生培养是特色区创建的重中之重。经过3年的努力,各校足球社团有序发展,梯队建设完备,DM小学、XM小学、MZ小学、SY小学、JF小学等纷纷在区小学生足球比赛中折冠,MZ小学获全国青少年校园足球优秀特色学校称号,××学区校园足球是崇明区校园足球的支柱力量。

2. 足球师资匮乏背景下,社会资源是推进校园足球进程的重要力量

近3年,崇明区校园足球开展的红红火火,这与各校体育教师的辛勤付出,与各学校重视校园足球的开展,及聘用社会资源是分不开的。MZ小学、SY小学、DM小学近几年的崛起,外聘教练功不可没,徐根宝足球基地资源更为区域内校园足球的整体推进提供了专业支持,各校对外聘教练形成了一套行之有效的管理制度,成效明显。城桥学区所有学校成为了全国足球特色试点校,MZ小

学更是成为全国优秀足球试点学校及区域标杆。

3. 培养学校内跨学科老师担任足球指导教师在目前是行之有效的方法

足球要从娃娃抓起,小学生尽早接触足球指导是非常重要的。针对师资匮乏的状况,课题研究所倡导的跨学科教师兼任足球教学的尝试,取得了一定的效果。东门小学、建设小学等率先进行了尝试,2017年在建设小学进行的跨学科教师指导校园足球的研讨活动,证明了跨学科教师(有一定基础的)经过专业、规范培训后是可以担当足球教师的。

4. 拓宽学习渠道是学生提升足球能力的重要途径

学会自学方法、主动模仿球星技术是学生学会新技术的渠道之一。在当今信息化时代,教师应与时俱进运用多种媒体、多种渠道,搭建学生自学足球的技术平台,学会并使用软件将剪辑好的足球信息发布于相应平台,通过布置对应的家庭作业,学习足球游戏等方式,让学生学习足球技能,提高足球意识。此种方法从已有的实践探索看,是完全可行的。

5. 构建学区足球双休日比赛模式,增加学生比赛场次,提升足球比赛能力

从已有的五年城桥学区双休日足球比赛经历看,定期开展足球比赛能有效补充训练与比赛的缺口,增加学生比赛体验,使训练更有针对性,学生的比赛能力及足球技术应用能力能得到有效提高。

(二) 建议

1. 专业人才的引进还是目前亟须解决的问题

本课题研究的是当前师资匮乏背景下的足球社团推进,所采用的方法、措施虽然可以有效解决师资匮乏所带来的问题,但从崇明校园足球长远发展来看,专业师资的引入是必须要解决的问题。当前情况下,可以以区域为主,引入专业足球人才,专业指导校园足球的开展和推进。

2. 开发真正适宜的校本教材,契合区域内校园足球社团水平

当前足球教材非常普及,但适合崇明地区校园足球社团开展的教材并不多,希望有关部门能组织区域内教师根据现有的《崇明区区本足球教材》实施情况,组建专家团队,不断完善修订现有足球区本教材,真正推动我区青少年足球水平。

3. 进一步加强足球指导员的培训,培养现代足球指导人才

各学校要鼓励校内现有足球教师开展升级培训,更新现有足球知识,引入最新执教理念,学习信息化软件,全方位提高自身的执教方法和手段,提高执教能力和执教效率。

4. 创建俱乐部进校园准入制度,形成全社会关心指导校园足球氛围

随着国内对青少年足球培养的重视和俱乐部建构体制的不断完善,青少年足球训练也会逐渐与俱乐部挂钩,因此创建崇明区俱乐部进校园标准,明确资质,加强考核,不断提升执教水平和质量已势在必行。

体教融合背景下的小学体育"主题内容＋"课堂建构的实践研究

一、研究背景

（一）为什么要开展本课题的研究？

1. 落实政策文件的需要

2020年9月21日，国家体育总局和教育部印发了《关于深化体教融合 促进青少年健康发展的意见》，明确提出要加强学校体育工作，树立健康第一的教育理念，面向全体学生，开齐开足体育课，帮助学生在体育锻炼中享受乐趣、增强体质、健全人格、锤炼意志，实现文明其精神、野蛮其体魄。为真正将文件内容转化为实际效果，我们需要加强研究，深化具有学校特色的体教融合发展，推动青少年文化学习和体育锻炼协调发展，促进青少年健康成长，培养德智体美劳全面发展的社会主义建设者和接班人。

2. 解决传统教育顽疾的需要

传统体育教学中长期存在"繁（项目繁多）、浅（蜻蜓点水）、偏（缺乏系统）、断（学段脱节）"现象。执教者一般都是围绕一节体育课的教学目标开展教学设计与研究，以解决课时学练目标，教学中有80％以上的学生能达到学练目标，但这些同学中的大部分却不会在课后的实战中运用，更不会在球场上自如的攻防转换，传统体育课中，类似的现象比比皆是。最尴尬的是，个别项目从小学、初中、高中、甚至到大学，都在用同一个教材进行同一层次的教学与研讨，如脚内侧传球、胸前篮球传球等等。本课题实施的"主题内容＋"研究侧重于教材的运用，可以为学生学会运动提供真实的运动环境和氛围。

3. 体教融合，以体育人的需要

国家出台了新课标，需要我们"加强课程内容整体设计""注重教学方式改革"。在体育兴趣化改革的基础上，我们开展"主题内容＋"体育教学研究是针对体育和教育的有效融合，强调趋于日常生活学习中行为应然的自控、自律、自我调节等具身性行为素养的实践与迁移，发展学生在人类社会中具有高度认同的社会性体育伦理品质，让学生在"教会、勤练、常赛"的深度学习与实践中发展高尚的体育品德。同时，也是基于体育学科素养导向、结构化导向、复杂情景导向、跨学科导向转变下的体育教学,真正让"教会、勤练、常赛"这一关键性课程理念落地和见效。

(二) 体教融合背景下,我们应该如何进行教学方式的转变

1. 发挥体育和教育的让体育和教育融合

充分认识体育和教育的价值、功能和目的,围绕提升学生体育学科甚至是综合素养而进行的融合,把体、教各自的优势变为共同的优势,真正达到以体育育人的目的,通过体教融合,将原本分离的教会、勤练和常赛进行有效融合,帮助学生养成良好的品德,掌握受益终身的健康知识和技能,同时也为专业运动队储备运动技能高超的专业人才。

2. 落实"教会、勤练、常赛",帮助学生学会运动,养成锻炼习惯

2022年新课程标准提出了运动能力、健康行为和体育品德三个体育学科核心素养,要求以"教会、勤练、常赛"为抓手,注重"学、练、赛"一体化教学,通过体育课让学生掌握完整的运动技能。

3. 研究中的体育课应该是出汗、学会、快乐的体育课

每节体育课都应该包括基本运动技能、组合运动技能、体能练习、对抗练习和比赛,这有助于学生体验运动的乐趣。掌握一项运动技能之后,学生就可以参加比赛或在与比赛场景相当的情景中练习,从而体验运动的魅力,激发学生对体育的兴趣,并使其享受体育锻炼带来的快乐和益处,帮助学生形成坚持参与体育锻炼的习惯。

二、研究意义

其一,体教融合背景下的小学体育"主题内容+"课堂建构的实践研究,有利于解决长期以来教学中出现的学生虽然达成训练目标,但却不会实际运用;上了12年体育课,却不会一项终身会用的体育项目的问题。通过教学改革,真正从内涵上提升学生体育学科素养。

其二,本课题所研究的"主题内容+"教学模式研究,通过创设情景、构思游戏、设置坡度等不同教学方式,让所有同学既达成课堂学的目标,又感悟教材动作价值,学会比赛方法,以激发其更深层次去学练的兴趣,保持其强烈的学习欲望。

三、核心概念

(一) 体教融合

体教融合,一般是指体育和教育在价值、功能和目的上充分融合。早期的体

教融合多指竞技项目与教育的融合,解决的是竞技与教育的分离。本文中的体教融合是围绕提升学生体育学科素养而进行的融合,旨在帮助学生养成良好的品德,掌握受益终身的健康知识和技能,同时也为专业运动队储备运动技能高超的专业人才。

(二) 主题内容＋

本课题研究的"主题内容＋"是新课标理念背景下开展大单元教学的具体落实,注重教材和教学过程的整体性和连贯性,是更加体现教材价值的研究。"＋"主要体现在,一是对所学内容的运用,营造将教材学练融入角色体验的教学情景,或是创设接近比赛强度的对抗氛围;二是主题学习＋跨学科融合,让学生开展基于真实运动及生活情境的深度学习,强调知识与技能的关联性和层次性,关注学生对知识技能的理解和运用。

(三) 体育学科核心素养

体育与健康课程核心素养主要有运动能力、健康行为和体育品德构成。运动能力,是指学生在参与体育运动过程中所表现出来的综合能力;健康行为,是指学生增进身心健康和积极适应外部环境的综合表现。体育品德,是指学生在体育运动中应当遵循的行为规范和体育伦理,以及形成的价值追求和精神风貌。

四、研究内容

(一) 问题提出

2017年起,为深入贯彻落实《国务院办公厅关于强化学校体育,促进学生健康全面发展的意见》等文件精神,上海市小学"体育与健身"课程开展了小学体育兴趣化课程改革,力求为学生身心健康发展和终身参与体育活动奠定基础。作为试点学校之一,我校也积极推进兴趣化课程改革研究,体育课堂中学生更加主动的参与,练习密度和强度都有明显的提升,但我们的教学却始终存在着"80%以上学生都能达成学练目标,在课后却不能自主运用"的问题。学会的动作只能在特定环境中运用,不能开展拓展练习,实际锻炼价值缺乏。

如何解决学和用的脱节问题? 课题组提出了《体教融合背景下的小学体育"主题内容＋"课堂建构的实践研究》这一研究课题,并开展基于素养导向、结构化导向、复杂情景导向、跨学科导向转变下的体育教学研究。在我们的体育课上,不仅要确立"教会、勤练、常赛"这一关键性课程理念,还要强调趋于日常生活学习中行为的自控、自律、自我调节等具身性行为素养的实践与迁移,发展学生在人类社会中具有高度认同的社会性体育伦理品质,让学生在"教会、勤练、常赛"的深度学习与实践中发展高尚的体育品德。

（二）问题分析

我们的体育教学一般都是围绕一节体育课的教学目标开展教学设计与研究，解决课时学练目标。在教学实践中，经常会出现学得很好的技术动作，在课后锻炼运用时却不会的尴尬现象。在新课标背景下，我们必须针对以往体育教学中的"繁、浅、偏、断"的现象开展具有针对性的探索研究，落实"教会、勤练、常赛"，帮助学生学会运动，养成习惯。

2022新课程标准的提出，可以说是为我们体育教学提出了明确的要求，指明了方向，我们必须在课程内容和教学方式上作出改变。

（三）情报分析

2020年，上海市教委出版的《中小学体育与健身单元教学设计指南》为广大体育教师开展单元教学实践提供了理论支撑，其界定了单元及体育单元教学设计的概念，梳理了体育单元教学设计体现学科核心素养的关注点，提炼了体育单元教学设计的规格，形成了体育单元教学设计的规范性文本，为基层老师开展体育与健身单元教学提供了帮助。

目前，各区都已经组织开展单元教学实践探索，多个区甚至进行了"基于体育单元设计的教学展示和成果汇报"。2021年6月，我区在江帆小学举行了上海市体育与健身基于单元设计的教学展示活动，由江帆小学徐斌和姜爱华老师为大家进行了教学展示。

目前所有的研究都是基于单元而言，关注的是教学重点的衔接和递进。对于课时而言，研究的重点在于兴趣化和目标达成方式的多样化，对于课时中主教材在单元中的价值和运用研究不多，"主题内容＋"课堂建构和单元设计研究并不冲突，而且在体育大单元教学研究的框架中其更能体现它的研究价值，更能凸显体育大单元教学所要求的"系统地、有逻辑地、结构化地"呈现学科知识的属性，因此，"主题内容＋"的设计是落实"教会、勤练、常赛"一体化内容的重要体现。

（四）主要参考文献

顾永明,刘宝芹,蒋丽君,等.小学体育大单元教学的设计与实施[J].中国学校体育,2021(11):19-31.

徐阿根,等,上海市小学体育兴趣化课程教学实施指导手册[M].上海:少年儿童出版社,2019.11.

五、研究实施

（一）研究目标

① 通过本课题的研究，调查分析近年来体育课程改革对学校体育的促进及堵点，理解新课程提出的核心素养对体育教学的要求。分析本课题"内容主题＋"与新课程提出的学科核心素养的契合度，制定并实施课题研究方案，促进"主题内容＋"在体育课堂中的设计与实施。

② 探索"主题内容＋"在不同教材中使用的方式方法，梳理教材价值，编写创设相应的教材情景或游戏、突出在大单元教学中，不同课时中"＋"的呈现形式。

③ 形成"主题内容＋"的实施成果及相应的校本教材，为崇明小学优质体育课建设贡献智慧和力量。

（二）研究对象与方法

1. 研究对象

以课题组所执教的西门小学相关班级为实践研究对象。

2. 研究方法

① 行动研究：在笔者所在学校进行课题实施方案及教材研究，制定教学实施方案并实施教学，分析课题实施效果，修正实施方案，分析实施方案与实施成果的因果关系。

② 文献资料法：认真学习新课程理念、单元教学指南、小学兴趣化课堂教学实施指导手册和相关书籍，学习体育学科核心素养理论，充实理论素养。

③ 教育调查法：在崇明区各小学进行调查问卷，了解当前课程改革实施中存在的问题，对实施过程中出现的新问题，进行问题分析，并提出合理的实施建议。

④ 案例研究法：选择实施过程中典型案例进行分析研究，总结归纳适合可推广复制的方法。

（三）研究过程

① 调查当前学校体育老师对大单元教学的认识和实施情况，学习"主题内容＋"在单元教学中实施的意义，构思并撰写研究方案。

② 对试点年级《体育与健身》教材的内容价值与育人价值再认识，理解"主题内容＋"概念，进行"主题内容＋"教学设计，并在体育教学实践中有初步体现。

③ 精心设计课堂教学评价量表，深入开展"主题内容＋"教学研究，组织相

关主题的教学研讨活动,分年级整理"主题内容+"课程内容并予以实施。

④ 优化教学设计,构建"主题内容+"课堂模型,拍摄相关课程教学视频。

⑤ 编写基于《体育与健身》教材课程标准的"主题内容+"校本教材并在各年级实施运用。拍摄相应的教学视频,进行相应的理论梳理。

⑥ 收集不同年级"主题内容+"教学案例,撰写结题报告,形成教学设计集、案例、论文等成果,开展"体教融合背景下的小学体育'主题内容+'"教学展示。

六、实施步骤

(一)准备阶段(2022年9月—2022年10月)

确定课题组成员,拟定课题方案,讨论课题开展的一些具体工作,设计调查问卷并实施调查分析,对课题组成员实行分层次培训。

对相关课题研究材料的收集、整理,制订实施方案,组织论证;召开课题讨论会,邀请专家作理论指导,做好实施前的准备工作。

(二)实施阶段(2022年10月—2024年2月)

1. 课题研究开题

① 拟定课题框架,讨论课题开展的具体工作,对课题组成员实行分层次培训,确保课题组成员了解本课题研究的意义。

② 课题组成员实施调查问卷(10月份完成),归纳整理当前体育教学面临的形势、已在实施的单元教学出现的问题及困惑。

③ 确定实施对象和研究方法,开展师资培训,深入学习和深刻理解"主题内容+"实施价值。

④ 由课题组长根据课题组设定的初步框架,撰写《体教融合背景下的小学体育"主题内容+"课堂建构的实践研究》课题实施方案,由专家提出修改意见后提交课题组审阅,并最终形成开题报告,完成课题开题。

2. 课题研究具体开展

① 开展相关教研活动,在大单元教学中研究"主题内容+"课时教学设计架构,搭建"主题内容+"课堂模型,并进行试教和思维碰撞。

② 设计"主题内容+"教学评价量表。针对主题教材的运用及拓展设计教学评价表,并在学区教研活动中尝试跟踪观察、测试,及时收集相关数据及反馈。

③ 反思经验教训,及时总结试点情况,召开课题组成员、课题实施教师联席会议,反馈课题实施进程和阶段效果,撰写阶段性成果报告及案例分析,并对实

施方案做适当的调整。

④ 形成基于《体育与健身》教材课程标准的"主题内容＋"校本教材并在各年级实施运用；拍摄教学视频、征集相关案例，实施《体教融合背景下的小学体育"主题内容＋"》教学展示。

（三）总结阶段(2024 年 5 月)

① 数据汇总、分析，撰写课题报告初稿。

② 邀请专家指导，修改完善课题报告。

③ 完成课题报告，递交课题成果。

七、实施基础和条件

1. 课题组成员业务能力突出，教学经验丰富，为课题实施提供保障

申请人是本地区的小学体育学科带头人，开发了与本课题相关的校本课程和教师教育培训课程，获得过本地区的学校教科研先进个人称号。课题组成员中包含了教研员、区教学能手及专业运动员出身的老师，都有着丰富的专业能力和教科研素养，对课题论证、课题方案制定、实施等都有很好的帮助。

2. 现有工作基础、研究的外部条件有利于本课题得实施

正在开展的体育大单元教学以大主题或大任务为中心，对学习内容进行剖析、整合、重组和开发，构建"问题链""目标链""任务链""知识链"，使教材呈现结构化的规划，为本课题课时中"主题内容＋"的研究提供了整体的大概念的引领，可以通过创设情景、创编游戏、设置坡度等不同方式的教学去实施。

近期，教育部颁布了新版义务教育课程方案和课程标准，为我国未来十年乃至更长时间义务教育阶段绘制了育人蓝图。新课标强调核心素养的提升，强调在完成学科学习之后的学业成就综合表现，这种新的学业质量评价方法为本课题旨在提升学生学科素养的研究创设了契合的条件。

3. 资料设备

① 笔者所在学校作为上海市小学体育兴趣化课程改革试点学校、上海市体育学科一校多品试点学校，已经实施多年，积累了相应的课改资料和教材资源，这些资源的使用为课题实施打下一定基础。

② 上海市从 2021 年 9 月开始，实行小学一至五年级每周 5 节体育与健康课和 2 节体育活动课，课时的增加更有利于实施体育大单元教学，有利于本课题"主题内容＋"的实施。

八、预期研究成果

① 形成《体教融合背景下的小学体育"主题内容＋"课堂建构的实践研究》实施方案。

② 完成各年级"基于《体育与健身》课程标准的主题内容＋"教学设计。

③ 形成《体教融合背景下的小学体育"主题内容＋"课堂建构的实践研究报告》。

（本篇为上海市崇明区教育科学研究项目开题报告之主体部分，于 2022 年 5 月提交，2022 年 10 月 27 日正式开题；课题参与人员为杨军、董秀娣、陈瑜、许心甜、屈文彬）

第三章
以趣引领,打造主动有效体育课堂

2012年,上海市教委率先在全市17所高中开展体育专项化课程改革试点,经过两年多的实践,高中专项化试点已经取得一定的效果。在此基础上,为了解决学生体育学习需求与体育课程教学改革不力的矛盾。深入回答"健身育人,育什么样的人,怎样育人"的问题。上海市教委推出小学体育兴趣化、初中体育多样化的课程教学改革工作,并于2015年由上海市教委出台了相关文件。

基于崇明西门小学体育教学在区域内的引领地位和以学生全面发展的学校体育工作理念,2015年11月,西门小学正式提出申请,经严格审批后成为全市首批17所体育课程改革试点学校。

作为课程改革试点学校,西门小学体育组在区教研室的指导和学校领导的支持下,深入学习《上海市小学体育兴趣化、初中体育多样化的课程改革指导意见(试行)》的文件,明确了兴趣化体育课程改革目标和试点改革的策略方法,以学校为基点推进学区小学体育课程改革进程,全力开展兴趣化课程改革试点探索,构建"六环联动式"主动有效体育课堂模式。通过兴趣化教学,培养学生基本体育素养,激发儿童广泛的体育与健身兴趣,引导学生热爱体育,乐于参与体育活动,以提高学生身体活动水平和能力,养成良好体育锻炼习惯,促进学生体质健康。

本章收录了崇明西门小学在兴趣化课程改革试点工作中的相关理论资料,相关辐射学校开展兴趣化课程改革研究所形成的成果及开展课堂教学实践的单元流程及教学设计等资料。

体育兴趣化课程改革必须清楚的几个问题

一、小学体育兴趣化课程改革背景是什么？

为了解决学生体育学习需求与体育课程教学改革不力的矛盾，深入回答"健身育人，育什么样的人，怎样育人"的问题。2015年，上海市教委推出小学体育兴趣化课程改革，并出台了相关文件。为深入推进该项工作，上海市教委于2018年3月又下发《上海市小学体育兴趣化、初中体育多样化课程改革指导意见（试行）》的文件，该文件指出：小学教育兴趣化是指在小学阶段要培养学生基本体育素养，激发儿童广泛的体育与健身兴趣，引导学生热爱体育，乐于参与体育活动，以提高学生身体活动水平和能力，养成良好体育锻炼习惯，促进学生体质健康为目的的体育课程。

二、什么是体育兴趣化？

小学体育兴趣化是指在小学阶段要培养学生基本体育素养，激发儿童广泛的体育与健身兴趣，引导学生热爱体育，乐于参与体育活动，以提高学生身体活动水平和能力，养成良好体育锻炼习惯，促进学生体质健康为目的的体育课程。

三、课程改革为何取名体育兴趣化？

自第二期课改以来，小学学段体育教学虽然取得了一定的成效，但是仍然面临着很多问题和瓶颈，主要表现在学生日益增长的体育学习需求与体育课程教学内容的选配、教学方法手段的应用和教学组织形式选择等方面改革不利的矛盾，亟待深层次的改革，以寻求体育教学工作的新突破。

改革为何取名为体育兴趣化，其原因主要是兴趣化符合小学生身心发展特点。小学生正处于心理萌芽与身体快速发育的重要阶段，由于受年龄及认知的影响，其常常会对陌生事物产生浓厚的好奇心，接受能力强，喜欢挑战困难，对容易的事情易产生厌倦，兴趣虽然广泛却不稳定。此外，小学阶段的学生注意力易于分散，一旦外界出现新鲜事物，注意力自然而然就会被吸引过去。反过来讲，当小学生对某一事物感兴趣的时候，他们的注意力则会长时间集中于此，所以教师对教学内容进行编排时，需要采用小学生容易接受、理解且深受学生喜爱的教学方法开展教学,要善于运用形象化的语言描述,创设丰富多彩的课堂环境,以吸引学生的注意力,引导学生充分展开自身的想象力,并在想象中拓展思维,提高学生体育锻炼的兴趣。其次,课程改革要促进小学体育教师教学风格的形成。为了充分激发学生的体育学习兴趣,必然要求教师教学风格多样有趣,教师要注重转变师生关系,构建新型的、平等合作的师生关系,营造民主、融洽、轻松的学习氛围。因为师生关系是否和谐,将直接关系学生的学习情绪和参与兴趣,在体育课堂教学中,教师应注意采用多样有趣的教学手段,丰富课堂教学内容,活跃课堂教学氛围,调动学生的学习兴趣,成为学生的良师益友,博得学生的好感,因此小学体育兴趣化更加符合小学体育教学的本质规律。

四、什么是体育学科核心素养?

上海市《体育健身学科课程标准(修订版)》明确提出,《体育与健身课程》的核心素养是自主健身。它是体育学科育人价值的集中体现,是学生通过本课程的学习,体验自我锻炼和自我健康管理等教育教学活动,而逐步树立的正确的体育价值观、必备品格和核心能力。《体育与健身》学科核心素养主要包括运动认知能力、健身实践能力和社会适应能力。

体育学科的核心素养是教师进行教学设计的指导思想,也是教学设计的宏观视域。这里提出的体育学科核心素养是对知识与技能、过程与方法、情感态度与价值观的整合,是以学生发展素养为核心价值的追求。

(1) 运动认知能力是指学生对体育健身知识、运动技能和相关健康知识的获得、转化和评价的能力,伴随着思维、理解和感悟等活动,是自主健身的先决条件。

(2) 健身实践能力是指学生为完成设定的体育锻炼任务,联系实际采取的有意参与、强化练习、比赛运用和持续健身的决策能力,伴随着动机、态度及价值观取向等活动,是自主健身的实现载体。

(3) 社会适应能力是指学生在多变的健身环境中,表现出的身体、心理和人际交往等方面的调试能力,它伴随着调节、适应和控制等活动,是自主健身的呈现结果。

2022年5月,国家教育部颁布了新版国家课程标准,其不仅对接了《高中体育与健康课程标准》提出的核心素养,而且确定了义务教育阶段体育与健康课程的核心素养。即学生通过体育与健康课程学习而逐步形成的适应个体发展和社会发展的正确价值观、必备品格和关键能力,通过体育与健康课程学习形成的基本知识、技能、方法、情感态度和价值观等的综合表现,明确了体育与健康课程核心素养主要有运动能力、健康行为和体育品德构成。

运动能力:具体表现形式为体能状况、运动认知与技战术应用、体育展示与比赛,反映的是一名学生在运动中的综合表现,而不仅仅是某一方面的表现。

健康行为:具体表现形式为体育锻炼意识与习惯健康知识掌握与运用、情绪调控、环境适应,反映的是一名学生身心健康发展和积极适应外部环境的综合表现。

体育品德:是指学生在体育运动中应当遵循的行为规范和体育伦理,以及形成的价值追求和精神风貌,反映的是学生在体育活动中表现出不怕困难、敢于拼搏,努力坚持学练的意志品质。在锻炼中做到诚信自律、公平公正、遵守规则,具有责任意识和集体荣誉感,能正确看待比赛的胜负。

五、兴趣化课程改革需要完成什么任务?

1. 加大课程目标与课程实践紧密结合

小学低年级学生以身体基本活动能力及体育行为规范为主要发展目标;小学高年级学生以基础运动技能及自我健身意识的培养为主要发展目标。

2. 探索教材内容的选配方式

依据《体育与健身课程标准》,使课程教学内容的选编要适应学生身心发展特点,注重教材内容的健身性和兴趣性、游戏化和多样化。小学低年级学生以体育游戏融入身体基本的活动形式、练习方法及活动规则为主的教学内容设计;小学高年级学生以基础运动技能和身体素质、练习方法和运动规则融入游戏为主的教学内容设计;小学低年级教学组织体现集体性、合理性和灵活性;小学高年级教学组织体现小组合作性和集体竞赛性。

3. 探索教学方法的运用特征

小学低年级学生体育教学方法与手段力求趣味化、活动化和多样化;小学高年级学生体育教学方法与手段力求趣味性、锻炼性和集体性。

4. 探索教学效果的评价方式

小学低年级以身体素质发展和身体活动方法为主要内容,比例为7:3,运用语言评价和等第制考核评价方式;小学高年级以身体素质发展和基础运动技能为主要内容,比例为6:4(其中三年级为7:3),运用语言评价和等第制考核评价方式。

六、怎样界定体育兴趣化课程教学的实施？

小学体育兴趣化课程教学不是简单意义上的兴趣教学，而是从其核心要素上去明理。小学体育兴趣化课程教学实施主要就是需要教师根据课程教材内容进行研究处理，形成小学生易于接受的多种身体活动内容，使用游戏化的教学方法手段，设置匹配的教学情景，让小学生在体育学习过程中保持强烈的求知欲，让他们从被动接受到主动求知的过程。以愉快的心情积极主动地去学习探索体育知识的奥秘，让学生在学习过程中感到趣味多多，这也是开展小学体育教学的精髓所在。从乐趣发展到爱好形成的过程转变，更是教师风格形成的源泉。

小学体育兴趣化课程教学实施，一定要结合学生实际，对各个教学环节进行变革，从而形成一种体育教学模式——在促进小学生身心健康发展的教学思想指导下，以身体基本活动融入体育游游戏教学为主，建立起相对稳定的教学过程结构和相应的方法体系，最终培养、发展和提高小学生运动兴趣，促进他们主动参加体育活动，使学生的体能、身体基本活动能力，在教学中得以发展和提高，养成良好体育学习习惯的一种教学模式。

七、兴趣化课程实施的教学要求什么？

1. 引导学生积极参与教学活动，保持运动兴趣，培育锻炼习惯

兴趣化课程教学实施，要通过兴趣多样的教学手段和方法以及形式多变的教学组织，辅以结构化的知识内容和多种条件下的练习情景，来激发学生积极参加体育教学活动的兴趣。在集体性、游戏化的身体活动中要使学生自觉遵守规则，并表现出互相帮助和友善的举止，感受尊重、合作和分享的益处。在体育健身中要使学生敢于克服困难，勇于展现自我，帮助学生逐渐形成良好的学练体育态度和正确的行为，引导和鼓励他们自主锻炼。教师要重视学生在身体活动中的情绪变化，要成为他们的朋友，尤其在运动技能、重难点教学时，更要尊重学生的差异，增强学生信心。这有助于达成兴趣化课程教学实施的目标，帮助学生以积极的态度和行为参与体育教学活动，既是小学生学习和掌握一些身体活动方法和技能的前提，也是学生养成良好体育学习兴趣和习惯的主要手段。

2. 引导学生掌握和运用动作技能，提高身体健康水平

在兴趣化课程内容的学习中，掌握和运用身体活动动作技能是学生重要的学习任务，通过对动作技能的学练，有利于学生努力提高自身体质健康的整体水平。兴趣化课程改革，反对体育教学竞技化倾向，反对单纯追求运动技能的学

习,虽然兴趣化课程教学实施的教学内容仍然是对运动技能的学习,但运动技能是实现体育课教学主要目的的一种手段。兴趣化课程的最终目标不是为了竞技,更不是单纯地追求运动技术水平的提高,而是为了激发和保持小学生学习体育的兴趣,让他们掌握一些健身的方法与手段,以增强自己的体质健康水平。

3. 引导学生获得和运用健身基础知识,科学的开展健身活动

掌握和运用健身基础知识,对小学生加深理解学习运动技能,提高运动技能水平等方面具有重要作用。小学阶段的目标和任务就是掌握浅显的动作技术、技能和方法,表现出采用基本活动方式和活动性游戏进行身体锻炼的行为。因此,在体育兴趣化课程教学实施中教师要采用灵活多变的游戏教学法、动作练习法,结合运动实践,引导学生掌握一些体育健身的理论与方法,以提高小学生科学锻炼的水平。

八、兴趣化课程实施的教学几点建议

1. 教学内容趣味化

小学体育课程内容主要是基于相关课程标准提供的教材选择,完成 6 至 8 个身体活动项目的教学任务,以这些项目的关键技术和关键能力设计教学计划,形成技能学习、练习方法和身体素质同步发展的教学内容,并注重它们的活泼性、体验性、针对性、锻炼性,使之更适合小学生身心发展特点,让学生有多种练习体验和学习经历,提倡学校以校本特色的传统体育项目和特色项目进行教学内容的选配,加强力量、耐力等素质训练及心肺功能与全身肌力的均衡发展。

2. 组织形式多样化

教学的组织形式反映的是教学活动中对人员、时间和空间的组织和安排。如果从教学组织形式的角度来说明教学活动时,我们至少必须从教师、学生、时间和空间等多方面来加以考虑,只有这样才有可能对教学组织形式有全面的了解。目前,虽然多数学校仍以自然班级授课为主,但随着兴趣化课程改革的推进,我们也可以尝试按兴趣、运动水平等进行形式多样化的分组教学。

3. 教学方法游戏化

在小学体育兴趣化课程教学实施中,体育教师要树立整体优化的格局,要聚焦兴趣化的练习内容、练习方法手段、多种组合形式、多种练习负荷、身体多个部位的练习,均衡全面地发展学生的体能与技能;要不断探索体育教学方法的运用特征,有效地完成教学任务,并根据不同类型课程的教学任务、内容特点和学生实际情况,辅以恰当的练习情景和练习资源选择教学的方法手段,确保每堂体育

课上主教材所采用的教学手段和活动设计的有趣、有效,并力求活泼性、体验性和针对性,大力推进学生自主、合作、探究式学习,着力提高学生自主健身的学习能力。

4. 评价手段实用化

从体育教师教学质量和学生体育学习两个方面,构建有利于促进学生发展的综合评价体系。将动机激发、学习行为评价作为评价重点,运用语言评价方法激励学生不断获得自我发展。积极探索既符合未来发展目标,又适合于当前学生实际情况的相对统一的评价方法,逐步形成技能与体能相结合的教学评价体系,明确体育学科测试的性质,规范测试的内容范围,增强与学生体育生活实际的联系,注重考查学生综合体育素养、运用技能的能力、学练后对体能的提升等等,积极探索兴趣化体育课程成果的呈现方式。

5. 反馈方式多样化

教学反馈是提高课程教学实施效果的有效手段,只有通过各种信息反馈,教师才能清晰了解教学方法选择、练习步骤安排、运动负荷承受、练习场景设置、师生之间交流等各方面是否有助于达到所授课程的教学目的,是否有助于促进学生的发展。在课堂教学实施中,教学反馈的获得不仅要通过教师个人的观察与及时的判断,更要通过广开渠道的方式,如测试工具的使用、同事的听课评价、学生的课中课后反映等来进行获取。

小学体育兴趣化课程改革背景下开展学法指导、提高学练效能的实践研究

——以崇明城桥学区小学体育教学为例

一、问题的提出

随着小学兴趣化课程改革的不断深入,我们的体育课堂教学正在发生变化:广大教师的教育教学理念也在不断更新跟进,形成了"以学生为本"的课堂教学观,以及面向全体学生、促进学生全面发展、变控制为合作的教育管理观,更加注重学生的主动探索、发现和体验。但我们也发现,在大多数体育教学中,特别是在兴趣化教学课程改革背景下,我们的"教"还没有让学生快乐的学,有效的学,学生离开了课堂,没有了教师的指导,还是不会自主学习,不会自主锻炼,教学中的"学法指导"还处在比较随意的状态。希望通过本课题的实践研究,提高学生在教学中的"学会"能力,真正达到"授人以渔、快乐捕鱼"的指导目标。

二、研究目的

一是落实"小学兴趣化教学"的课程理念,探究有助于帮助和指导学生在兴趣化教学中掌握运动的方法,提升学生"会学""善学""乐学"的能力。二是营造主动学练氛围,激发学生学练兴趣,提高课堂教学的有效性,构建优质有效课堂。三是以课题引领实践,夯实区域内体育教师兴趣化教学的理论基础,提升其兴趣化教学背景下的科研能力和专业素养。

三、研究对象与方法

(一)研究对象

××学区小学学生。

(二)研究方法

1. 文献资料法

查阅国内外有关学法指导方面的相关文献资料及最新研究动态,通过研究分析,为课题研究提供理论参考。

2. 专题学习法

通过听取《小学兴趣化课程理念》《学法指导在体育教学中运用》专题讲座及举办沙龙研讨、网络教研等活动,提高对兴趣化教学中学法指导运用意义的认识。

3. 行动研究法

针对本区域体育教学现状,制订兴趣化课程探索中实施学法指导的策略,并根据不同年级、不同教材在体育教学中开展学法指导的实践运用。

四、课题相关概念

(一)小学体育兴趣化

是指根据学生的心理特征,运用趣味性、多样性、灵活性的方法和手段,灵活、合理地组织教学,结合语言刺激和鼓励措施进行评价,最终构成以培养和提高小学生运动兴趣,促进他们主动参加体育活动,使学生的体能、身体基本活动能力在兴趣化教学中得以发展的一种新型教学模式。

(二)兴趣化背景下体育教学的学法指导

是指教师根据学生身心特点,通过一定的途径对学生进行体育学习方法的传授、诱导、诊治,使学生掌握科学的体育学习方法,并灵活运用到体育学习和锻炼中去,逐步形成较强的自学、自评、自练的能力。

(三)教法、学法、学法指导及兴趣化背景下的学法指导的内部逻辑

表1 教法、学法、学法指导、兴趣化背景下学法指导的内部逻辑关系

	教法	学法	学法指导	兴趣化背景下学法指导
行为主体	教师	学生	教师	师、生
行为客体	学生	学习内容	学法、学生、学习内容	兴趣化学法、学生、结构化学习内容、实施情景与角色
行为路径	呈现教材形式	选择认知形式	应用认知形式	应用认知形式
效果评价	是否围绕教学重点	学会练习方法	会自学练习方法	合作学习,自主探索

从表1可以看出,无论行为主体相同或不同,其对应的行为客体虽不完全相同,但都离不开"学习内容"这一中心主题。因此,当教学活动发生时,教法、学

法、学法指导都因"学习内容"的存在而紧密相连。

在兴趣化教学背景下,学法指导是老师引导行为客体"学生"根据"学习内容"体验、归纳总结练习方法,以提高学生学习能力的一种策略,其更加注重的是学习氛围的创设及小组合作、探索实践。

五、结果与分析

(一) 兴趣化课程改革背景下××学区各学校学法指导现状分析

1. 在小学体育兴趣化课程改革背景下,教师对"学法指导"逐渐加以关注

××学区有4所学校列为上海市小学体育兴趣化课改试点学校,学区内所有学校都申请成为了区"主动·有效"课堂达标与提升工程实验学校,各校也纷纷开展了优化学习方法,提升课堂实效的教改实践,体育教学质量也有了长足的进步,表现在更加关注学生的学练情况,更加关注教法手段的运用,教学效果有了明显提升。大部分体育教师在教学实践中,也认识到学法指导对提升体育教学质量的作用,部分骨干教师甚至还在教学中进行了不同程度的实践探索。

2. 体育教学中契合兴趣化教学的学法指导研究还有待深入

虽然学法指导在体育教学中的作用已逐渐得到大家的共识,但总体上大家对学法指导的研究还停留在表面或者传统意义上的学法,缺乏有针对兴趣化教学的学法研究和有计划的实施。从对相关学校的听课调研情况看,学法指导在城桥学区小学的课堂教学中还处于初级阶段,很多教师无论是在计划制订还是教学过程中,还缺少有意识的系统化学法指导设计。

(二) 学法指导在兴趣化体育教学中运用的策略、方法与效果分析

1. 策略与方法

(1) 结合学生生活经验,注重情景体验,提高学练效果

针对小学生年龄特点和身心特征,课题组围绕"确保学练兴趣,加强学法指导"来开展课题研究,把体育教学与学生的生活经验和学习经验结合,在不同年级段的教学中,我们把这种体育经验转化成形式多样的教学策略和方法,设置色彩斑斓的教学场景和氛围,积极打造主动学练的体育课堂教学。

在低龄段的教学中,我们运用情景教学激发学生学练兴趣,让学生在学练中进入情境角色,跟随自己所模仿的角色去体验动作要点、学会关键动作。如一年级的立定跳远教学,××小学××老师创设小朋友熟悉的"小蝌蚪找妈妈"的情境,让学生模仿青蛙跳开展学练活动,告诉学生从生活体验中学会运动技能;在一年级"垫上滚动"教学时,××小学××老师让学生模仿皮球、油条等常见物品

开展练习,让学生知道学练动作和角色动作的关联;在各种情景练习中,通过方法移植让学会课中学练内容,既愉悦了身心,又促进了学生对滚动动作要领的理解和掌握。

(2) 关注学练目标设置,激发学习动力,体验成功快乐

小学年段学生好胜心较强,但对自身能力没有明确的定位,这样的学练往往挫伤他们的学习积极性。因此,在兴趣化体育教学中,课题组通过老师对人类遗传学的分析,练习中同伴相互评价、自我评价等方法,指导学生客观认识自我,并主动在小学高年级的体育教学中开展分层教学,加强"学生自我设置学练目标方法"的指导,引导学生"跳一跳摘到果子",体验成功快乐,激发学生信心和兴趣。如在"跳上成分腿立撑——前跳下"的教学中,根据学生不同的技能水平和体能实际,设置了不同高度的辅助器材和跳箱,让学生通过自身的努力,学会正确的动作,并加强保护帮助;再让学生选择不同高度的跳箱练习,体验完成跳上跳箱的快乐,让每一位学生都能有完成练习的自信,让每个学生都能在不同高度的器材上理解要领,学会动作。再如在立定跳远蹬地跳起教学中,我们通过设置不同高度的悬挂物,指导不同层次学生跳起后两手上摆接触到前上方不同的高物,以达到用力跳起,充分展体的学练目标。这样的教学,不但使枯燥的教材呈现出了高密度、大强度的教学效果,而且整节课学生练习积极,气氛活跃。

(3) 营造合作探究氛围,寻找学练关键,激发学习动力

课题组执教老师切实做好对教材的研究分析,明确教材的重点难点,积极营造合作学习氛围,鼓励学生小组合作、探索学习掌握动作的关键点,通过给学生一定的自由度,让其自己去探索、去发现问题,满足学生的表现欲和成就感,真正在体育教学中做到了"学到、学会、懂学、会学"。如,××小学××老师在执教"五步拳"时,设计了不同层次的武林秘籍,让学生分组通过游戏形式找到秘籍,通过小组同伴合作,让学生主动去模仿、探索,寻找动作的关键点,在学生练习时再逐个给予点明。这种针对不同学生所产生不同难点的学法指导,有效解决了不同层次学生所产生的不同问题,提高了课堂教学效果,有利于不同层次的学生更快的学会武术操,享受参与合作学练的乐趣,为提升学生自锻能力的培养打下基础。

(4) 搭建"主要问题"的框架,形成"解决问题"路径,彰显主动有效的学习效果

通过问题进行学法指导,把"问题"作为中介,启迪学生思维,引导学生逐步深入,有助于学生保持探究的良好心态,养成自学、自练、自评、反思等习惯,真正

实现脑体的有机结合。

××小学篮球运球教学案例

问题1"你还记得原地运球的动作要领吗?"引导学生回顾原地运球的手型和动作要领,并采用有趣的教具"敏捷灯"引导和组织学生开展左右手的高低运球练习。

问题2"你能目视前方将篮球向前运起来吗?"通过"观察行进间运球视频",设置"对近距离目标行进间走、跑运球"学练,引导和组织学生体验并感知什么是行进间运球,并能目视前方向前运球。

问题3"向前运球时,按压球的哪个部位才能正确的向前运球?"通过"同伴相互运、推球""目视前方,近、中、远距离的行进间运球触摸感应灯及报出感应灯颜色"等方法来组织学生体验与学练,并使其尝试目视前方向前运球推进练习,发展灵敏、协调素质,提高控球、运球能力,养成学生对篮球运动大爱好与兴趣,树立良好的运动习惯与团队竞争意识。

整个主教材环节通过模仿学练、自主学练和同伴互练的方式开展课堂教学,并采用"勤学手环""巧练手环""星秀手环"评价手段来激发学生学练篮球的热情,促进学习目标的达成。

在围绕问题开展学法指导时,教师一定要关注问题的质量,注意内容的新颖别致和挑战性,使学生在学习知识和接受挑战中掌握知识技能。同时,教师一定要指导学生敢于提问题,善于提问题,培养学生认真思考、主动探索的能力。让学生带着问题学,带着问题练,将"思""练"结合,"体""脑"结合,"学""用"结合,提高学生的锻炼积极性。

(5) 精心设计单元流程,注重内容"结构化",体现所学内容价值

在兴趣化课程改革背景下,我们要重新整理单元教材结构,力争将每个课时的教学放在整个单元的结构中予以设计,重视每个课时的学习在完整动作中的价值和应用。如篮球快速运球时,将运球与上篮动作相结合;足球脚内侧传接球时,将传接球区域放在球门前实施,告知学生传接球的最终目的是为了完成攻破对方球门。这样的学习方法,为同学们项目体验提供了可能。双休日、假日中,有越来越多的学生愿意出现在绿茵场、篮球场上,这为进一步学会运动项目打下了良好的基础。

(6) 指导学生学会评价方法,知道对标评价,促进学习进程

课题组根据不同学段学生的年龄特点,指导采用不同的评价方法。如让小

学中低年级学生评价时,根据同伴有没有做到口诀或儿歌中所体现的动作要领,采用"你真棒""竖大拇指"等口头评价的方法;小学高年级评价同伴时则以"有没有完成整个动作过程""动作是不是优美""有没有达到课程标准要求"等,采用鼓掌、击掌及分值评价等方法;在探索实践中,课题组还引入评价卡片的使用,让学生明确"评什么",知道"怎么评",引导学生根据标准去观察自己或同伴的动作,并能够找到问题所在,而老师则根据学生评判动作的规范性、完整性等,适时参与学生的评价活动,不失时机地做好评价的指导。

2. 效果与分析

(1) 夯实了区域内体育教师兴趣化教学的理论基础,提升了兴趣化教学背景下的科研能力和专业素养

在一年多的学法指导课题研究中,××学区体育教师的理论素养有明显的提升。××小学等多个学校开展了学法指导教学实践研究。他们将学法指导的理论融入日常教学中,在"学情分析""教材分析""教学目标""教学策略"等环节制订上,预设学法指导,并在教学中予以实施。"自主学习、合作学习、探究学习"等学练方式越来越多地出现在各校体育教学中,其中蕴含的学法指导也得到体育老师的实践尝试。执教老师通过对学生进行学法指导,获得有效的体验与反馈,并撰写不同的学法指导经验和总结,形成了易于推广的教学研究案例,如激发学生学习情趣的《小学低年级"情景化""儿歌式"教学研究》;推进中小学生课余体育活动的《"体育游戏创编"研究》;针对不同教材(如体操、健美操、队列练习等)撰写的不同的学法指导实践案例。这些案例为小学兴趣化课程改革在我们区全面推进打下了良好的基础。

(2) 营造了主动学练氛围,学生学练兴趣盎然,构建了优质有效课堂

在兴趣化教学中开展学法指导,倡导学生会学习、乐学习、高效学习,也非常契合我区主动有效课堂创建的指导思想。课题实践中,学生乐于参与,表情快乐轻松,学练兴趣提升,互动次数高,练习次数和时间明显增加,有效提升了体育课的练习密度和强度,课堂练习密度平均达到了近50%,强度指数达到了1.7左右。

(3) 兴趣化教学中学法指导提升了学生自主学练能力

课题实践让学生逐渐走上乐学、会学的通道。经过一年多有意识的学法指导研究,学生的学习方法和能力有了一定的提高。学生观察听讲时,不再把老师团团围住,而是主动寻找合理的位置聆听老师讲解,观察示范动作;观察动作也不再只是看热闹,而是关注动作的关键点,动作的先后次序、身体部位等;练习

时，不再仅仅是完成动作数量，而是以是否学会动作要点为学练关注点，从模拟练习、主动探究、反复练习，直至熟练掌握技术动作；表扬同伴时，不再只是说很好、很棒，而是说如果哪一个动作改正了，你会做得更好；合作学习时，不再仅仅是组长策划，大家练习，而是小组每个同学都有不同的角色，共同讨论完成相应任务的方法。同学们自主学练的能力提升，不但丰富了课堂气氛和教学质量，而且极大地拓展了课间、双休日及节假日的体育活动。城桥学区小学生通过学法运用，自主学会锻炼方法，自主开展体育锻炼。这些变化，显示了学法指导对学生自主学练能力的提升，真正实现了体育课堂的拓展延伸。

六、结论与建议

（一）结论

第一，小学兴趣化背景下，加强对学生的学法指导，有助于促进学生掌握有效的学练方法，有助于促进主动有效课堂的构建，有助于学生良好学习习惯的养成。

第二，学法指导是有意识的指导活动，需要教师加强自身学法指导的学习，提高学法指导的意识，针对不同学生、不同教材、不同课型采用有效的学法指导。

（二）建议

第一，针对目前体育教学的现状，要加强对学法指导意义的宣传和推广，发挥区域内骨干教师的引领和学区联合教研作用，使每个体育教师都能提高运用学法指导的认识并在教学中加以实践。

第二，要进一步加强体育教学中学法指导的研究，特别要针对不同年级、不同教材、不同课型，开展具有针对性的学法指导实践，通过对教学设计、教学过程、方法手段运用等方面的反复研磨，让更多的学生在教师的指导下学会体育健身方法，促进终身体育意识的养成。

基于打造小学体育有趣、有效课堂的学法策略研究

一、问题的提出

上海市体育课程标准提出,通过本课程的学习,学生能够掌握体育与健身的基本知识和运动技能,学会学习体育的基本方法,形成终身锻炼的意识和习惯;学生可以根据自己的兴趣爱好和不同需求,选择个人喜爱的方法参与体育活动,挖掘运动潜能,提高运动欣赏能力。而实现上述要求,需要教师根据学生的心理特点,注重教法的研究,注重教学的有效性和针对性,实现学生从"学会"向"会学""乐学"的转变。

著名教育家叶圣陶有句名言:"教是为了最终不教。"就是说,只有引导学生掌握相应的学习方法,给学生以开启智慧的金钥匙,才能教得得心应手,学得开心得法,才能使学生主动地学习新知识、新技能。因此,在体育教学中开展学法指导,要以学法定教法,以学法促教法,使学生从厌学、苦学转为愿学、乐学,从而真正学会学习。只有使教师把教法与学法有机地结合起来,才能达到教与学的完美统一,才能较好培养学生的学习兴趣,激发创新思维,提高学习效率,减轻学习负担。

二、学法指导概念

所谓"学法指导",是指教师在传授知识的同时,使学生掌握一定的学习方法,并获得在具体的学习环境中选择和运用恰当的学习方法进行有效学习的能力。在体育教学过程中,帮助学生"学会"是基本目标,而指导学生"会学""善学"则是更高层次的目标。运用学法指导就是要在帮助学生"学会"的基础上,更好地培养学生"会学"的能力,让学生在听讲、观察、讨论、练习、思考等各项活动中,能认真地听讲、有针对性地观察、有效地讨论、合理地练习、正确地思考,帮助学生学会学习。

三、学法指导的必要性

(一)学法指导是实施素质教育的重要途径

学校体育是教育的重要组成部分,它不仅限于体育课教学,而且包括了整个

课内外体育活动。在体育教学活动过程中,教师的教是为了学生的学,在教与学这一对矛盾中,"学"是矛盾的主要方面。因此,加强学法指导就是其中的一个重要方面。首先,学法指导可以提高学生的能力素质,培养学生的观察力、思维力、注意力、想象力和创造力等,教会学生科学的体育学习与锻炼的方法。其次,学法指导可以提高学生的思想道德素质,帮助形成正确的学习动机,激发浓厚的学习兴趣,培养顽强的学习毅力,发挥非智力因素的积极作用,培养学生吃苦耐劳的精神。

(二)学法指导是转变教学观念的突破口

学法指导的提出是以学生为主体的现代教育观念的体现。现代教育要求我们在体育教学实践中,应贯彻以学生为主体、教师为主导、练习为主线的教学思想,打破满堂灌、填鸭式的被动学习的教学模式,找出教与学的最佳结合点,通过学法指导,使教师做学生知识的引路人,充分发挥学生学习的主体性。

(三)学法指导是发挥学生内因的有力措施

在体育教学中,能否充分调动学生的学习积极性,使其自觉认真的学习,是教学成功与否的关键。学法指导就是要充分调动学生体育学习的主动性、积极性,磨炼学生意志,使学生掌握学习规律与方法,最大限度地发挥其内因作用。虽然学生的学习能力需要用教师的学法指导加以培养,但内因在学习中所起的决定性的作用也值得我们去重视。

四、学法指导的有效策略

体育学习与其他学科的学习一样,需要有效的学法,学法指导对有效学法能起到积极的引导作用。根据学法指导的运用要求,我的做法是:

(一)以兴趣为前提,学法指导注重课堂听讲

学习兴趣是推动学生学习自觉性和积极性的强化因素,只有当学生对体育学习感兴趣时,才会积极主动而又愉快地投入。教学中,教师要挖掘教学内容的新颖性和情趣因素,在教学手段上要灵活多样,寓教于乐,吸引和激发学生的兴趣,唤起他们的学习激情,提高学生的听讲能力。我的做法:

① 根据动作要领,运用形象化的语言,编写成口诀,让动作要领朗朗上口,加深低年级学生对动作概念的理解与记忆。例如:稍息——小脚小脚小桥洞,小手小手背后握;立正——小脚小脚小八字,小手小手两边放;投掷轻物——左脚前、右脚后,肩上屈肘,用力投。运用口诀既体现了精讲多练的原则,又照顾了小学生生心理特点。

② 充分调动学生的自主能力。针对不同的教材采取不同的方式，让学生积极主动、心情愉快地参加学习，而不是以强制性的、命令的方式，使学生必须去服从。如在教材"跳单、双圈"中，一般都是教师布置好场地，学生再进行练习。为了激发学生的学习兴趣，我让学生自己布置场地，选择自己适宜的远度，在组长的带领下，学生利用各种器材进行跳圈活动，既减轻了教师的负担又激发了学生的兴趣。教师在学生活动过程中，边讲解"跳单、双圈"的动作要领和重难点，边进行正确的动作示范。同时做到讲解前，"听什么"讲明确，"怎么听"交代清，让学生听讲之前就知晓要听讲的内容，听讲时不走神，达到将该听的内容听到、听全的目的。

（二）以方法为核心，学法指导注重课堂观察

当教师进行动作示范时，要引导学生在课堂上注重观察。观察是学习体育技术动作的重要手段，而有目的感知活动，是学生认识世界增长知识的重要途径。小学生在观看动作的过程中往往看热闹的多，怎么观察却不太清楚。因此，教师在示范前，要将"看什么"说清楚，"怎么看"讲明白，讲清楚观察的内容和步骤，让学生明确观察目标，告诉学生观察什么，注意什么，知道先看什么，后看什么，使观察不盲目。示范后，对学生"看到啥"要检查，及时了解并向学生反馈观察的方法是否正确，并做出适当调整。

例如：在一节跪跳起的教学课上，我在进行"原地摆臂制动"的动作示范前，对学生提出了明确的要求，并强调老师在示范后要对大家观察的情况进行提问。

师：请大家看清楚老师的身体姿态和手臂动作的变化。老师的手臂动作有什么变化？请举手回答。

学生A：老师的手臂摆动了两次。

学生B：摆动时，手臂是弯曲的。

学生C：老师的臀部随着手臂的摆动一上一下地跳动，而且膝盖在手臂摆动突然停止时，有点离开垫子。

通过"老师的腿向上收得很快""老师的身体上下弹动很有节奏""老师做完动作后两腿是并拢的"等学生观察后的言语，教师了解了学生对技术的领悟情况，学生也在后续的练习过程中有意识地避免了常见错误，朝着正确的方向模仿及体验。

（三）以成效为抓手，学法指导注重练习效果

学法指导要注重练习方法的指导，对于学生来说，掌握和运用练习方法对练习效果有着重要的意义。

例如：在对小学低年级学生新授前滚翻动作时，为了调动学生学习的积极性，我们安排了一个"看天"的游戏，要求学生低头看天，并让学生想一想怎样才能低头看天，然后让学生回答为什么低头看天，最后总结前滚翻低头团身的动作要领。就这样学生在游戏中学会了前滚翻，而且积极性始终很高涨。

又如：体育课上的跳跃练习，对于那些已经掌握跳绳协调性的学生来讲，这样的练习根本提不起他们的兴趣。因此，我在练习时做到区分对待，对不同的学生采取不同的训练方法。对基础差的学生，从无绳练习开始，练习各种跳跃姿势和身体的协调性，然后逐渐过渡到有绳的练习；对于基础好的学生，除了让他们进一步提高跳绳速度外，还引导他们增加一些花样跳绳的练习。对于教师而言，只有真正做到因材施教，才能激发孩子们的潜力，让学生每个学生都能"吃得饱"和"受得了"，进而提升教学效果。

（四）以鼓励为引导，学法指导注重展示策略

在教学中教师的鼓励非常重要，其不仅有助于学生循着教师指引的方向前进，而且有助于学生在课堂上认真学习，积极练习。在一节体育课中，我安排了"一分钟跳绳"的比赛，将学生分成8个小组，每次每个小组分别派出代表进行比赛，一分钟内跳绳个数最多的得9分，其余的以此类推，比赛结束后根据分数低，评出最终的获胜小组进行表扬。在比赛过程中，我一是鼓动学生为大家加油，二是让学生开动脑筋，思考如何利用好"田忌赛马"的原理，使每个同学都拿出全部的力量和最佳的状态，力争为小组加分。

（五）以讨论为补充，学法指导注重课堂探讨

在传统的体育课堂中，基本上都是学生按照教师安排的内容和组织形式进行各项练习，学生的主观能动性受到了很大的限制。如何在学法指导的引导下，让学生在练习的基础上，增加相互交流、相互协作、相互帮助的机会，讨论无疑是提高课堂教学效果较好的一种形式。但就讨论而言，也存在着如何讨论的问题。如有的教师会在提出问题后，让学生集体讨论或分组讨论；有的教师则会先提出问题，然后让学生通过体验练习后，再讨论回答问题等。虽然课堂讨论形式多种多样，但我认为要充分发挥讨论的课堂作用，必须做到以下几个方面：一是讨论的问题要符合学生年龄的生心理特点；二是要结合教学中的重难点来设计讨论的问题；三是通过巡回指导来了解学生的讨论情况；四是让学生将讨论的结果当场反馈，并根据学生的回答做好表扬鼓励。

五、结论与建议

（一）结论

① 通过"学法指导"，更新教学观念，加强体育学法的指导，充分发挥学生主体能动性作用，使学生由被动的学习改为主动的学和练，既有效地增强了学生的体质，又提高了学生体育的技术技能，更改善了师生关系，使学生在愉快和谐的情趣中锻炼身心，陶冶自我，逐渐形成终身体育锻炼的意识。

② 做好"学法指导"，对教师提出了更高的要求，即要求教师不断丰富专业知识，拓展业务能力，提升教科研能力和运用现代化教学手段的能力。

③ "学法指导"其实在我们平时的教学实践中一直都在做，但如何将"学法指导"从一个模糊的教学行为，转化为概括性、原则性的知识，从而在教学过程中更有针对性地进行相关教学行为，需要我们有清醒的认识和不懈的努力。

（二）建议

① 课堂教学要实现教法与学法的有机结合，教法的选择一定要有利于学法的指导，学法的选择也要有利于教法的实现，从而使教法和学法融为一体。

② 在学法指导过程中，教师的语言要生动具体，通俗易懂且言之有物，切忌虚幻、空泛。

（崇明区西门小学　陈瑜）

小学体育兴趣化课程改革视域下
有效开展"课课练"的实践研究

一、问题的提出

小学体育教学的首要任务是锻炼学生身体,增强学生体质。体育教学是体育工作的重要组成部分,是以身体练习为主要手段,以学习体育与健身知识、技能和方法为主要内容,以增强学生健康,培养学生终身体育意识和能力为主要目标的教学。

《上海市中小学体育与健身课程标准》提出"坚持'健康第一'的指导思想,强调以学生发展为本,贯彻'健身育人'的理念",并在课程目标的"身体发展"部分提出"增强学生体质,促进身体正常生长发育,增进身体健康,提高机体对环境的适应能力"。

21世纪初,"课课练"在有识之士的大声疾呼中重归体育课堂教学。其原因是:第一,忽视了对学生体能的训练,导致学生体质水平逐渐下降,已经得到中央的高度重视。2007年,中共中央国务院专门下发7号文件,提出"争取5年左右的时间,使我国青少年的身体素质普遍达到国家体质的基本要求,耐力、速度、力量等体能素质得到明显提高。"为了实现这一目标,国家颁布实施了《国家学生体质测试》,且相应地增加了体育课时,并在全国范围内开展了"亿万青少年阳光体育运动",执行"每天锻炼一小时"活动计划,这些都为"课课练"的重新回归做好了时间准备与舆论宣传。第二,青少年体能素质已经成为学生体质发展的瓶颈。学生基本技术和技能的掌握需要以一定的身体素质为基础,但由于近年来学生体质下降,致使学生想跑跑不快,想跳跳不动,学生身体素质欠缺已经严重地影响教学任务的完成。第三,形式较多,但实质内容比较缺乏,导致学生体育技能的培训都得不到应有的落实,即使有一些,恐怕也得不到巩固。第四,由于教材的特点,场地、器材条件的限制,练习密度和运动量往往偏低,难以达到预期的效果。由此,起源于20世纪80年代的课课练重新被提及,并再次被人们重视。

在新的时期,在身体素质练习内容与方法不断发展和创新的背景下,将"课课练"重置到课堂教学,是科学理性的选择,是当前扭转学生体能下降局面的有效策略,体育课堂重启"课课练"有着积极的意义。但是,20世纪80年代"课课练"所面向的学生和30年后的学生有着天壤之别,如何在新形势、新背景下实施课课练,值得我们所有的一线体育老师去思考。

"课课练"是针对中小学生体质水平下降而谋求身体全面发展而进行的有针对性的练习,既是对基本教材的补充,也是体育课素质练习的一种重要形式。一般在初高中体育教学中以"素质练习"的形式出现,时间为7—8分钟。本课题中出现的课课练是指在主教材教学之外,合理地安排有针对性的、对学生身体能产生改善作用,同时能激发学生学练兴趣的身体练习,并科学合理地予以实施。小学的课课练较多的以综合练习为平台,是对主教材的一种补充。

和传统课课练的区别。传统的课课练是我国体育教师在体育教学理论和实践方面的杰出创造,"循环练习法""上下肢运动配合""体育课运动负荷与评价""心率曲线的类型研究"等曾掀起来体育教学研究的高潮,体能特点表现无遗。新时代的课课练和传统的课课练在内容和形式上有着明显的区别。它结合学情,将身体素质练习融入综合练习中,以游戏竞赛的形式出现在教学中,符合学生身心发展,引导学生快乐参与,改变了原来枯燥单调、缺乏兴趣、强迫性的练习模式。

在体育教学中逐渐恢复课课练活动,不仅可以提高学生的运动量,使学生的体质体能能够有较大的发展,而且还可以培养学生的团队意识和合作精神,锻炼学生的意志品质和创造力,鼓励学生全身心地投入活动之中,引导学生自主锻炼,掌握各种锻炼的技巧与方法,体验到成功的喜悦和快乐。此外,通过课课练还可以使体育课教学的质量得到有效提升。

在此背景下,我们成立了课题小组,并组织体育老师在我校体育教学中尝试课课练实践探索,为课题研究提供实践案例和理论支撑。

二、研究方法与对象

(一) 研究方法

1. 行动研究法

根据小学体育的要求和存在的问题,制定出"课课练"的教学措施,并在教学中加以实施,根据实施情况的反馈,对这些措施进行调整和修改,并加以再实施,直至形成"课课练"的有效教学措施。

2. 教育调查法

通过对教师、学生关于小学体育课堂练习状况的调查,发现问题、探索原因,将调查结果作为制定"课课练"措施的依据;通过对"课课练"实施过程中学生的状况、练习的效果进行观察和测试,作为修改和调整措施的依据。

3. 案例研究法

收集"课课练"实施过程中典型的教学案例,提炼出有价值的经验,并加以推广。

4. 文献资料法

收集整理和本课题相关的"课课练"体育教学方法,借助理论和经验、指导实验研究。

(二) 研究对象

西门小学在校学生。

三、研究的实施

(一) 对课课练在体育课实施现状的调查

体育兴趣是人们积极认识和优先从事活动的心理倾向。一个人如果对体育活动感兴趣,就会积极参与、全力投入,所以体育兴趣是体育参与的基本动力之一,它将影响着学生体育参与的具体活动方向和强度。因此,我们进行了以下调查(如表1所示):

表1 小学生对"课课练"采用游戏形式态度调查表

要素	非常喜欢		喜欢		无所谓		不喜欢	
	男	女	男	女	男	女	男	女
人数	79	78	52	59	36	27	2	5
男女百分比	23.37	23.08	15.38	17.46	10.65	7.99	0.59	1.48
总的百分比	46.45		32.84		18.64		2.07	
建议	80%的学生提出课课练游戏化							

调查结果显示,非常喜欢和喜欢"课课练"游戏的学生为268人,占总数的79.29%,有80%的学生建议将"课课练"游戏化。此外,从对老师的问询中,我们也了解到,目前很多体育课中的综合练习中游戏成分少,较多的是竞赛型练习。此类型的活动练习密度小,学生参与时间少,所以学生对其缺乏兴趣,积极

性不高,锻炼效果不好。由此可见,在我们的体育教学中,应结合具体的年级段和水平段,结合学生的身心发展规律,结合学生的实际状况和现有水平,把课课练内容作为教学内容的一部分写进教学计划中,合理搭配,采用多样的练习手段,避免单一的"专项练习",以提升学生身体素质。

(二)课课练功能分类

课课练作为身体练习的一种方式,我们应该根据教学目标对其予以分类,只有这样才更加有助于加强学生身体的柔韧、灵敏、速度、力量和耐力素质等,为基本技术提供身体保证,促进教学效果的达成。根据我们的教学实践、平时观察、其他学者发表的观点以及锻炼目的,我们把课课练分成以下七类(见表2)。

表2 课课练功能分类

锻炼目的	具体的锻炼指向	项目列举
1. 发展身体素质	如耐力、灵敏、柔韧、速度、力量等	跳格、听信号反应、短绳、叫号赛跑等
2. 发展各种身体基本活动能力	走、跑、跳、投、支撑、悬垂、攀爬、钻越	钻山洞、跳跃小达人
3. 发展形体和形态	站姿、走姿、身体形态的练习,某些身体的矫正	压肩、各种压腿、坐位体前屈等
4. 发展身体各部位的力量	上肢、腰部、背部、下肢、手肘等部位的力量	蹲跳、矮子步等
5. 提高心肺功能	各种变速、间隙、有氧、无氧练习	定时跑、让距离跑等
6. 提高当前技能,掌握相关的体能	各种球类、教材类活动等及与专项技术相关的练习	支撑类教材:俯撑、俯卧撑、推小车、仰撑螃蟹走
7. 提高集体参与互动能力	各种多人配合的体育活动、复杂的队列队形练习等	三对三篮球、快传快递、集体搬运等

(三)课课练实施类型

1. 新授教材时的课课练

新授主教材时,老师一般讲得比较多,练习密度较小,课课练的及时出现,既能弥补该课次练习密度不足的问题,同时也能补充该教材所需要的某项素质训练。如在"实心球"教学时,我们发现影响学生技术动作的主要原因是小学生上肢与肩部力量较弱，推手顶肩动作不充分。因此，我们在课课练时安排了游戏"俯卧撑剪刀石头布"，既让学生在游戏中锻炼了上肢力量，也为下一节课主教材的学习储备了力量。

2. 练习课时的课课练

练习课时，由于学生对学习内容有较好的掌握，老师一般会安排多样的练习方式，以强化学生的练习数量和质量。这时的"课课练"就要显得轻松和别样。如把练习内容与课课练结合起来，组成综合游戏进行开展。另外，必须注意练习课中的课课练要与主教材内容明显不同，如在教授蹲踞式跳远时，宜安排适当的上肢力量的练习，这样既可以暂时缓解下肢疲劳，同时又能发展上肢力量，做到身体素质的均衡发展。

3. 综合课时的课课练

小学教学中的综合课一般是在主教材学习完成后，围绕主教材而开展的拓展性练习。此时我们可以把主教材内容融入综合游戏中，辅以跑跳的课课练内容。这样既可以综合运用所学知识，同时，也是发展身体素质的较好的选择。当然，课课练的内容选择要与基本教学内容相结合、与《国家学生体质健康标准》的测试内容相结合、与冬季三项活动内容相结合、与课堂运动负荷相结合、与课堂所用器材相结合，如针对二年级的掷沙包练习，笔者设计了匍匐前进、钻过山洞、越过障碍、炸毁敌人碉堡等游戏，既复习了掷沙包练习，也发展了学生身体综合素质，激发了学生的学练兴趣。

（四）科学合理的课课练实施要求

1. 课课练实施要有清晰的锻炼目的

在精心备课中，执教老师要有明确的课课练目标，如实心球单元多做上肢力量练习；跑的单元多做高抬腿、后蹬跑练习等。

2. 课课练内容的多样有趣

小学体育教学中的课课练要有明确的学段特点。在课题实践中，我们将身体素质训练游戏化、竞赛化，利用场地器材的变换，设计出各类身体素质的练习形式，使用分组竞赛、小组合作等分散的练习方法，调动其参与积极性，从而进行较大强度，较大运动量的练习，以提高其身体素质。

3. 运动负荷要适合学生身心发展的需要

体育课中的课课练运动负荷有其自身独特的规律和技巧，从实践效果上看"比较高强度的，有一定游戏和竞争的安排"比较符合当前小学生的课课练内容。

4. 科学合理的组织形式

课课练的组织形式既可以采用小组合作、双人合作等不同的组队方式,也可以采用站点式的组织方式,还可以采用分组比赛、小组展示等方式。总之,生动活泼的组织方式,提高了学生练习的积极性。

（五）课课练在小学体育教学中的实践

1. 把握好课课练队列队形的时机

在教学活动开始部分可以安排"课课练"队列队形练习,帮助学生养成良好的学练习惯,提高学生的注意力,促进学练效果。队列练习也可以安排在开学初,帮助学生从假期生活向正常体育教学过渡,有助于学期教学工作的顺利实施。

2. 恰当运用不同类型的课课练

体能素质"课课练"一般是针对教学内容和学情而进行的针对性预设,是以发展身体素质为主的课课练的主要内容,它出现的时机需根据它的性质而决定。

（1）"辅助性"素质练习

主要安排在新授教材或改进技术之时,是为基本教材而服务。如教授蹲踞式跳远(助跑与踏跳课时)内容时,我们可以在其中安排学生进行单起双落的各种跳跃练习。如学习快速跑时,为了提高动作的协调性正确性,我们可以做小步跑、前踢腿跑、后踢腿跑、高抬腿跑、后蹬跑等辅助性练习。

（2）"补充性"素质练习

主要是为了弥补体育课中全面锻炼不足的问题,如教授以上肢为主的教材内容时,可以安排下肢为主的素质练习,让学生的身体得到全面锻炼与协调发展,一般安排在教学活动的后段。例如,教授快速跑内容时,课课练的内容可以设计一些对上肢力量练习的内容。

（3）"专门性"素质练习

主要是针对对学生身体有一定要求的教材。如教授武术教材时,可以在教学的准备环节安排各种踢腿素质练习,以及相关的柔韧性练习,一般安排在课的热身准备阶段。

（4）综合素质练习

主要是针对练习密度大,但强度小的教材,而安排的一组素质练习,避免学生运动负荷的不够。如教授前滚翻内容时,可安排跳绳或蹲跳等素质练习,一般安排在课的后半部分。

（5）不同身体素质有不同的练习时机

不同的身体素质有着不同特点,如灵敏素质要求学生在兴奋性较高,精力较旺盛、体力相对充沛的状况下进行；柔韧素质要因人而异，并且要求循序渐进，可以结合放松练习进行；平衡素质练习则不宜安排在大运动量之后进行；耐力素质本身的练习强度大，不应安排在速度、力量等练习之后再进行，而是结合主教材内容，设计一定的音乐或游戏开展实施，这样才会取得较好的效果。

3. 在游戏活动中开展课课练

为了使学生在课课练的过程中更有兴趣，更能积极地参与，我们把课课练内容活动设计成游戏的形式，并把训练的内容渗透到游戏中，采用趣味性教学方法和手段，使学生在游戏中玩耍，在娱乐中有趣味性地竞争，在竞争中体验体育运动的乐趣。这样，学生的学习态度更加积极，学习过程更加有趣，从而激发和培养学生对体育课的兴趣和爱好，增强学生体质。例如：在跑的教学中，可以采用"滚雪球"的游戏。将学生分成人数相等的若干组，每组前方摆好标志物，第一名学生绕过标志物跑回后拉住第二名学生的手两个人再一起跑，两人回来后再拉上第三名学生的手一起跑，如此类推，直至小组的所有同学一起手拉手一起跑。学生在不断往返跑过程中不仅体能得到了发展，也培养了团结协作的意识。这种用游戏把枯燥的练习贯穿起来的方式，既增强了学习的趣味性，又增加了锻炼身体的实效。

4. 注意课课练过程中安全保护

"健康第一"是体育与健身课程的指导思想，在课课练中，要始终强调安全运动和安全教育。安全运动和安全教育主要有以下内容：在课课练中根据学生的差异，合理安排学生身体活动量或进行合理的角色分工；在活动时要考虑场地、器材、设施安全；在课课练游戏中要遵守游戏规则、活动要求、纪律等，并且充分利用体育委员和其他班级干部共同防范危险。

5. 加强对课课练过程中的教师指导

教师在教学过程中扮演着指导者、帮助者、引领者的角色，教师的讲授、提问、组织、反馈等行为都能影响、启发、指导学生的学练。因此，在课课练的过程中，教师适时、适度的指导能充分发挥学生主体能动性作用，使学生由被动的学习转为主动的学和练，既有效地增强了学生的体质，提高了学生体育的技术技能，又改善了师生关系，使学生在愉快和谐的情趣中锻炼身心，陶冶自我，逐渐形成终身体育锻炼的意识。

6. 实施可操作的课课练评价

（1）通过教师观察来评价

例如，学生进行课课练后应该出现红彤彤的小脸，中度的喘气，身体微微出汗等现象。

（2）通过学生感觉自评

例如，学生在第一天的课课练后应出现轻微的肌肉酸痛，应该自我感觉有些累。

（3）通过询问来评价

课后老师可以和学生进行一定的互动，对课课练的趣味性、同伴间的交往等进行询问和交流，并及时对课课练进行调整。

（4）通过科学数据进行评价

在体育教学中可以邀请体育组同事进行数据测试，对练习前、中、后期学生的心率分别进行收集，并根据正确的理论标准进行评析。一般的课课练，学生的心率指标要求达到120—150次/分。

四、效果

经过一年的课课练教学实践，我校体育课上学生参与的积极性较高，课堂氛围得到了改善，体能素质也得到有效提高，学生对课课练持积极支持的态度，主要取得了以下效果。

（一）学生的体质体能得到了明显的提升

本课题研究者认真分析各级运动素质发展的敏感期，在选择练习内容时，根据不同年龄、不同层次学生身体的发展特点设计不同的课课练进行教学，使学生掌握了多种发展体能的方法，锻炼身体的能力有所提高，体育课的密度提升了3%—4%，使我校学生身体素质得到显著提高，在我县素质类抽查中各年级都名列前茅。

（二）学生的运动意志、耐力得到了显著的提升

课课练实践的重点是抓好薄弱环节练习，使那些在总体水平上达不到基本要求的学生，得到了一定的提升，从而促进了学生身体的全面而平衡发展。比如有的学生上肢力量较弱，有的耐力较差，通过选择相应的练习内容作为课课练，促进了身体素质薄弱之处的发展。

（三）促进了学生身体全面发展

课课练的实施弥补了因主教材局部活动的限制而造成的其他部位活动的不足。如在掷实心球的教学中，教材内容的侧重点主要是对上肢力量的训练，通过课课练的补充练习，学生在上肢力量训练的同时，下肢和躯干部位的力量也得到了增强，同时也缓解了因上肢负荷过大引起的疲劳，很好地弥补了基本教材在学

生身体全面发展中的不足。

（四）促进了主动有效的课堂构建

在体育教学中开展课课练，使学生的不同学习兴趣尽可能得到了满足，也满足了不同学生的表现欲，学生学练兴趣的提升，营造了主动有效的课堂氛围，提高了学练效果。

五、讨论与分析

① 课课练把重点放在"练"上，通过课课练使"练"有一种持续性、稳定性。在运用过程中我们要重视学生的体质现状，做到区别对待、循序渐进、有的放矢，使学生的体能技能训练体现持久性、稳定性，在实践中训练中得到发展。

② 课课练的时间安排和运动负荷要根据学情合理安排，既不能运动量过小，没有什么负荷刺激，让课课练流于形式；也不能运动负荷过大、时间安排过长，掩盖了主教材的作用。

③ 课课练切忌流于形式，练就要实实在在地练。应该结合具体的年级，结合学生的身心发展规律，结合学生的实际状况和现有水平，将课课练内容作为教学内容的一部分写进教学计划中。教师要根据学生的特点、教材的性质合理地制定教学计划和精心地组织每一节课课练。不同的教学内容对练习强度、密度都会产生不同的影响。因此，对"课课练"的设计既要寻求变化，追求趣味化，又要体现合理化和科学化。只有勤思考，多研究，常实践，才能在增强学生体能的过程中，发挥更大的价值，促进体育课堂教学质量的提高，才能获得增强体质的效果。

（崇明区西门小学　陈瑜）

小学低年级广播操兴趣化教学的实践探索

一、问题的提出

广播操教学历来是国内小学体育必修的韵律活动,也是学校阳光体育的重要活动内容之一。它不仅能锻炼学生体质,更能陶冶学生情操,对学生身体的正常发育具有一定的促进作用,通过广播操教学,还会对学生良好学习习惯的养成、良好精神面貌的呈现等都有一定的帮助。但传统的广播操教学无非就是排着队,老师讲解,学生反复练习。这样的教育方法和低年级学生活泼好动、对体育活动既有广泛兴趣,但又容易产生兴趣转移的身心特点完全背道而驰。因此,我们常常会看到学生一上体育课就满心欢喜、兴趣盎然,但一开始广播操教学,就产生马虎了事、心不在焉、情绪低落、有气无力的现象。教师教得费力,学生学得痛苦,广播操教学成了广大体育老师教学中跨不过的坎。

上海市特级校长、特级体育老师徐阿根告诉我们:"对孩子而言,激发'玩'的兴趣其实更重要,对体育的兴趣,就是在一个个充满了童趣的体育游戏中培养起来的。"低年级广播操教学也是这样,应该在教学中融入适合学生年龄特点的教学方法和手段,通过创设情景、分配角色等,使学生在体验中开心地学练广播操,进而提高广播操学练效果。

二、研究目标

① 了解低年级学生身心特点与广播操教学之间的关联,探索适合低年级学生身心特点的教法手段,激发学生的学习兴趣和积极性,使学生在广播操学练时体验到体育的乐趣。

② 探索低年级合作学习的方法和合适的评价手段,引导学生在课上会听、会看、会练,养成良好学习习惯,提高学生掌握广播操动作的效率。

③ 归纳低年级学生学习广播操的兴趣化教学经验与模式,尝试在低年段教学中推广运用。

三、研究方法

(一) 调查研究法

分析广播操教学在小学体育中的地位,调查低年级学生身心特点与广播操教学之间的关联,了解常规教学方法与当下广播操学练效果不佳的因果关系,提出合理的实施策略与建议。

(二) 行动研究法

设计兴趣化教法手段,在体育教学、课外活动中实施运用,对其产生的效果进行资料收集,分析研究并改进完善。

(三) 经验总结法

总结实施经验,及时筛选、概括,分析课题实施效果,修正实施方案,分析实施方案与实施成果的因果关系,进而形成课题报告。

四、研究对象和周期

(一) 研究对象

崇明区东门小学一年级学生。

(二) 研究时间

2018年9月—2018年12月。

五、结果与分析

(一) 调查结果与分析

1. 广播操教学在东门小学校园体育中占有非常重要的地位

广播操因人均占地少,运动负荷适宜,是学校阳光体育的重要手段和载体。作为一个规模较大的教育集团,东门小学历来重视学生广播操的实施,连续多年在崇明区小学生广播操比赛中获得好成绩。此外,广播操也是小学"体育与健身"课程中重要的教材之一。在小学一二年级教材中,韵律教材的课时分配为每学年6课时,占学年总课时的5.9%。它的作用是培养学生的意志品质和集体意识,促进团队精神的养成,同时帮助学生形成优美的身体形态。但这部分内容对学生的活动空间限制较大,学生如要达到教学目标则需花较长的练习时间,因而学生经常会感觉枯燥疲惫,从而失去练习兴趣。

2. 东门小学低年级学生身心理特点与广播操学练效果的关联

根据调查结果分析,小学低年级学生的思维主要依靠感知的形象,有学习新知识的要求和愿望,能从学习中得到满足和愉快,但其自身好动的特点,致使其注意力不稳定,自控力差,容易受外界影响。由于东门小学操场在同一时间上课的班级多,班额足,场地小,相互干扰的因素多,再加上教学手段枯燥单调,学生往往应付了事,影响了学生的学练效果。因此,建议在教学中要考虑到学生的身心特点,创设容易让学生置身其中的情境,运用游戏、竞赛、口诀等手段激发他们的练习热情。

3. 学生家长的配合度不够,影响了广播操的教学进度

学生的学习,特别是对体育项目的学习,常常需要学生在家复习巩固;但在我们的调查中发现,结果并不如意。课题组通过对笔者执教的 2 个班级的 100 位学生在家学习广播操视频的递交情况进行统计后发现,只有 35 名同学递交了短视频,不上交的学生并没有给出理由。分析原因,是由于学生家长对自己孩子的体育锻炼重视不够,相较体育他们更关注孩子的文化学习。因此,希望家长配合学习广播操有一定困难。

4. 幼小衔接还需加强研究

笔者通过对就近幼儿园学生家长问询后得知,幼儿园体育基本以体育游戏为主,简单的基本体操动作一般不开展学练,由于教育要求不同,即使有体操动作,也是以游戏为主要活动形式,没有很高的学习要求;而小学必须根据国家统一规定的教学计划、教学大纲和教材进行系统的文化知识教育,并有一定的质量要求。广播操中一些基本体操动作,在幼儿园并没有明确的要求。因此,一年级学生刚进入小学后,很难适应小学规范体育教学的要求。

5. 教法单一,氛围枯燥,不能激发学生学习兴趣。

根据对学区内部分体育老师的问询结果发现,目前大多数体育教师的教学方法陈旧,并不能激发学生学练兴趣。几年来,低年级广播操教学一直是体育老师的梗,学生纪律不好管,学习效果差,练习强度达不到。

(二)小学低年级广播操教学中开展兴趣化教学的策略与分析

1. 体育教师的精心准备是低年级学生有效学练广播操的前提

课题组老师要熟练掌握广播操动作,做到示范熟练、准确、到位。对每节广播操动作的关键点,要了然于胸,并能以不同节奏的口令、口诀、儿歌等形式进行生动、简洁地讲解,要充分利用学生的感知认识,引导学生对动作顺序的记忆,从而使动作过渡自然流畅。

(1) 妙用口令,提高学生节奏感

由于广播操有很强的节奏和韵律感,且广播操具有原地、重复的特性,所以

其不同于以往的低年级活泼的韵律操。因此，教师在教学中，运用好口令对学生广播操学习有很大的帮助。执教者在运用口令时，声音除了要清楚洪亮外，还要注意声调高低、节奏快慢的变化。如运用八拍教学口令时，应与语言提醒结合，以增强口令的指挥效果和感染力，提高做操质量，活跃课堂气氛。如做"伸展运动"第二个八拍节时，可以根据动作要求将口令喊成"左点脚，右点脚5678"，使学生了解出脚方向，进而掌握动作。为了让学生掌握广播操的节奏，在刚开始教的时候，要求学生一起喊拍子，如老师喊1234，学生接着喊5678，以起到控制速度把握节奏的效果。当学生对动作口令比较熟悉后，再让学生四个人一组轮流喊，通过组对组比赛看哪组喊得好，以营造良好的练习气氛。

（2）先分后整，循序渐进降难度

每节广播操都由几个连贯的动作组成，为了让学生易于掌握动作，在教学中可采用先分解，后完整的练习，并运用"比一比"等方法，使学生做到动作准确到位。如在教第三节踢腿运动时，由于这节第一个八拍开头的一二拍是下肢做一个动作，手臂像敲鼓一样左右各敲一下，三四拍再重复一次，到了第五拍又变成一拍一个动作，故而有些学生对这个节奏不习惯，练习起来很不协调，影响了教学质量。因此，执教时，可将该节操的动作结构分解成两个练习点：先让学生慢节奏做下肢动作，再练习手臂动作，最后将下肢和手臂动作连起来做。在每节操的重点动作或学生容易出错的地方，通过正误对比、小组学习、个别纠错等形式，让学生反复体验感悟，等他们对动作有了较为清晰的理解后，再去练习后面动作。

（3）创设有趣的学习情境有助于学习兴趣的激发和积极性的调动

将各节广播操设计成不同场景下的角色体验，特别注意对每节操中学生容易出错的地方，形成详细的对策措施，对于刚从幼儿园走入一年级的学生来说特别重要。为此，我在每次课中都要安排一定时间的情境教学，让学生在学习中体验成功的喜悦，产生一种内心的满足感。

例如，根据"希望风帆"这套广播操的寓意来创设水兵角色情景：预备节设想成水手们迎着朝阳打着旗语准备出海远航，迎接挑战。伸展运动，双手侧上举抬头的动作变为在大海上抬头看海鸥；脚尖点地的动作变为踩水。进行扩胸运动时想象自己是握着方向盘在海上航行的小舵手，在波涛汹涌的海面上与海浪作斗争的坚定场面。第一拍握着方向盘向左摇晃，第二拍握着方向盘向右摇晃，解决头、手、脚部动作；踢腿运动可用敲鼓庆祝，手臂侧上举，昂头挺胸踢小腿的动作，表示欢庆驶过波浪的愉悦。我们都是爱祖国的"小旗手"……通过这些情景的创设,既活跃了气氛,又加强了学生的形象化记忆,同学们也学得开心愉悦,有效促进了低年级学生学习广播操的进度。

(三)引入游戏形式开展广播操教学是契合低年段学生特点的教学方法

游戏是学生最喜欢的一种学习形式,在广播操教学中可以通过"照镜子""你做我评""比一比谁的五星多"等不同的游戏形式进行教学,以吸引学生的注意力,激发其学习兴趣。在低年级的广播操教学中,很重要的一点是要让学生明辨方向,分清左右。实践证明,反复的练习并不能增强学生的记忆,反而会因枯燥而影响学习效果。而采用游戏的方法就可以很快让学生掌握动作的方向次序。

游戏　你问我答

师生以你问我答的形式帮助学生学会辨别方向,并要求学生做出相应的动作。

师:你的左(右)边在哪里?

生:我的左(右)边在这里。辅于摇摆动作:左(右)手叉腰,右(左)手食指指向左(右)边摇摆两次,头也跟着摇摆两次。

师:你的前(后)边在哪里?

生:我的前(后)边在这里。跟随动作:两手叉腰,并脚向前(后)跳一次,然后两手向前(后)伸,随髋左右摆动两次。

教师的口令可以从慢到快,也可以让学生跟着教师的口令一起说。学生能分辨左、右、前、后了,后面的教学就轻松了。

(四)主动开展小组合作,搭建展示小舞台,同伴互助提高学练效果

一年级学生年龄虽小,但争强好胜心强。根据学生的特点,为了激励学生学得好,学得快,在广播操教学时,老师可以请广播操动作做得规范的同学当"小老师",组建小组,开展小组合作学习,互帮互助。通过大家一边练习,一边互相进行纠正的方式,以激发每个学生练习的积极性和自信心。

(五)即时评价,即时奖励,以评促学,激励学生主动参与

在上海市《小学低年级体育教学参考书》中明确提出,广大体育教师在教学中要关注教学评价的过程化和多元化,建议在小学低年级开展学生自我评价、小组评价和师生评价。其中小组评价的实施,不但可以促进学生的小组合作交流,也可以通过帮学赶超带动学生的学习积极性。因此,在广播操教学时,可以采用星级评价的方式,及时发现每位学生身上的闪光点,及时加以鼓励和表扬,激发学生的斗志和自信心。首先是对做操认真的孩子,进行1颗星奖励,营造认真学习的导向;其次,对动作规范漂亮的学生,进行2颗星奖励,奖励优秀,奋勇争先;

最后，对在小组比赛中胜出，或主动展示的小组，进行3颗星的奖励，突出团队项目的特点和要求。教学中要充分利用低年级学生乐于接受表扬、乐于参与表现的特点，调动学生进一步学习广播操的热情。

（六）家校合作巩固学习效果，培养锻炼习惯

由于一年级学生的书面作业负担不大，所以可以通过课后锻炼巩固课堂所学。在每次课后，老师可要求学生向家长进行汇报展示学习成果，通过视频秀一秀学习成果，这样的家校互动，对一年级学生较快掌握完整动作，提高动作的正确性，有明显的促进作用。

六、结论与建议

（一）结论

① 小学低年级学生力量弱、耐力差，有独特的身心特点，传统的教学方法压抑了孩子们的身心，并不能有效指导学生学习广播操，因此教师精心策划、营造兴趣化的学练氛围是学生快乐学习的基础。

② 根据儿童身体发展特点和运动形成规律来开展广播操教学。在广播操教学中，教师可引入情景教学和同伴比赛，让课堂富有趣味，使学生参与的积极性更加高涨，进而在各种角色体验中都能顺畅地学会动作。

③ 游戏教学始终是小学体育最重要的载体。体育游戏是孩子们体育锻炼的兴趣来源，其不但能在参与体育游戏中使学生获得快乐与自信，而且在广播操教学中可以让枯燥的广播操变得兴趣盎然。

④ 小组合作、互助互评也是促进低年级学生有效学练的方法之一。在低年级广播操教学时，尝试开展组内同伴互评、同伴互助，引导学生在了解正确动作的基础上对同伴的动作做出客观评价，并即时指点，纠正错误，能起到了督促、提示的作用，推动学生之间的交流互动和教学目标的有效达成。

⑤ 家校互动是低年级学生参与体育活动的重要保证。低年级学生学业压力较小，学会韵律，养成锻炼习惯，能为其未来长期锻炼打好基础。

（二）建议

① 小学广播体操是学校体育不可或缺的学习内容，在教学时教师除了要考虑学习的趣味性，还要思考广播操教学的练习密度和运动强度，可将广播操学习穿插于相应强度的游戏练习中。

② 低年级广播操教学时采用的儿歌、口诀一定要形象生动。在教学时，教师可结合动作结构和形态及动作特点，编撰有趣易记、朗朗上口的儿歌，开拓学

生的思维空间。

③ 广播操教学要和学校阳光体育活动相结合。低年级广播操作为学校阳光体育大课间的重要组成,其如果能参与学校的展示和评比,必能增强学生的集体荣誉感,培育学生的集体主义精神。

(崇明区东门小学　陈燕)

小学体育课程改革视角下农村学校实施前掷实心球兴趣化教学的实践研究

——以四年级为例

一、问题提出

近年来,随着上海市小学体育兴趣化课程改革如火如荼地在各校推进,我们常常可以看到学生在操场上欢呼雀跃、快乐奔跑的身影。但是,在偏远农村学校的操场上却看不到这样的场面,学生依旧是在老师的口令指挥下,一次又一次在同一个地点重复着同一个动作,从学生的脸上,看不出兴奋的表情,而更多的是应付式无奈。作为庙镇学区体育学科负责人,我通过对所参与的历年区级学生素质测试进行调查,发现我校的前掷实心球测试成绩与城区学校测试成绩有很大的差距,例如:2019 年,西门小学四年级前掷实心球测试平均成绩是 5.6 米,而我校的测试成绩仅有 4.7 米。当然,我也观察了我校体育老师前掷实心球的课堂教学,发现学生的学练兴趣始终不积极,由于实心球质地较硬,掷出后滚得很远,捡回来要很多时间,所以课堂教学的练习密度低,运动强度小。如何改变这一现状呢?根据上海市教委发布的《上海市小学体育兴趣化、初中体育多样化课程改革指导意见(试行)》的文件精神,我决定在我执教的四年级前掷实心球教学中开展兴趣化教学实践探索,通过激发学生学练积极性,提高课堂练习的有效性,力争改变我校在体质测试中的地位,进而促进农村学校孩子的健康成长。

二、研究目标

① 通过本课题的研究,调查农村学校兴趣化教学实施现状,了解制约兴趣化教学在农村学校推进的制约因素,制定课题实施方案。

② 探索小学体育兴趣化课程改革下适合农村学校的实心球前掷教学方法、组织形式与评价手段,收集反馈数据,完善实施方案,促进学练效果。

③ 总结课题研究成果,形成易于复制推广的农村学校实心球前掷教学模式,构建主动学练的兴趣化课堂教学氛围,促进学生身心健康成长。

三、研究对象与方法

（一）研究对象

崇明区海洪小学四年级学生，共计45人。

（二）研究方法

1. 文献资料法

查阅国内外有关兴趣化教学、实心球教学的相关文献资料及最新研究动态，并对其进行分析研究，为本课题研究提供参考。

2. 行动研究

通过对我校四年级前掷实心球现状的调查与分析，提出研究课题设计的方法并实施：四(1)班为实验班，四(2)为对照班，对两个班级进行对比实验，跟踪两个班的数据变化，根据实践中出现的问题及时调整方案，并继续本课题的研究。探索兴趣化教学方法、组织形式与评价方式对提高学生兴趣及学练成效的促进作用。

3. 问卷调查法

海洪小学四年级学生共计45名，发放问卷45份，回收45份，有效问卷44份，问卷均为无记名问卷。

四、结果与分析

从表1可以看出，我校四年级学生对投掷实心球的学练，非常感兴趣的人数仅有13.3%，而有高达86.7%的同学兴趣不高或不感兴趣，结果令人震惊。究其原因，主要是我校的实心球比较陈旧，质地较硬，颜色灰暗且观感较差，而且只有一种型号，没有可选性。古话说"工欲善其事，必先利其器"，因此，建议购置一定数量的色彩鲜艳的实心球以及替代实心球的彩球或软式排球，这样既可以在视觉和心理上吸引学生积极参与，又可以增加练习密度。此外，教师教学观念、教学方法比较落后，教学组织形式单一，激发不了学生学练兴趣。

表1　海洪小学四年级学练前掷实心球的兴趣调查表(%)

兴趣程度	人数（名）	百分数（%）
非常感兴趣	6	13.3
兴趣一般	16	35.6
不感兴趣	23	51.1

表 2　海洪小学四年级前掷实心球测试成绩统计表(%)

测 试 成 绩	人数(名)	百分数(%)
优　秀	8	17.8
良　好	4	8.9
合　格	19	42.2
不合格	14	31.1

从表 2 统计表可以看出,参加测试的 45 名同学,优秀率为 17.8%,良好率为 8.9%,合格率为 42.2%,不合格率为 31.1%,优秀与良好率较低,不合格率非常高,远低于兄弟学校的测试成绩,严重影响了学校在考核中的排名。

五、前掷实心球兴趣化教学的策略与实施

(一)挖掘教学资源,活化教学方式,提高学练效率

1. 自编口诀,形象生动容易记

如何才能让学生牢记投掷实心球的动作要领,而又学得愉快呢? 根据高年级小学生的身心特点,把掷实心球技术动作编成口诀是个好方法。把前掷实心球的基本特点巧妙地融入口诀中,有利于学生在练习中更好地记住动作,促进其对技术动作的学习,如在教授前掷实心球时,我就创编了口诀:"八字持球前后站,反弓收腹用力蹬,抬头展胸快挥臂,高手斜上掷得远。"学生边说口诀边练习,很容易就记住了前掷实心球的动作。同时,我还对技术动作进行形象化的讲解,即持球时双手大拇指成"八"字,五指分开成爪子;后仰时身体反弓成半圆;快速挥臂手臂似鞭子。通过这种形象化的方式不仅提高了学生的练习兴趣,更让学生深刻地记住投掷实心球的动作要领。

2. 挖掘资源,媒体教学印象深

前掷实心球动作比较复杂,强调投掷动作的正确性,及学生自下而上的发力顺序。教师通过自身讲解、示范,虽然能使学生看到投掷的动作方法,体验到前掷实心球的发力顺序及动作,但大部分同学从一闪而过的动作中很难领会其中的要领,这就需要我们运用多媒体,用更加形象化的方法,加深学生对动作的印象,提高学生的学练兴趣。如在投掷实心球教学中,我把活动室的多媒体设备放置到了操场上,让学生集体观看前掷实心球的示范动作和

3种出手角度的投掷录像,通过慢放录像,让学生可以充分、仔细地观察前掷实心球技术动作细节;在小组学习中,学生利用Pad学习提前录制好的前掷实心球学习内容,这样不仅能让学生准确理解技术动作,高效率完成学习任务,而且能充分利用学生的好奇心,激发其学练的兴趣。

3. 趣编游戏,激趣增效课堂活

根据四年级小学生的身心特点,游戏化的教学设计是非常好的教学方法。在投掷教学时适当运用游戏方法,能够激发学生兴趣,让学生在游戏中不知不觉地加深对投掷动作的理解,同时对技能的学习也能起到很好的促进效果。如在前掷实心球教学中,我会根据教学需要创编"穿越火线""攻占堡垒""精确打击""飞跃彩虹桥"等游戏,让学生在游戏中体会背弓、蹬地收腹、出手时机、角度、快速挥臂等动作,这样的投掷游戏不仅能让学生在游戏活动中体会投掷的乐趣,激发学生兴趣,而且能提高教学效果,有利于增加学生练习次数,提高学生的运动负荷,增强身体锻炼效果。

游戏1 穿越火线

目的:让学生体会背弓动作。

方法:用橡皮筋连接跳高架两侧,要求学生后仰从橡皮筋下走过,挑战穿越最低"火线"。

游戏2 攻占堡垒

目的:让学生体会蹬地收腹动作。

方法:用泡沫垫拼接成若干个小房子,并分别放置在距投掷线3米、4米、5米处,让学生用坐姿、跪姿、站姿投掷堡垒,看能攻占几处堡垒。

游戏3 精准打击

目的:体会合理的出手时机、角度。

方法:在墙上2.5米处粘贴靶盘,让学生站在离墙2—3米处,前掷实心球打靶。

游戏4 飞跃彩虹桥。

目的:让学生体会快速挥臂动作。

方法:把多个跳高架两个一组相距60 cm左右平行放置,两个跳高架相隔一定距离,并用彩色丝带相连,在距第一组跳高架2—3米处,画一条投掷线,要求学生用前掷实心球的动作,在小组长的带领下,挑战飞跃几道彩虹桥。

(二)优化组织形式,配置新颖器材,提升运动负荷

前掷实心球教学不仅对场地有一定的要求,而且对教学组织的设计形式也有一定的要求。教学前要对安全学练进行充分预设,提前画好投掷线、投掷方向、等待线、安全区等,便于学生养成良好的学练习惯,教学中还要特别留意学生学练的安全性,让同学之间、组与组之间保持一定安全距离。

1. 精心设计队形及场地,更新练习器材,提高课堂练习密度

针对课题调查中呈现的实心球教学中练习密度低,学生练习不主动的问题,我及时与学校领导反映,购置了彩色充气实心球,小号软式排球等色彩斑斓的器材。充气实心球手感舒服,球落地即停,适合学生迎面投掷;软式排球替代实心球练习,确保了学生在各种场景下的投掷安全。新颖的器材,大大激发了学生的学练兴趣,增加了学生练习密度。

实心球练习队形很重要。合理的练习队形,不仅可以避免发生安全事故,还可以提高练习密度,带给学生不一样的视觉体验,激发学生练习兴趣,提高练习效果。如我在前掷实心球教学中设计了以下3种练习队形:队形一的弧形(图1)比较适合新授课;队形二的三角形(图2)比较适合复习巩固练习;队形三的四边形(图3)比较适合动作较熟练后小组自主练习。教师可预先划分场地,规定投掷位置、方向,充分合理用好场地器材。

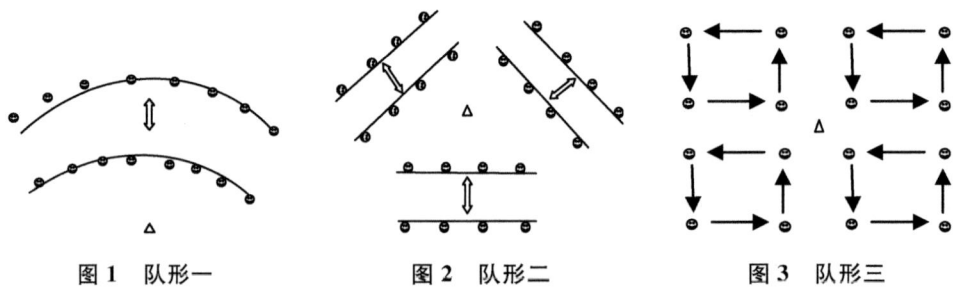

图1 队形一　　　　图2 队形二　　　　图3 队形三

2. 开展合作学习,加强同伴交流,提高学生交往能力

四年级学生在前掷实心球学习中,有一定的自制力和自主学习能力,有敢于竞争的勇气,对于教师的要求能够较好地执行,也有比较固定的学习小组,可以开展小组合作学习。我在前掷实心球教学中,一般采用"三步法"开展教学。第一步组织学生自主尝试练习,第二步组织学生集体学练后再小组合作学练,第三步在学生有了一定的基础后组织小组赛、个人挑战等。分组练习大大提升了学生的练习次数,有利于学生对所学动作的习得和巩固。

(三)尝试多元评价,优化学习过程,营造快乐学练氛围

评价具有反馈、激励和导向作用,恰当的评价能让学生了解自我学习情况,

发现不足,明确学练要求,调动学生的学习积极性,促进其更好发展。在教学中,除了及时对优良的习惯或表现进行表扬鼓励之外,我还尝试采用进步指数评价和过程性评价两种形式(见表3、表4)。

表3　四年级前掷实心球进步指数评价表

学生姓名	进步指数		评价等级
	5米以下	5米以上	
×××	进步10 cm以内	进步15 cm以内	青铜级
	进步在10 cm与20 cm之间	进步在15 cm与30 cm之间	白银级
	进步在30 cm与40 cm之间	进步在30 cm与45 cm之间	黄金级
	进步40 cm以上	进步45 cm以上	钻石级

表4　四年级前掷实心球过程性评价表

主　题		四年级前掷实心球	
评价对象		评价者　　　　　　评价结果	
评价维度	观测点	评　价　标　准	等　级
健身实践	倾听	注意力集中、认真听、听清要求、要领。	☆☆☆☆☆
	观察	认真观察教师和同学的示范。	☆☆☆☆☆
	学练	能积极主动去学练。	☆☆☆☆☆
	守则	遵守规则、注意运动安全。	☆☆☆☆☆
运动认知	表达	能完整说出动作过程。	☆☆☆☆☆
	安全	具有安全意识和责任意识。	☆☆☆☆☆
社会适应	合作	主动保护与帮助,乐于与同伴交流。	☆☆☆☆☆
	自信	勇于克服困难、挑战自我、展示自我。	☆☆☆☆☆

进步指数评价:对于初始成绩在5米以下的同学,我设置10厘米一级的评价标准,相应给予青铜级、白银级、黄金级、钻石级评价;对于原本在5米以上的同学,

我设置了 15 厘米的评价等级标准,只要学生达到进步指数,同样给予青铜级、白银级、黄金级、钻石级评价。这样的评价,是居于学生原有基础的评价,不同基础的同学,只要主动学习,积极参与,获得进步,就都有机会获得最高级别的评价。这种评价方式,改变了以前身体强壮同学轻松获高分,柔弱学生拼命练也无法及格的不合理现象,激发了学生的学习兴趣与积极性,形成了人人要练的课堂氛围。

过程性评价:采用课堂观察表(见表 4)对学生前掷实心球学习过程进行评价,通过自评、互评、师评相结合,依据体育学科核心素养三个维度进行评价,促使学生对学习过程进行积极的反思,发挥评价反馈、激励和导向作用。

六、结论

1. 在实心球前掷教材中开展兴趣化教学提高了农村学校学生的练习兴趣和测试成绩

从实验后学生对前掷实心球兴趣对比调查表(见表 5)来看,实验班学生的对同样教材的兴趣程度明显提升,对照班基本没多少变化。这样的提升符合农村学生喜欢游戏、喜欢动感的体育课的身心特点;从对学生前掷实心球测试成绩(见表 6)来看,实验班测试优秀率和良好率好于对照班,不及格率低于对照班,学生成绩提高明显。兴趣化教学实施后,学生参与练习更加积极主动,练习的次数和练习的有效性明显增加,提升了每次练习的强度。

表 5　实验后前掷实心球的兴趣程度对比调查表(%)

兴 趣 程 度	实验班(%)	对照班(%)
非常感兴趣	75.5	13
兴趣一般	20.4	34.7
不感兴趣	4.1	52.1

表 6　实验后前掷实心球测试成绩对比统计表(%)

测 试 成 绩	实验班(%)	对照班(%)
优　秀	36.3	21.7
良　好	27.3	17.4

续　表

测 试 成 绩	实验班(%)	对照班(%)
合　格	31.8	43.5
不合格	4.5	17.4

2. 新颖有趣的教学方法营造了积极主动的体育课堂

运用口诀、多媒体、游戏等兴趣化教学,课堂氛围变得更加活跃,学生的表情也表现出轻松愉悦,学生练习前掷实心球比以往更具主动性,营造了人人积极参与的课堂氛围。

3. 丰富多样的组织形式提高了课堂学练的有效性

优化组织形式,不但减少了组织调动,使学生捡球投掷的效率得到提高,使50%的练习密度教学目标得以实现,而且通过新颖的组织形式,使学生的练习兴趣得到了激发,提高了练习效果。

4. 关注学练过程的评价方式激发了学生主动学练的动力

评价更加关注学生的学练过程,学生通过评价感受自己的进步,这样的评价提高了学生练习前掷实心球的主动性,让不同层次的学生体验到了进步的快乐,改善了课堂纪律,提高了学生练习的主动性。

5. 有效提升了农村体育教师兴趣化教学的理论素养和实践能力

随着课改理念的进一步深入人心,教学方式的改变,不仅使枯燥、无趣的课堂变得有趣、高效,而且使农村教师的专业素养和兴趣化教学能力也得到提升。

七、建议

1. 教师要加强学习,更新教学理念

积极开展兴趣化教学实践,充分发挥教研组的作用,多进行交流、教研,相互促进、共同提高。同时,需要有关部门为教师提供专业化的培训,提高教师兴趣化教学能力。

2. 根据学生特点设计符合学生身心的体育游戏

针对高年级学生身心特点,应设计一些对抗性、竞争性强,且有一定运动负荷的身体练习与游戏,促进学生体能发展,提高健身效果。

3. 兴趣化教学要契合农村学校实际

对小学前掷实心球教学兴趣化教学的开展、内容的创编要结合学校的实际情况、教学环境以及学生的实际需求，因地制宜地进行，不可生搬硬套。

（上海市崇明区海洪小学　韩家友）

上海市崇明区"体育与健身"学科一年级"走和跑"单元教学设计

一、指导思想

坚持"以生为本,健康第一"的新课标理念,以发展学生核心素养和增进学生身心健康为主要目的,以推进新课标为契机,在整合构建小学低年级大单元教学的背景下,着力于践行低年级体育教学"主题内容+"课堂模型的构建,着重于课堂的兴趣性和有效性,在生活情境中融入学练内容,精心设计系列教学环节,运用多媒体技术、自制器材,提升课堂学练趣味性。以自主练习和团队合作挑战为主要手段,引导学生在学练中主动思考,学会简单评价方法,让学生在宽松愉悦的学习氛围中增强体质、发展个性,培养学生自主学习的能力和团队合作的意识。

二、教材教法分析

1. 教材分析

动作结构	相关体能	理论依据
动作过程: 自然直行走时,要做到上体正直、目视前方、挺胸收腹,两臂与异侧腿的动作方向相同,前后自然摆动,两腿自然向前迈进。 动作要点: 两臂与异侧腿动作方向相同,前后自然摆动。 关键环节: 行走姿态,上下肢协调。	不同姿势的走可以发展学生上下肢肌肉和关节以及韧带的力量,增强学生身体灵敏性,发展学生的上下肢协调能力。	依据: 各种姿势的走是"健身乐园"板块中的教材内容,是小学"体育与健身"课程发展体能的基本方法,也是小学生在日常生活中,参与各项运动的最基本活动能力。一二年级仍是小学生胸廓、脊柱生长发育的重要时期,有着明显的可塑性,正确的动作可以帮助学生促进脊柱及身体的正常发育,形成良好的身体形态,矫正错误动作。

2. 学情分析

教学对象	认知水平	身心特点	能力水平
上海市崇明区西门小学一年级学生	一年级学生的感知觉发展不够充分,虽然能进行有目的的感知觉或观察,但还有一定程度的混淆,往往对空间方位的知觉不太精确,对老师的一言一行极其崇拜,且善于模仿。因此,这就要求老师在课前准备、器材摆放上有精心的设计,让学生进行更多的直观学习和重复练习。	一年级学生肌肉发育尚不完全,关节的牢固度差,正确规范的行走有利于学生的生长发育;同时,一年级学生神经系统调节心脏活动的功能已发展完成,血液循环比较快,应防止心脏负担过重和运动强度过度。一年级学生生性活泼,受外界影响较多,行为习惯尚未形成,自控能力相对薄弱,注意力容易转移,合作、团结意识较弱,需要老师的不断提醒和帮助。在教学中(教师要多给学生运动时间),要加强对其行为习惯的培养。因此,教学中要充分利用学生强烈的表现欲,设计多样的情境教学形式,激发学生兴趣,形成有效教学,让学生体验互帮互助的乐趣,促进学生之间的合作交流与评价。	一年级学生虽然已经有了初步的走的能力,喜欢奔跑,但容易造成错误的身体姿势,如手脚不协调、同手同脚、走路容易屈着上体……同时,学生的认知水平还处于观察、模仿阶段。因此,教师在组织形式和教学环节上设计要考虑合理性、趣味性、童趣化。

3. 教法分析

各种姿势走是小学生参与运动的基础,教材虽然比较枯燥但容易出现姿态不正确的行为,同时由于学生活泼好动,所以对走动类教材的学习欲望不强。因此,我们根据一年级学生的身心特征,结合教材特点和运动技能形成的规律,在单元设计时,大多以主题式教学为主,创设多种情境,以形象化、情境化、游戏化等教学方法手段,结合新媒体、新技术等辅助教学,引导学生观察、思考、感知和体验不同姿势走的动作要领。老师言传身教,将讲解法、示范法、模仿法等教学手段无痕融入,帮助孩子们建立完整的动作概念,再通过不同情景中不同姿势的走动等方法,指导和帮助学生逐步巩固动作要领,提高动作质量。

在教学中,根据低年级的年龄特点,设置丰富新颖的主题,如"我是小小仪仗队""小小阅兵式""小小动物园"等,提高学生主动参与的积极性;设计不同层次的游戏及场景,如"同步五星""我是小小护旗手""黑猫警长巡逻"等,让小朋友在情境中感受正确规范的走姿;设计"步行去散步""警长练兵""别惊醒老虎""小猴摘桃"等情景环节,激发学生对不同姿势走的兴趣。这样既避免了教材的枯燥,又激发了学生的学练兴趣,有效地提高了课堂教学效率,真正做到了让学生在玩中学。通过游戏不仅能促进学生技能的提高,增强学生的挑战勇气,更能提高学生的自信心,促进学生的身心健康。

4. 单元教学问题链

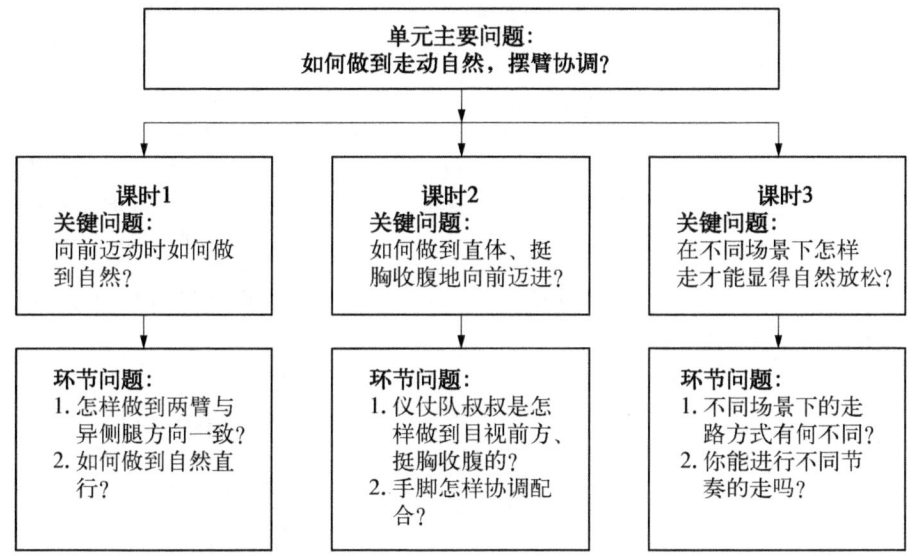

三、单元教学流程

年级	一年级	学期	第一学期	课次	3	执教	杨军
单元学习目标	1. 了解规范正确的行走姿势,学会行走时上体正直、目视前方、挺胸收腹、手臂前后自然摆动、上下肢协调向前行走的方法。 2. 积极参与不同场景下的行走练习,发展上下肢协调能力,增强关节力量,提升走的能力。 3. 感受运动带来的乐趣和成功的喜悦,具有适应环境、勇于挑战的心理品质,能在各种练习环境下主动和同伴一起参加练习。			教学重点		姿势正确,自然放松	

续　表

课次	教学内容	学习目标	重点难点	活动与评价
一	小小仪仗队（观摩阅兵式，学做仪仗兵，学习正确的行走姿势） 1. 同步五星（手臂与异侧腿同步） 2. 学做仪仗兵（直体行走） 3. 我们都是护旗手（小组练习）	1. 观察正确走路姿势的动作，知道规范行走的动作方法及正确动作对身体成长的益处，激发参与练习的兴趣。 2. 积极参与"小小仪仗队"的学练过程，在学练的同时发展关节力量，提高身体协调能力。 3. 树立安全活动意识，建立安全活动距离，养成乐于交流、互助合作的学习习惯和积极进取的良好品质。	重点： 手臂摆动，异侧手脚同步 难点： 自然直行	解决问题： 1. 向前迈动时手臂怎样摆动。 2. 如何做到上下肢协调。 活动实施： 1. 在异侧手脚上同时贴星，进行同步五星游戏。 2. 教师提出要求，学生分组自主练习。 3. 教师进行示范，并提出"我们都是护旗手"的要求；学生认真观察后，进行模仿练习，并相互交流各自的想法和体会。 4. 进行小组护旗手的练习，培养正确的走姿。 评价要点： 异侧手脚同步，自然直行
二	小小阅兵式 1. 小小护旗手＋升旗仪式（线下和希沃大屏结合） 2. 图形练习 3. 小小阅兵式	1. 继续学习正确的行走姿势，能熟练掌握自然直行时，上体正直、目视前方，两臂自然摆动的动作要求，帮助学生养成良好的身体姿势，促进健康发育。 2. 积极参与"小小阅兵式"的练习，进一步发展学生关节力量和身体协调能力。 3. 乐于交流和展示，养成乐于助人，主动合作的学习习惯。	重点： 上体正直，自然前行 难点： 上下肢协调	解决问题： 1. 身体正直时的上下肢不协调。 2. 手臂摆动与步幅大小的关系。 活动实施： 1. 观看阅兵式简单盛况，激发兴趣。 2. 教师提出要求，学生分组自主练习。 3. 要求学生围绕图形进行练习；学生认真观察后，进行模仿练习，并相互交流各自的想法和体会。 4. 进行阅兵式，各小队展示正确的行走姿势。 评价要点： 上体正直有精神

续 表

课次	教学内容	学习目标	重点难点	活动与评价
三	"小小动物园" 1. "小动物介绍"（热身） 2. "动物卫士" ① 黑猫警长（直臂挥摆） ② 警长练兵（独木桥上行走） ③ 猴子摘桃 3. 老虎写"王"字游戏	1. 熟练掌握"各种姿势的走"的正确方法，知道不同姿势走与手臂摆动的关系。 2. 发展身体关节力量，促进学生健康生长，养成良好的身姿。 3. 养成积极参与练习及互帮互助的好习惯，学会相互观察评价。	重点： 不同场景下的行走姿势 难点： 自然放松	解决问题： 1. 不同场景下的身体走动姿势。 2. 如何能做到手臂与脚的协调迈进。 活动实施： 1. 引导学生进行不同角色体验，学练各种姿势的走。 2. 创设不同场景下的走姿： ① 黑猫警长，手臂摆动脚步大幅行走（脚步大，手臂摆动会怎样？）。 ② 警长练兵、小猴运粮等场景，体验手在不同部位时走动时的变化。 ③ 写"王"字游戏，体验快步走。 3. 评价要点： 手臂摆动的幅度；不同场景下的不同走姿。
安全保障	1. 课前、课中随时进行安全教育。 2. 合理安排练习空间。 3. 场地平整。		评价与方法	注重过程性评价，主要采用师生评价、自评、互评。 终结性评价： 优秀：能做到上体正直，目视前方、挺胸收腹，手臂前后自然摆动、上下肢动作协调向前行走。 良好：能做到上体基本正直，手臂前后自然摆动，上下肢动作协调向前行走。 合格：能做到手臂自然摆动，向前自然行进，在同伴的提醒下直臂挥摆。 须努力：能基本完成向前行进走动，偶尔出现同手同脚的现象，上下肢动作不够协调连贯。
教学资源	标志盘若干；多媒体播放系统			

附件一

"走和跑"单元"各种姿势的走"学练评价设计

姓名＿＿＿＿＿＿＿＿ 班级＿＿＿＿＿＿＿＿

评价维度	观察点	评价要点	评价结果☆☆☆		
			自我评价	同伴评价	教师评价
学习兴趣	观察能力	教师和同伴示范时的投入程度			
	模仿能力	模仿动作时的认真和专注程度			
学习习惯	自主练习	在个人和小组练习中的投入程度			
	合作交往	和小伙伴的合作中主动参与程度			
学业成果	表达能力	能讲出正确行走姿势的动作要领			
	自我展示	能积极参与不同姿势走练习			
	动作连贯	上下肢协调,自信放松			

附件二

"各种姿势的走"小单元教学资源设计

目标指向	资源设计	资源应用	解决问题
单元学习目标	媒体资源 1. 希沃大屏 2. 音响设备	1. 充分发挥场地大屏幕等多媒体资源,播放与本课相关的主题视频、文字等信息,直观生动地引导学生学练不同姿势走的技术动作。 2. 不同教学环节播放不同的音频文件,有效激发学生的学习兴趣,创设轻松愉悦的课堂氛围。	1. 帮助学生建立正确的各种姿势走的动作概念。 2. 通过音乐调节课堂氛围,激发学生学习知识的欲望,减轻学生身心疲劳。
单元学习目标	器材资源 1. 引入空中课堂资源 2. 贴星 3. 海报资源	1. 引入空中课堂资源,激发学生积极参与的兴趣。 2. 在异侧手脚上贴五星,进行同步五星游戏,增加学生学练的积极性。 3. 设计与情景相契合的海报,营造适合活动的氛围,激发学生角色感。	1. 营造氛围,演示规范动作,帮助学生建立正确动作概念。 2. 增加课堂教学的有效性,提高学生的学习能力。

一年级"走和跑"单元"各种姿势的走(3-3)"教学设计

一、指导思想

本课以"健康第一"及落实新课标理念为指导思想,以"小小动物园"为场景创设小动物活动内容,引导学生参与学练,激发学生学习兴趣,获得成功体验,享受体育运动带来的快乐,逐步养成良好的身体形态和坚持锻炼身体的好习惯。

二、相关分析

(一)教材分析

"各种姿势的走"是小学一、二年级"体育与健身"课程基本内容Ⅰ《走和跑》单元中的一项内容,是低年级学生参与运动的基本技能。其动作方法:自然直行走时要做到上体正直、目视前方、挺胸收腹,两臂与异侧腿的动作方向相同,前后自然摆动,两腿自然向前迈进。积极参与不同场景下行走练习,不仅能促进学生健康发育,还能发展学生上下肢协调能力,增强关节力量,提升走的能力,并能养成适应环境、勇于挑战的心理品质。

(二)学情分析

一年级学生感知觉发展不够充分,虽然能进行有目的的感知觉练习或观察,但还会有一定程度的混淆,往往对空间方位知觉不精确,对老师的一言一行极其崇拜,善于模仿。因此,要求老师在课前准备、器材摆放上有精心的设计,让学生进行更多的直观学习和重复练习。同时,学生已经有了初步的走的能力,但喜欢奔跑,因此容易形成错误的身体姿势,如手脚不协调、同手同脚、走路容易屈着上体……;此外,学生有意注意的时间不会很长,容易分心。因此,在组织形式和教学环节上的设计要考虑合理性、趣味性、童趣化,激发学生对体育的兴趣,帮助他们从小养成良好的学习习惯。

三、学习目标及重难点

(一)学习目标

① 熟练运用"各种姿势的走"的正确方法,知道不同姿势的走与手臂摆动的

关系，发展身体关节力量，促进学生健康生长。

②积极参与"跨学科游戏：动物迁徙"综合活动练习，掌握方法与规则，发展学生走和奔跑的能力。

③养成积极参与学练，学会相互观察评价，养成互帮互助的好习惯。

（二）教学重难点

重点：不同场景下的行走姿势

难点：自然放松

四、教学技术与学习资源应用

（一）主题内容＋教学方式的探索

1. 在生活情境中主动学练

在一年级"各种姿势的走"的教学中，设计学生喜欢的动物园场景，通过不同的动物引出不同的走路姿势，如"黑猫警长"、"警长练兵"、"小猴摘桃"、"老虎写'王'字"游戏等，使学生在熟悉的角色中体验并练习不同姿势的走，让学生的练习更加主动，注意力更加专注，真正体现新课程理念。

2. 在情景变化时运用所学

本课还设计了不同的组合场景，通过场景变化引出不同走路姿势，给一年级学生营造了良好的学练氛围，引导学生主动将所学所练应用于这些场景中，如警长在平地上巡逻时的大步走，在独木桥上的横向走、写王字时的快步走等等，真正体现学练价值，帮助学生掌握锻炼技巧和方法，养成运动习惯。

3. 在快乐游戏中发展体能

在综合活动中，老师设计了在动物迁徙中各种动物的过河本领，在不同动物角色体验中参与游戏，增长知识，发展体能，很好地激发了学生参与运动的动能，强化了学生奔跑能力和反应能力，有效弥补了本节课运动强度的不足，体现了体育课的本质。

（二）学习资源应用

本课运用多媒体信息技术，引入小小动物园内一天的上学情景故事，通过故事情节的变化引出学练内容和教学环节；老师通过出示正确的示范资源，引导学生依据课标开展评价和相互纠错，促进学练。

（三）新课标理念的融入：尝试跨学科融合

本课尝试融入跨学科教学，在热身活动中适时引入英语口语，将日常问候语与体育课自然走相结合；在综合活动中引入动物迁徙的知识，使学生在体验中了解动物迁徙的原因和方法,为进一步开展跨学科研究做了一定的尝试。

(四) 问题预设

① 学生在练习中注意力容易分散。

对策:教师多观察、巡视指导,发现类似现象及时提醒与鼓励。

② 学生在练习中容易出现与情景不符的走动姿势。

对策:语言引导,适当增加辅助器材。

五、作业与评价

根据学习内容布置家庭作业:与爸妈一起在小区内健步走 10 分钟;纵叉和横叉柔韧练习。

评价主要从"学习兴趣""学习习惯"和"学业成果"三个维度选择有针对性的观测点予以评价。

附：

崇明区西门小学"体育与健身"课时计划

年级	一	人数	36	日期	2022.11.9	执教	杨军
班级	1班	组班形式	自然班	周次	9	课次	2
内容主题	主题：小小动物园 1. 走和跑：各种姿势的走 3—(3) 2. 综合活动："动物迁徙"2—(2)			重点	不同场景下的行走姿势		
				难点	自然放松		
学习目标	1. 熟练运用"各种姿势的走"的正确方法，知道不同姿势的走与手臂摆动的关系，发展身体关节力量，促进学生健康生长。 2. 积极参与"动物迁徙"综合活动游戏练习，了解动物迁徙的原因，掌握方法与规则，发展学生爬行的主动性和奔跑能力。 3. 养成积极参与学练的学习习惯，开展小组合作练习，学会相互观察评价，养成互帮互助的好品质。						

课序	时间	教学内容	运动负荷			教与学的活动	组织与队形
			次数	时间	强度		
一	1′	课堂常规： 1. 整队 2. 师生问好 3. 宣布本课内容				（师生问好） 师：语言导入情景和学习要求。 生：明确本课学习内容和要求。 要求：精神饱满，积极呼应。	
二	5′	热身活动： 动物学校 1. 一起散步（热身） 2. 小动物点名	1 1	1′45″ 2′00″	小 小	师：情境导入，引导学生根据情境进行各种姿势的走的练习。 生：在教师引导下进行各种姿势的走。 要求：热情投入，快乐参与。 师：引导学生跟随音乐进行热身操练习。 生：在教师引导下进行音伴热身操练习。 师：巡视指导，提示要点。 要求：动作到位，富有节奏。	

续 表

课序	时间	教学内容	运动负荷			教与学的活动	组织与队形
			次数	时间	强度		
三	15′	各种姿势的走： 1. 黑猫警长巡逻队 1）小组练习：齐步走	4—5	2′30	小	师：创设黑猫警长训练和巡视情境，营造练习氛围。 生：明确练习要求，小组练习齐步走。 要求：明确要求，积极练习。	
		2）过独木桥巡逻	4—5	2′00	小	师：组织营造较为复杂的练习氛围。 生：明确练习要求，小组练习齐步走和过独木桥走姿。 师：思考场景与走姿的关系？ 要求：齐步走时摆臂自然，手脚协调。	
		3）齐步走＋过独木桥	4—5	1′45	中		
		2. 游戏：小猴子摘桃（头上持物走）回来时经过老虎园：轻轻走，老虎在睡觉	6	2′30	中	师：创设小猴运粮的练习氛围，要求头上持物走。 生：明确练习要求，练习快步轻轻走。 要求：积极参与练习，主动思考问题。	
		3. 老虎称王写"王"字游戏（快步走）	3	1′30	中	师：简述老虎称王的游戏规则，提出练习要求。视频、图片引导，配合语言营造不同环境。 生：按照要求积极练习。 师：参与并关注指导。 （教师给出评价标准，学生相互评价） 要求：快速摆臂，加快走的节奏。	

续 表

课序	时间	教学内容	运动负荷			教与学的活动	组织与队形
			次数	时间	强度		
四	10′	综合活动： 　　小动物过河迁徙 1. 驯鹿迁徙（跨过石块） 2. 小袋鼠过河 3. 小海龟迁徙	 3 3 3	 2′00 2′00 2′30	中 中 中 大	师：讲解活动方法及要求，并组织学生积极练习。 生：分组有序练习。 师：组织学生体验不同动物的过河方式。 生：根据动物习性进行练习。 要求：相互合作，遵守规则。 师：讲解游戏方法与规则，组织学生分组比赛。 生：学生分组进行比赛。 要求：积极主动，形象练习。	
五	2′	放松操： 　音伴放松操	1	1′30″	小	师：带领学生进行放松。 （师生共练，听音乐放松） 要求：积极参与，放松身心。	
六	1′	小结： 1. 评价与小结 2. 教师布置作业 3. 师生再见				（师生共同小结） 师：布置课后作业，提出作业要求。 要求：主动参与，积极评价。	

场地器材	写真场景图6条；泡沫垫若干块；媒体播放系统	安全保障	1. 教师选择好平整的场地。 2. 做好充分的准备活动。 3. 器材合理摆放，保持合适的练习空间和距离。		
		预计	练习密度		强度
			全课	内容主题	中
			51.4%	51%	

课后小节	

本课是参与区重点课题"主题内容＋课堂建构"课题实践研究教学研讨课。

二年级"投掷：小沙包投准"单元教学设计

一、指导思想

以上海市小学体育"兴趣化"课改理念为引领，依据《课程标准》中提出的"通过简单的投掷方法的学习提高投掷能力，培养注重投掷活动安全、关爱他人的好习惯，合理规划单元设计"。遵循"健康第一"的思想和"以学生发展为本"的理念，发挥"小沙包投准"特有的健身育人价值，激发学生参与投准活动的兴趣。根据低年级学生的年龄特征和投准教材的特点，在习得技能的同时培养学生的创新思维和能力。将观察与倾听、合作与交往、学练与展示、守则与安全等作为评价关注点，促进多元的评价方式，以评促教，从而提高课堂教学有效性。

二、教材教法分析

1. 教材分析

动 作 结 构	相关体能	理论依据
预备姿势：正对投掷方向，两脚前后自然开立，手持沙包，手高于头，肘高于肩，目视投掷方向。 **动作说明（以右手为例）**：面对投掷方向，两脚前后自然开立，左脚在前，重心落在右腿上，右手持沙包于头右前方，肘关节向前，大臂与肩平行。投掷臂向后上引伸，重心后移、上体稍后仰。右脚用力蹬地，收腹振上体，以肩带动大臂，甩腕将轻物投出。 **动作要点：** 正对投掷方向，快速挥臂，出手方向合适。 **关键环节：** 肩上屈肘，快速向前挥臂。	小沙包投准需要较好的上肢力量和腰腹力量，同时需要具有一定的爆发力和身体协调性。	依据： 　　投准是通过肘关节向前，手眼及物体形成三点一线，通过手臂的快速挥臂来击中目标物；同时，适宜的出手角度，也是获得准度的重要因素。

2. 学情分析

教学对象	认知水平	身心特点	能力水平
上海市第一师范附属小学崇明区江帆小学二年级学生	二年级学生学习动作技能的过程以观察模仿为主,他们已经具有投掷轻物的学习基础,但对于瞄准目标、快速挥臂的动作理解不够。	他们热爱体育活动,有学习自信心且竞争意识也比较强烈,在学练中乐于交流;个体之间存在接受能力和理解能力的差异,自控能力相对薄弱,注意力容易转移,合作、团结意识较弱,需要老师的不断提醒和帮助。因此,可以情境教学的形式来激发学生兴趣,进而形成有效教学。在学习中,让学生体验互帮互助的乐趣,促进学生之间的合作、交流与评价。	二年级学生具有"投掷轻物"的基础。由于"小沙包投准"对准度的要求较高,故需要教师在学生学习过程中因势利导,以游戏化、情境化的教学为主,让学生在趣味的游戏中逐步掌握、巩固小沙包投准的要领。

3. 教法分析

根据教材特点和学生的年龄特征,结合运动技能形成的规律,本单元主要采取的教法是讲解法、示范法、模仿法,帮助学生建立完整的动作概念,通过纠错指导和帮助学生逐步掌握动作要领,提高动作质量。同时,采用形象化、情境化、游戏化等教学方法手段,引导学生观察、模仿、感知和体验小沙包投准的动作要领。由于小学生活泼好动,意志力不强,所以在教学过程中创设了多种情境,让学生在不同的情境下进行小沙包投准的练习,既避免了小沙包投准的枯燥,又激发了学生的学练兴趣,有效地提高了课堂教学效率。如第一课次,以"新兵训练营"为故事背景,在情境模式中让学生练习投准的动作过程,引发学生的投掷兴趣,紧接着在"高级投手"过程中,让学生选择适合自己的投准目标并付之于实践,提高学生的自信心,促进其身心发展。第二课次,以"重温长征路"为故事背景,通过小沙包投准击打KT板上的"泸定桥桥头堡",练习快速挥臂投准大目标;以标靶上坦克、碉堡、火炮等图片为目标物,强化"方向正确,投得准"的练习重点,让学生在玩中学练,学会小沙包投准的本领,充分调动学生的学习兴趣。

4. 单元教学问题链

根据"投掷"动作在各课次中呈现的难易程度,以及根据学生能力的差异对单元学习知识技能的达成情况进行相应的评价。通过自评、师评、互评等方式进行评价，提高学生的学习兴趣，树立学生的学习自信心。

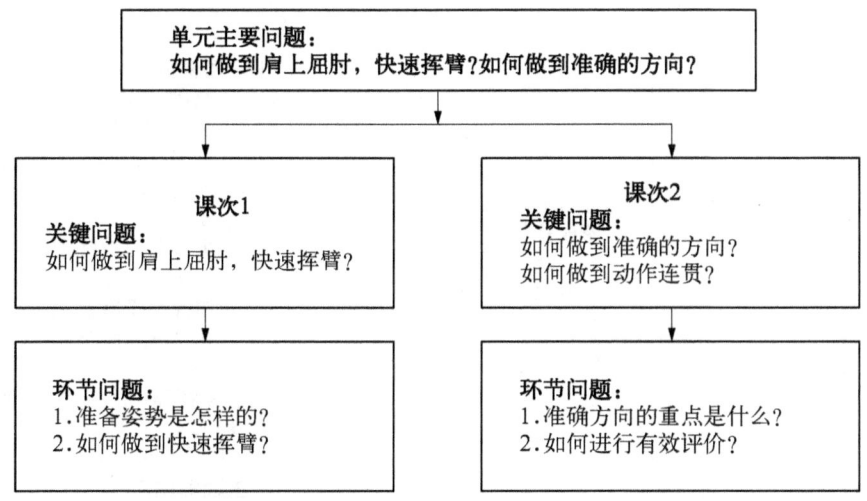

三、单元教学流程

年级	二年级	学期	第二学期	课次	2	执教	姜爱华
单元学习目标	1. 了解投掷对身体的好处，学会小沙包投准的动作方法，提高投掷能力，初步养成安全活动意识。 2. 乐于参与游戏，以游戏化的方式激发学习兴趣，提高动作协调性，发展下肢力量。 3. 能在各种练习环境下主动和同伴一起参加投掷练习，养成不怕艰难、团结合作、挑战自我的良好品质。					教学重点	肩上屈肘，快速挥臂，方向正确

课次	教学内容	学习目标	重点难点	活动与评价
一	投掷：小沙包掷准 1. 初级投手（甩响炮） 2. 中级投手（沙包掷脚尖） 3. 高级投手（沙包投准）	1. 体验快速挥臂将小沙包投向目标的动作方法，85%的学生能学会肩上屈肘、快速挥臂的投掷方法，在学练的同时发展投掷能力，增强上肢力量。 2. 在学练的过程中发展投掷能力，增强上肢力量。	重点： 肩上屈肘，快速挥臂 难点： 正确的方向	根据单元教学重点"肩上屈肘、快速挥臂"，确定单元基本问题，设计以下单元主要活动： 主要活动一： 解决问题： 1. 投准时准备姿势是怎样的？ 2. 如何做到快速挥臂？

续 表

课次	教学内容	学 习 目 标	重点难点	活 动 与 评 价
		3. 积极参与学练活动，培养自觉参与练习的意识，逐步养成仔细观察，积极思考的好习惯以及与同伴合作、互助，分享学练的快乐。		**活动实施：** 1. 教师引导学生进行"甩响炮"和"沙包掷脚尖"练习，激发学生学习兴趣，体会领悟快速挥臂要领。 2. 主动参与教师创设的"高级投手"练习、完成老师布置的投准目标，选择适合自己的投准目标。 **评价要点：** 快速挥臂，肩上屈肘，积极参与。
二	投掷：小沙包投准 1. 飞夺泸定桥（击打 KT 板上桥头堡大目标） 2. 突出重围（击打标靶上坦克、碉堡、火炮阵地等小目标）	1. 学会"小沙包投准"的动作方法，做到肩上出手，快速挥臂，投掷方向正确；发展投掷能力，增强上肢力量、肩带灵活性和协调能力。 2. 发展学生的协调性、灵敏度等身体素质。 3. 养成遵守规则，与同伴团结合作、互帮互助的好习惯，感受竞争、合作和分享的乐趣。	重点： 方向正确，投得准 难点： 协调用力，动作连贯	**主要活动二：** 解决问题：如何做到准确的方向？ 如何做到动作连贯？ 活动实施： 1. 教师引导学生徒手复习巩固小沙包投准方法，边念口诀边进行徒手练习。 2. 主动参与教师创设的"飞夺泸定桥"和"突出重围"游戏，让学生在游戏中学习快速挥臂，方向正确的投准动作方法。 3. 学生瞄准目标投掷，挑战大小不一的投掷目标物。 **评价要点：** 方向正确，肘高于肩，手高于头。
安全保障	1. 课前、课中随时进行安全教育。 2. 合理安排练习空间。 3. 检查场地、器材的安全性。 4. 准备活动充分。		评价与方法	注重过程性评价，主要采用师评、自评、互评。 表现性评价： 1. 动作正确、协调。 2. 积极参与学练和评价。 3. 与同伴合作、交流、互助。
教学资源	篮球场地 1 块；自制标靶；小沙包；多媒体播放系统			

附件一

单元评价设计

姓名＿＿＿＿＿＿＿＿　　班级＿＿＿＿＿＿＿＿

评价维度	观察点	评 价 要 点	评价结果☆☆☆		
			自我评价	同伴评价	教师评价
学习兴趣	观察能力	教师和同伴示范时的投入程度			
	模仿能力	模仿动作时的认真和专注程度			
学习习惯	自主练习	在个人和小组练习中的投入程度			
	合作交往	在和小伙伴的合作中的主动参与程度			
学业成果	表达能力	能讲小沙包投准的动作要领			
	自我展示	能积极超越自我,挑战极限			
	动作协调	肩上屈肘、快速挥臂、正确的方向			

附件二

单元教学资源设计

目标指向	资源设计		资 源 应 用	解 决 问 题
单元学习目标	媒体资源	多媒体信息设备	1. 通过音乐创设教学情境,提高学生学练兴趣。 2. 运用欢快、激烈、具有节奏感的音乐、配上舒展的热身操。	1. 帮助学生建立正确的动作的概念。 2. 在伴有音乐的动感练习中,激发学生学习知识的欲望,做好充分的准备活动。
单元学习目标	教具	1. 小沙包 2. 标靶 3. KT 板	利用不同学练道具来提高学生学习小沙包投准的兴趣,帮助学生更好地掌握投准动作要领,提高投准动作的能力,增加学生学练的积极性。	1. 增加课堂教学的有效性,提高学生的学习能力。 2. 帮助学生建立正确的动作概念。

小小神投手　重温长征路

二年级"投掷：小沙包投准"2-2课的设计
暨2020年崇明区小学低年级主题式综合活动课程教学展示

一、指导思想

本课以"健康第一"为指导思想；采用情境教学模式有层次地推进教学，激发学生的学习兴趣和热情，促使学生主动参与学练，并在活动中学会评价，在学习中懂得合作，让学生体验成功，享受体育运动带来的快乐，逐步养成坚持锻炼身体的良好习惯。

二、相关分析

（一）教材分析

"小沙包投准"是小学"体育与健身"课程基本内容Ⅰ投掷教材中的一项内容，是低年级学生学习肩上投掷方法的基本动作，有利于提高学生的上肢和腰腹肌力量，促进其身体协调性、灵敏性，为后续的投掷类学习打下扎实的基础。

本教材单元划分为2课次，本课是第2课次，旨在通过教学让学生掌握投掷时要有一定的方向，学会快速挥臂的简单投掷的方法，发展投掷能力及投掷准确性。

（二）学情分析

二年级(6)班学生整体身体素质较好，虽然对新事物充满好奇，模仿力比较强，且学习自信心及竞争意识比较强烈，在学练中也乐于交流；但个体之间存在接受能力和理解能力的差异。

通过投掷轻物和小沙包掷远的技能学习，学生初步形成了挥臂快速的动作，为本节课的学习打下了基础。

三、教学重点及难点

重点：方向正确，投得准

难点：协调用力，动作连贯

四、学习目标

① 学会"小沙包投准"的动作方法,做到肩上出手,快速挥臂,投掷方向正确;发展投掷能力,增强上肢力量、肩带灵活性和协调能力。

② 学会综合活动"胜利大会师"的活动方法,发展协调、灵敏等身体素质。

③ 养成遵守规则,与同伴团结合作、互帮互助的好习惯,感受竞争、合作和分享的乐趣。

五、主要教学环节

(一) 以趣促学,玩中学练

"玩"是小学生的天性,小学低年级学生在体育课中的乐趣在于边玩边学,因此本课创设红军长征情境,设计了"飞夺泸定桥""突出重围"以及"胜利大会师"等多种学生乐于参与的游戏,学生在玩的过程中既获取了小沙包投准的知识技能,也愉悦了身心,真正体现"玩中学"。

(二) 围绕重点,层层递进

学练活动始终围绕"方向正确,投得准"的教学重点,通过"飞夺泸定桥"活动巩固"肩上屈肘、快速挥臂"动作和方向正确的投掷方法;"突出重围"活动让学生有意识地瞄准目标投掷,鼓励学生挑战对大小不一的投掷目标进行投准,有目的地强化投掷"方向正确,投得准"这一教学重点。

(三) 结伴合作,快乐评价

在教师指导帮助下,小组成员相互配合、相互帮助共同达成学习目标。课中创造和谐的学习氛围,引导学生观察同组伙伴动作,在练习时通过听同伴以小沙包击打KT板的声音判断挥臂速度,通过相互给予鼓掌和竖大拇指的方式进行评价,让学生始终处于积极参与学练的状态中,为学生搭建互动平台,促使其共同提高。

六、问题预设与对策

问题预设:击不中预设目标。

解决方法:提醒学生要出手方向正确并快速挥臂。

附：

崇明区江帆小学"体育与健身"课时计划

年级	二	人数	32	日期	6.17	执教	姜爱华
班级	6	组班形式	自然班	周次	17	课次	2
内容主题	主题：小小神投手，重温长征路 1. 投掷：小沙包投准　　　2-2 2. 综合活动："胜利大会师"　1-1			重点	方向正确，投得准		
				难点	协调用力，动作连贯		
学习目标	1. 学会"小沙包投准"的动作方法，做到肩上出手，快速挥臂，投掷方向正确；发展投掷能力，增强上肢力量、肩带灵活性和协调能力。 2. 学会综合活动"胜利大会师"的活动方法，发展协调、灵敏等身体素质。 3. 养成遵守规则，与同伴团结合作、互帮互助的好习惯，感受竞争、合作和分享的乐趣。						

课序	时间	教学内容	运动负荷			教与学的活动	组织与队形
			次数	时间	强度		
一	1′	课堂常规： 1. 整队 2. 师生问好 3. 引出课题				师：语言导入情境和学习任务要求。 生：明确本课学习内容和要求。 要求：精神饱满，思想集中。	✝✝✝✝✝✝✝✝ ✝✝✝✝✝✝✝✝ ✝✝✝✝✝✝✝✝ ✝✝✝✝✝✝✝✝ ✝
二	4′	热身活动： "漫漫长征路" （热身跑＋徒手操）	1	2′30″	小	师：带领学生进行热身跑练习，口令提示进行徒手操热身。 生：在音伴及教师带领下热身练习。 要求：严肃认真、活动充分 ★安全小贴士：动作协调，准备活动充分	

续表

课序	时间	教学内容	运动负荷			教与学的活动	组织与队形
			次数	时间	强度		
三	16′	小沙包投准： 1. 飞夺泸定桥 ① 徒手复习	3	30″		师：引导学生回顾复习小沙包投准动作口诀，口令指挥集体徒手练习。 生：明确动作重点，在老师口令指挥下徒手练习小沙包投准动作。 要求：声音响亮、动作准确到位。	
		② 勇夺桥头堡	10—15	2′30″		师：讲解示范对准大目标（KT 板上桥头堡图片）快速挥臂投准的练习方法，提出学练要求和评价标准。 生：两人一组进行小沙包投准击打大目标（KT 板上的桥头堡），听声音大小判断挥臂速度。 （教师巡视辅导，学生相互评价） 要求：积极参与，主动评价。	
	10′	2. 突出重围 ① 奇袭敌阵 （瞄准标靶上坦克、碉堡、火炮阵地等小目标进行投准）	8～12	3′30″	中	师：讲解示范对准标靶上坦克、碉堡、火炮阵地练习小沙包投准的方法，强调瞄准目标，方向正确。 生：4人一组进行小沙包投准，击破标靶上的坦克、碉堡、火炮阵地图片。 师：教师巡视指导。 （学生展示战果，师生共同评价）	
		② 大战装甲 （对移动标靶上的坦克、装甲车进行投准）	6	1′30″	中	师：讲解示范对移动靶投准的方法，提示方向正确，快速挥臂。 生：4人一组进行移动靶投准，每次命中大声报数。 师：巡视指导。 要求：认真思考，积极参与。	

续表

课序	时间	教学内容	运动负荷			教与学的活动	组织与队形
			次数	时间	强度		
四	10′	综合活动： 胜利大会师 1."爬雪山" （匍匐爬行） 2. 过草地 （同舟共济）	2 2	3′ 2″30″	中 中	师：讲解示范"爬雪山、过草地"的练习方法。 生：四人一组轮换练习"爬雪山"。 生：八人一组练习"过草地"。 师：讲解示范"胜利大会师"的活动方法与规则。 （师生共同完成胜利大会师活动） 要求：遵守规则，团结协作。	（队形图示）
五	3′	放松： 闪闪的红星	1	1″30″	小	师：语言引导学生在音乐伴奏下进行放松练习。 （师生合唱《闪闪的红星》并进行身体放松） 要求：积极参与，身心放松。	（五角星队形图示）
六	1′	小结： 1. 回顾课堂学习内容，强调动作重点。 2. 师生道别。 3. 整理回收器材。				师：小结本课情况。 （引导学生自评、互评） 要求：主动参与、积极评价。 ★安全小贴士：课后要洗手，这样可以让我们的身体更健康。	（五角星队形图示）

场地器材	小沙包 72 个；标靶 8 面；KT 板 16 块；教具图片 8 套；多媒体信息设备 1 套	安全保障	1. 准备活动充分，场地平整、器材布置合理。 2. 加强安全教育，提示活动时避免相撞。		
		预计	练习密度		强度
			全课	内容主题	中
			50%左右	51.9%左右	

课后小结	

五年级"球类活动：篮球三人快攻传球"单元教学设计

一、指导思想

本单元以"学生发展为本"和"健康育人"的课程理念为指导，贯彻《关于深化体教融合促进青少年健康发展意见》提出的"教会、勤练、常赛"的体育课程改革要求，以"合作学练"为主线开展教学活动，教法层层递进，让学生在动中学、学中思、思中练，在宽松、愉快的学习环境中激发学生学练兴趣，逐步学会篮球三人快攻传球的跑动路线和传接球动作，提高传球人对传球方向和传球时机的把握，培养团队配合的优良品质。

二、教材教法分析

1. 教材分析

运动技能	相关体能	理论依据
动作过程： 　　从左至右依次为学生编号：2、1、3。游戏开始后，2号与3号学生向中路跑动，同时1号同学将球传给2号，然后从2号身后绕过并向前跑，2号接到球后将球传给向中路跑的3号，传球完成后，2号从3号的身后绕过并向前跑，3号接到球后，再将球传给1号，以此方法三人传球至另一侧篮筐，距离篮筐最近的学生上篮。 动作要点： 　　跑动路线和传球方向、时机 关键环节： 　　行进间传球、跑位、上篮	篮球三人快攻传球需要一定的行进间传接球能力，同时对身体协调平衡能力以及跑的能力也有一定的需求。	依据： 　　快攻是由防守转入进攻时，以最快的速度、最短的时间在人数上造成以多打少的优势，或在人数相等以及人数少于对方的情况下，趁对方立足未稳，果断而合理地进行攻击的一种速决战的进攻战术。三人快攻传球，是篮球实战中较为常用的快攻战术，对传球人的传球方向和传球时机有较高的要求，同时需要熟悉快攻中快速传球与跑位，避免走步和丢球。三人快攻传球的学习是学生在掌握了基本传接球以及行进间传接球的能力基础上，让学生进一步将传接球技术运用到实战中的基本知识。

2. 学情分析

教学对象	认知水平	身心特点	能力水平
上海市第一师范附属小学崇明区江帆小学五年级学生	五年级学生的认知能力已经达到了一定的高度。我校在落实推进崇明区"今天行动计划——人人争做小健将小小CBA"项目的过程中,我校学生在校内有了更多接触篮球的机会,这使他们对篮球有了更多的了解和认知。	我校五年级学生对体育课特别感兴趣,有很强的表现欲望和竞争意识,他们已经学会了多种运动基本技能,并且逐渐形成了自己的兴趣爱好,有所专长。	本校五年级学生对篮球的基本技术已经有了一定的掌握,在四年级已经学习过行进间传球动作,具备了一定的传接球能力,但对在快攻中传接球的跑动路线和传球时机的能力上还有所缺乏。

3. 教法分析

根据教材内容特点以及学生运动技能形成规律,本单元分3课次进行教学,主要通过讲解示范、合作学练、多媒体信息技术等多种方式帮助学生建立正确的动作概念,保持积极参与学练的兴趣,从而提高课堂教学质效。

（1）以器材设备激发学练兴趣

本单元充分利用辅助教具和运用现代化信息技术,如标志杆、彩色地贴线、运动手环等器材设备有效激发学生的学练兴趣,并使其主动参与学练活动,从而提升课堂教学效果。

（2）以游戏比赛提高学练热情

教学中采用学生喜欢的游戏比赛,让学生始终以饱满的热情积极参与到学习活动中去,使其在游戏中感受竞争的氛围,在游戏中掌握"三人快攻传球"的正确方法和动作技能。

（3）以合作学练提高学习能力

教学中主要以伙伴之间、小组之间开展学练活动,学生既参与活动又在活动中相互帮助、学会交往,体验合作学练带来的乐趣。在教学中,教师要循序渐进地指导学生进行三人一组、四人一组的各种身体练习,逐步培养学生团队协作意识,在促进学生自我学习能力提高的同时能帮助他人,从而达到共同提高的目标。

（4）以有效评价确保成功体验

针对学生的身体条件和运动技能水平存在着的个体性差异,在教学中教师要区别对待,为学生设计不同的学习方法和评价标准,让不同学习能力的学生通过自身的努力,在学练过程中体验成功和喜悦。

4. 单元教学问题链

```
                    单元基本问题：
                    如何在三人快攻传球时
                    运用正确的跑动路线并
                    把握传球时机？
        ┌───────────────┼───────────────┐
     课次1            课次2            课次3
     关键问题：        关键问题：        关键问题：
     如何提高学生传接球的  如何学会三人快攻传球的  如何做到三人快攻传球及
     稳定性？          方法？           接球上篮的动作协调？

     环节问题：        环节问题：        环节问题：
     如何明确正确的传接球  如何明确三人快攻传球的  如何做到中距离传球稳
     动作？           跑位路线？         定配合？
     如何明确传接球的手型？ 如何运用三人快攻传球突  如何提高学生行进间接
                     破防守？          球上篮的能力？
```

三、单元教学流程

年级	五	学期	第一学期	课次	3	执教	周明明
单元学习目标	1. 学习三人快攻传球动作，初步掌握三人传球的跑动路线和传球方向与时机。 2. 参与三人快攻传球的学练，发展学生篮球快攻能力和团队配合能力，提高学生的篮球能力。 3. 在各种游戏竞赛活动中体验运动的乐趣，养成遵守规则、乐于交流、顽强拼搏的习惯。					教学重点	跑动路线和传球时机

课次	教学内容	学习目标	重点难点	活动与评价
一	1. 双手胸前传接球 2. 三人传球换位 3. 三角传球	1. 复习传接球的动作，能够做到正确的传接球动作。 2. 发展身体协调能力，提高传接球的水平。 3. 养成积极进取、关心他人、团结合作的和谐的同学关系。	重点： 传接球的手型 难点： 传球方向	根据单元教学重点如何提高三人快攻传球对跑动路线和传球时机的把握以及如何熟悉快攻中的快速传球与跑位？为解决单元基本问题，设计了3个单元主要活动： **主要活动一**： **解决问题**：如何提高学生传接球稳定性？

续 表

课次	教学内容	学习目标	重点难点	活动与评价
一				活动实施： 1. 主动参与教师创设的"双手胸前传接球"环节，回顾双手胸前传接球的传接球动作。 2. 在教师引导下主动参与教师创设的"三人传球换位"环节，体会传接球的动作和手型。 3. 在教师引导下参与"三角传球"环节，进一步体会传接球的动作和手型。
二	1. 复习三角传球换位 2. 识路线 （1）沿彩色地贴线无球走动。 （2）沿彩色地贴线走动传球。 （3）沿彩色地贴线跑动传球。 3. "勤练习"三人快攻传球练习 4. "破防守"三人快攻传球、摆脱防守练习	1. 基本掌握三人快攻传球的动作，能明确正确的跑动路线。 2. 发展快攻意识及身体协调能力。 3. 养成团结合作、积极进取的精神，体会运动乐趣。	重点： 跑动路线 难点： 传球时机	主要活动二： 解决问题：如何学会三人快攻传球跑动路线？ 活动实施： 1. 参与教师创设的"复习三角传球"，通过复习动作，提高传接球的能力。 2. 在教师引导下主动参与到"识路线"的活动中，通过练习沿彩色地贴线"无球走动"让学生明确三人快攻传球的跑动路线；通过分组练习"走动传球"帮助学生进一步体会三人快攻传球的跑动路线；通过"跑动传球"帮助学生掌握正确的传球时机以及跑动路线。 3. 在教师引导下参与"勤练习"三人快攻传球练习进一步加深学生对跑动路线的熟悉程度。 4. 在教师引导下参与"破防守"三人快攻传球摆脱防守练习，通过练习帮助学生灵活运用技术动作。

续 表

课次	教学内容	学习目标	重点难点	活动与评价
三	1. 三人快攻传球——行进间中距离传球配合 2. 三人快攻传球——上篮 3. 三人快攻传球——往返 4. 赛一赛	1. 学会三人快攻传球,掌握正确的跑动路线和准确的传球时机。 2. 发展篮球能力提升学生快攻意识。 3. 养成积极进取和力争上游的品质,感受运动的快乐。	重点: 传球时机 难点: 接球上篮的时机	主要活动三: 解决问题:如何做到三人快攻传球及接球上篮的动作协调? 活动实施: 1. 主动参与教师创设的"三人快攻传球——行进间中距离传球配合"练习,让学生体会三人快攻传球中传跑结合的动作。 2. 参与"三人快攻传球——上篮"练习,通过完整练习引导学生体会完整的动作。 3. 参与"三人快攻传球——往返"练习,加深学生对动作的体会。 4. 参与"赛一赛"练习,在实践中感受三人快攻传球在实战中的运用。
安全保障	1. 课前合理布置活动区域,确保场地平整器材安全,辅助教具无隐患。 2. 加强学生学练安全意识教育,要求学生口袋内不放任何物品,避免伤及身体,引导学生做好充分的准备活动。 3. 练习路线设计合理,加强巡视提醒,避免碰撞。 4. 提醒学生在活动中注意观察四周,强调游戏时必须建立安全的活动规范,以免发生碰撞。		评价与方法	注重过程性评价,主要采用师评价、自评、互评。 表现性评价: 1. 传接球自然放松,富有节奏;传球方向准,传球时机到位;能做到快速传球,明确跑位路线;上篮动作正确,有稳定的上篮成功率。 2. 积极参与学练和评价。 3. 与同伴合作、交流、互助。
教学资源	篮球场1块;彩带地贴若干;标志杆若干;篮球29个;呼啦圈7个;多媒体信息设备1套			

附件一

"球类活动：篮球三人快攻传球"单元评价设计

1. 单元终结性评价

从动作技术标准检测技能学习的达成情况,采用自评、师评、互评方式。

学生姓名		评价者		日期	
等第评价	评 价 标 准				
优秀	明确跑位路线,做到快速传接球;动作自然放松,富有节奏;传球方向准,传球时机到位;上篮动作正确,有稳定的上篮成功率。				
良好	明确跑位路线,做到快速传接球,动作比较自然放松,富有节奏;传球方向较准,上篮动作正确,上篮成功率比较稳定。				
合格	明确跑位路线;传球方向偏差不大,上篮动作正确。				
须努力	跑位路线不够明确;传球方向偏差较大;上篮动作不正确。				

2. 单元过程性评价

评价维度	观察点	评 价 要 点	评价结果
学习兴趣	观察能力	看视频和图片回答问题时及教师示范和学生展示时的投入程度	☆☆☆
	模仿能力	模仿教师三人快攻传球动作时的正确率和认真程度	☆☆☆
学习习惯	自主练习	在个人练习三人快攻传球抓住重点主动积极程度	☆☆☆
	合作交往	在和小伙伴合作练习三人攻传球练习时的认真程度	☆☆☆
学业成果	表达能力	能讲出三人快攻传球的动作要领	☆☆☆
	自我展示	能主动举手展示活动,正确完成三人快攻传球	☆☆☆
	动作正确（需修正行为）	传接球自然放松,富有节奏;传球方向准,传球时机到位;能做到快速传球,明确跑位路线;上篮动作正确,有稳定的上篮成功率	☆☆☆
	动作连贯（需修正行为）	传球方向和时机准;快速传球与跑位	☆☆☆

附件二

单元教学资源设计

目标指向	资源设计		资源应用	解决问题
单元学习目标	器材	1. 篮球 2. 彩带地贴 3. 标志帽	1. 三人快攻传球技术单元教学。 2. 教学中利用彩带地贴作为跑动路线的标志物，帮助学生掌握正确的行进路线。 3. 利用标志帽帮助学生掌握完整的三人快攻传球动作。	1. 传接球配合。 2. 跑动路线。 3. 传球时机。
单元学习目标	多媒体	1. 电脑屏幕 2. 运动手环 3. 音响设备	1. 利用大屏幕等现代多媒体技术向学生展示三人快攻传球动作要点。 2. 实时显示学生运动负荷数据，指导学生科学锻炼。 3. 不同教学环节播放不同的音频文件，有效激发学生的学习兴趣，创设轻松愉悦的课堂氛围。	1. 让学生直观地观察三人快攻传球的动作要领、跑动路线和传球时机。 2. 提高学生参与运动的主动性，指导学生科学锻炼。 3. 通过音乐调节课堂氛围，激发学生学习知识的欲望，减轻学生身心疲劳。

附件三

"球类活动：篮球三人快攻传球"作业单

课次	作业		评价要点	评价结果
第1课次	视频	与家长合作进行传接球练习，对传30次无失误。	1. 传接球动作是否自然。 2. 传接球手型是否正确。	
第2课次	画图	画一份三人快攻传球的路线（实线为跑动路线，虚线为球的路线）。	1. 是否明确了三人快攻传球的跑动路线。 2. 跑动路线画的是否清晰。	
第3课次	实践	在实战中用三人快攻传球完成一次快攻。	1. 能否在实战中运用三人快攻传球进行快攻。 2. 上篮的成功率。	

愉快学练　提质增效

——五年级"球类活动：篮球三人快攻传球3—2"教学设计

一、指导思想

以"健康第一"为指导思想，遵循"以学生发展为本"和"兴趣化"的教学理念，帮助学生学会三人快攻传球动作，提高篮球实战能力，发展传球能力和快攻意识；培养学生敢于挑战自我的优良品质。本课贯彻"教会、勤练、常赛"的体育课程改革要求，学练活动层层递进，在宽松、愉快的学习环境中激发学生篮球兴趣、增强体质、发展个性、提高运动能力。

二、相关分析

（一）教材分析

篮球三人快攻传球，是小学五年级"体育与健身"课程身体娱乐板块的一项教学内容。教学开始前，从左至右依次为学生编号：2、1、3。游戏开始后，2号、3号学生向中路跑动，同时1号同学将球传给2号，然后从2号身后绕过并向前跑，2号接到球后将球传给向中路跑动的3号，传球完成后，2号从3号的身后绕过并向前跑，3号接到球后，再将球传给1号，以此方法三人传球至另一侧篮筐，距离篮筐最近的学生上篮。

本课为该教材的第2课次，在"传接球动作"的基础上，明确跑动路线和传球的时机。

（二）学情分析

本课教学对象为我校五年级1班的学生，共28人。该班学生日常行为规范良好，和老师配合默契，能主动与老师进行沟通交流，他们活泼好动，喜欢游戏竞赛，有较强的自信心和竞争意识。基于教育部"五项管理"中的体质管理的相关要求，随着我校学生在校内接触篮球的机会增多，使他们对篮球有了更多的了解和认知。

通过对胸前传接球，行进间传接球等技能的学习，学生已经具备了一定的传接球能力，但是对于实战中三人快攻传球的动作还是第一次接触。所以，对于如何运用行进间传接球以及跑动路线和传球时机的把握还有待提高。

三、学习目标

① 基本掌握三人快攻传球的动作，明确正确的跑动路线，发展快攻意识及身体协调能力。

② 学会综合活动"球球保卫战"的方法，提升学生篮球防守能力，发展学生下肢力量、灵敏反应等身体素质。

③ 感受体育运动的乐趣，培养积极进取、团结协作的精神。

四、教学重、难点

重点：跑动路线

难点：传球时机

五、主要教学策略

（一）彩带地贴，明确重点

为了帮助学生明确三人快攻传球跑动路线，以及尽可能地避免场上辅助器材对教学活动的影响，课前要在场地上用不同颜色彩带贴线分别标记出3名队员的跑动路线，以帮助学生明确本课三人快攻传球跑动路线的教学重点。

（二）循序渐进，提高技能

首先，根据学情和教材重难点制定合适的学练目标，设置练习"无球走动"，帮助学生体会三人快攻传球跑动的路线，并结合视频引导学生更直观的明确路线。然后，引导学生分组练习"走动传球"和"跑动传球"帮助学生进一步熟悉跑动路线，在提高学生传球速度的同时帮助学生掌握正确的跑动路线，并将场地扩展到全场，帮助学生体验完整的三人快攻传球动作。最后，创设"摆脱防守练习"帮助学生体会三人快攻传球在实战中的运用。

综合活动中设置趣味体能"最强防线"和"球球保卫战"游戏，通过进行防守护球小游戏在游戏的过程中进行身体和防守能力的双重磨炼，不仅能提高学生的学练兴趣，更能帮助学生提高身体素质以及团队配合能力。

（三）注重密度，发展体能

根据小学体育兴趣化课堂改革的要求，教师在场地安排、组织队形上都要力求让运动负荷达到大密度中等以上强度。本课教学力求精讲多练，通过大密度的练习加快对三人快攻传球路线的掌握；结合篮球防守动作，通过综合活动"最强防线"和"球球保卫战"在帮助学生加强篮球防守动作理解的基础上发展学生体能。

六、问题预设和解决方法

预设1：不清楚三人快攻传球的跑动路线。

对策1：通过场地上的地贴线以及练习"无球走动"到"传球跑动"以及视频动作和教师示范帮助明确三人快攻传球的跑动路线。

预设2：传球时机把握不准确。

对策2：通过"三人快攻传球摆脱防守练习"帮助学生掌握正确的传球时机。

附：

崇明区江帆小学"体育与健身"课时计划

年级	五	人数	28	日期	2021/10/28	执教	周明明
班级	1	组班形式	自然班	周次	9	课次	4
内容主题	1. 球类活动：篮球三人快攻传球 3-(2) 2. 综合活动："球球保卫战" 2-(2)			重点	跑动路线		
				难点	传球时机		
学习目标	1. 基本掌握三人快攻传球的动作，明确正确的跑动路线，发展快攻意识及身体协调能力。 2. 学会综合活动"球球保卫战"的方法，提升篮球防守能力，发展下肢力量、灵敏反应等身体素质。 3. 感受体育运动的乐趣，培养积极进取、团结协作的精神。						

课序	时间	教学内容	运动负荷			教与学的活动	组织队形与要求
			次数	时间	强度		
一	1′	课堂常规： 1. 集合整队 2. 师生问好 3. 宣布本课的任务				（师生问好） 师：宣布本课的内容及目标。 生：明确本课学习内容及目标。 要求：精神饱满、进入角色。	组织队形： 要求：快、静、齐。
二	4′	热身活动："我型我秀"自编篮球律动	1	3′	中	师：引导学生跟随音乐进行自编篮球律动练习。 生：在教师引导下跟随音乐进行自编篮球律动练习。 师：巡视指导提示要点，调动学生参与热情。 要求：积极参与，充分热身。	组织队形： 要求：热身到位。 组织队形：
三	18′	篮球： 三人快攻传球 1. 复习三角传球换位	10	1′		师：引导学生复习三角传球换位。 生：明确动作要求，积极参与学练。 要求：正确的传接球动作和手型。	

续 表

课序	时间	教学内容	运动负荷			教与学的活动	组织队形与要求
			次数	时间	强度		
三	10′	2. 识路线 (1) 沿不同颜色地贴线无球走动。	6	1′30″	中	师：出示动画视频讲解"三人快攻传球"动作方法和跑动路线，引导学生观看教师沿不同颜色地贴线无球走动的示范视频，熟悉三人快攻传球跑动路线的练习方法视频。 生：观察动画和教师的示范视频，在老师引导下3人一组沿不同颜色地贴线无球走动，熟悉三人快攻传球的跑动路线。 要求：沿彩色地贴线跑动。	组织队形： (1) 要求：沿彩色地线跑动。
		(2) 沿不同颜色地贴线走动传球。	6	2′		师：讲解示范沿不同颜色地贴线走动时3人传球的练习方法，进一步帮助学生熟悉三人快攻传球的跑动路线。 生：观察教师示范，在老师引导下3人一组沿不同颜色地贴线走动传球，熟悉三人快攻传球的跑动路线。 要求：从接球同伴的身后绕过，并沿彩带地贴向前跑。	(2) 组织队形同(1) 要求：沿彩色地贴线跑动。
		(3) 沿不同颜色地贴线跑动传球。	9	2′30″	中	师：讲解示范沿不同颜色地贴线跑动传球的练习方法，引导学生三人一组沿不同颜色地贴线跑动传球。 生：观察教师示范并在教师引导下分组进行练习，熟悉跑动路线。	(3) 组织队形同(1) 要求：沿彩色地贴线跑动。

续　表

课序	时间	教学内容	运动负荷			教与学的活动	组织队形与要求
			次数	时间	强度		
		3."勤练习"三人快攻传球	6	2′	中	师：组织学生观摩同学动作，并进行互评。 生：观摩同学动作并进行互评。 要求：明确跑动路线。 师：出示全场三人快攻传球教师示范视频，引导学生进行全场三人快攻传球。 生：观察教师示范视频，三人一组练习全场三人快攻传球。 要求：跑动路线正确传得准接得稳。	组织队形：
		4."破防守"三人快攻传球摆脱防守	6	2′	中	师：出示教师示范1人防守三人快攻传球摆脱防守的练习视频，组织学生4人一组进行三人快攻传球摆脱防守练习。 生：在教师引导下，4人一组进行三人快攻传球摆脱防守练习，明确传球时机和跑动路线。 （组织学生展示、交流与点评，激励学生参与思维活动） 要求：积极参与展示，观摩同学动作，积极思考。	组织队形：
四	10′	综合活动： 1."最强防线"模拟防守步伐	2	1′ 30″	大	师：组织学生观看篮球防守步伐练习方法视频，引导学生以视频中的老师为防守对象进行"最强防线"——模拟防守步伐练习。	组织队形：

续　表

课序	时间	教学内容	运动负荷			教与学的活动	组织队形与要求
			次数	时间	强度		
		2. 球球保卫战 （1）球球保卫战组内练习	1	1′	大	生：观察学习教师篮球防守步伐练习方法的视频，根据视频中老师篮球动作进行"最强防线"——模拟防守练习。 要求：积极参与，充分活动。 师：回顾"球球保卫战"活动方法，强调防守动作要求，提醒活动安全注意事项。 生：明确"球球保卫战"活动方法，4人一组进行组内练习。	组织队形： 要求：注意安全，保持距离。
		（2）球球保卫战比赛	2	2′		师：引导学生分组进行球球保卫战比赛，强调防守动作规范，提醒活动安全。 生：4人一组进行球球保卫战比赛。 师：评价比赛结果，引导学生再次分组进行"球球保卫战"比赛，强调防守动作规范，提醒活动安全。 生：4人一组继续进行球球保卫战比赛。 要求：注意安全，避免碰撞，团队配合。	组织队形：
五	2′	整理放松和小结： 1. 放松 2. 小结与讲评 3. 作业布置 4. 师生再见、下课		1′	小	(1) 在教师示范带领下，师生共同放松练习。 (2) 师生共同参与小结评价。 (3) 师生共同参与作业的布置。 (4) 师生再见后下课，一起回收器材。	组织队形：

续 表

场地器材	篮球场 1 块；篮球 29 个；彩色地贴线 9 条；呼啦圈 7 个	安全保障	1. 场地平整无隐患，准备活动充分。 2. 练习时适当增加学生左右间的距离，防止学生在练习时发生碰撞，督促学生有序练习。 3. 加强安全意识教育，提示学生遵守规则。		
		预计	练习密度		强度
			全课	内容主题	中
			55.7%	55.4%	
课后小节					

二年级"投掷：双手前抛实心球"单元教学设计

一、指导思想

以上海市小学体育"兴趣化"教学理念为引领，本单元设计着力于课堂的有效性研究与实践，将情境教学融入教学设计中，自制教学器材，并引入多媒体教学技术，以提升课堂学练的趣味性。在学练中，让学生学会简单的评价方法，并能在宽松愉悦的学习氛围中增强体质、发展个性，引导学生主动思考，积极开展自主学练和团队合作，提升自主学习能力和团队合作意识。

二、教材教法分析

1. 教材分析

动作结构	相关体能	理论依据
动作过程： 　面向投掷方向站立，两脚左右开立，两腿弯曲，上体稍前倾，两手直臂持球于体前。抛球时两腿用力蹬地，同时展髋挺胸，两臂用力向前上方快速挥臂，将球向前上方抛出。 动作要点： 　直臂挥摆，看准出手时机和方向；蹬地展体，上下肢协调用力。 关键环节： 　协调用力，方向正确	双手前抛实心球需要较好的上肢力量和腰腹力量，同时需要具有一定的爆发力和身体协调性。	依据： 　双手前抛实心球由3个技术动作组成。一是两脚有力蹬地。利用左右脚蹬地的合力产生向上的加速度，由此而产生两腿向上发力的速度；二是腰腹部核心力量的传递。腰腹部核心力量的强弱直接影响传递力产生速度损耗的大小，腰腹部力量强，损耗的速度越小，反之亦然；三是向前上方快速挥臂。快速挥摆双臂所产生的速度与两手臂抓住实心球时的半径和手臂做圆周运动所产生角速度积的关系成正比例。上面分析的3个部分直接决定着学生的实心球前抛的远度。

2. 学情分析

教学对象	认知水平	身心特点	能力水平
上海市崇明区明珠小学二年级(5)班学生	二年级学生学习动作技能的过程主要是以观察模仿为主，经过小学一年级"体育与健身"知识与技能的学习，学生具有了一定的投掷能力，但实心球前抛牵涉到的角度与时机等，对二年级学生的学习还是有一定难度，需要教师更多的直观讲解和强化练习。	二年级学生热爱体育活动，学习自信心和竞争意识都比较强烈，在学练中乐于交流；个体之间存在接受能力和理解能力的差异，自控能力相对薄弱，注意力容易转移，合作、团结意识较弱，需要教师的不断提醒和帮助。因此，教师可以设计以情境教学的方式激发学生兴趣，进而形成有效教学，让学生体验互帮互助的乐趣，促进学生之间的合作交流与评价。	二年级学生涉及的投掷项目主要是以单手滚、掷为主，对快速挥臂提升滚、掷球远度有一定的体验。同时，由于投掷项目比较枯燥，且有一定的安全要求，在组织形式和教学环节的设计上教师要考虑合理性、趣味性和童趣化。

3. 教法分析

根据教材比较枯燥且有一定的安全要求，以及学生活泼好动、意志力不强的身心特征，结合运动技能形成的规律，本单元教学设计了多种形式的主题式教学，创设了多种学生乐于参与的情境，采用形象化、角色化、游戏化等教学方法手段，结合新媒体、新器材等辅助手段开展教学，引导学生观察、思考、感知和体验前抛实心球的动作要领。老师化身"大松鼠"，言传身教，在教学中将讲解法、示范法、模仿法等教学手段无痕融入，帮助"小松鼠"建立完整的动作概念，再通过练一练、改一改等方法，指导和帮助学生逐步巩固动作要领，提高动作质量。如第一节课，从"小松鼠"爱玩耍(自抛自接)到"小松鼠"大作战(你抛我接)等环节激发学生对抛掷动作的兴趣，紧接着在"小松鼠爱模仿"过程中，帮助学生体验蹬地有力、快速挥摆的动作方法；第二节课创设"小松鼠忙过冬"的情景，以采摘、运送松果为任务情景，强化直臂挥摆向前上方出手的练习重点，最后以采松果比多的比赛方式，激励学生积极参与实心球前抛练习，既避免了前抛实心球的枯燥，又激发了学生的学练兴趣，有效地提高了课堂教学效率，让学生在玩中学。第三节课，以视频导入的方式，从"小松鼠"展本领(复习前抛实心球)到"小松鼠"升本领(前抛不同远度的标志物)的环节，通过游戏促进学生技能的提高，鼓励学生挑战,提高学生自信心,进而促进身心健康发展。

4. 单元教学问题链

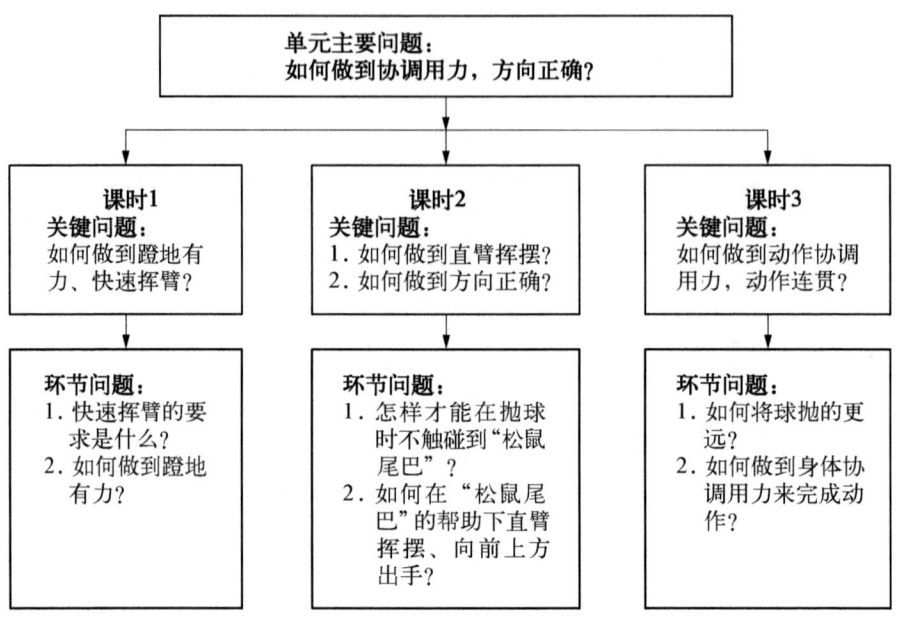

三、单元教学流程

年级	二年级	学期	第一学期	课次	3	执教	许贝
单元学习目标	1. 了解双手前抛实心球的相关知识,学会双手前抛实心球的动作方法,基本能做出双手抛球时蹬地展体、直臂挥摆将球向前上方抛出的技术动作,初步养成安全活动意识。 2. 积极参与实心球前抛各种练习,发展抛掷能力和身体协调用力的能力,增强上肢和腰腹力量。 3. 感受运动带来的乐趣和成功的喜悦,养成克服困难、勇于挑战的心理品质,能在各种练习环境下主动和同伴一起参与练习。					教学重点	协调用力,方向正确	

课次	教学内容	学习目标	重点难点	活动与评价
一	双手前抛实心球 1. 小松鼠爱玩耍 (抛抛玩玩)	1. 了解双手前抛实心球的动作要领,能学会两腿屈膝下蹲、蹬地有力、手臂快速挥摆的抛球方法。	重点: 蹬地有力、快速挥臂 难点: 正确的出手方向	解决问题: 1. 快速挥臂的要求是什么? 2. 如何做到蹬地有力? 活动实施: 1. 组织学生进行"抛抛玩玩""你抛我接"的活动。

续　表

课次	教学内容	学习目标	重点难点	活动与评价
一	2. 小松鼠大作战 （你抛我接） 3. 小松鼠爱模仿	2. 积极参与双手前抛实心球的学练过程，发展力量、速度等身体素质及体能。 3. 树立安全活动意识，保持安全活动距离，养成乐于交流，互助合作的学习习惯和积极进取的良好品质。		2. 教师提出要求，学生小组结伴自主练习。 3. 教师进行示范，并提出要求"看谁模仿的像"；学生认真观察后，进行模仿练习，并相互交流各自的想法和体会。 评价要点：蹬地有力、快速挥臂、积极参与
二	双手前抛实心球 1. 小松鼠试摘松果 （复习上一节课学习内容） 2. 小松鼠学摘松果 ①"尾巴"辅助 （直臂挥摆） ②抛过小树 （抛球方向） ③忙摘松果 （体验完整动作） 3. 小松鼠摘果比多 （直臂挥摆、向前上方出手）	1. 继续学习"双手前抛实心球"的动作方法，做到直臂挥摆、向前上方出手。 2. 发展抛掷能力，增强上肢力量和上下肢有序协调用力的能力。 3. 养成遵守规则，与同伴团结合作、互帮互助的好习惯。	重点： 直臂挥摆，向前上方出手 难点： 适宜的出手时机	解决问题： 1. 怎样才能在抛球时不触碰到"松鼠尾巴"？ 2. 如何在"松鼠尾巴"的帮助下直臂挥摆、向前上方出手？ 活动实施： 1. 引导学生回顾复习前抛实心球动作，学生合作学练积极参与。 2. 首先，利用"小尾巴"做辅助，练习直臂挥摆的动作。其次，两人一组练习"抛过小树"的练习，做到直臂挥摆、向前上方出手，并相互评价。再次，4人一组"摘松果"，小树升高变果树，尝试练习"摘松果"。最后，8人一组进行"摘松果"比多的练习，教师提出评价要求，学生自评。 评价要点：直臂挥摆、向前上方出手

续 表

课次	教学内容	学习目标	重点难点	活动与评价
三	双手前抛实心球 1. 小松鼠展本领 （复习前抛实心球） 2. 小松鼠比本领 （双手前抛不同远度的标志物） 3. 小松鼠爱挑战 （远度积分赛）	1. 学会双手前抛实心球的动作方法，掌握蹬地展体，上下肢有序协调用力，快速挥臂的动作方法，树立安全活动意识，能安全有序地参与练习。 2. 发展上下肢力量和投掷时全身的协调能力。 3. 积极参与双手前抛实心球的各种练习，树立主动学练意识，与同伴合作互助、相互评价，分享学练快乐。	重点： 协调用力 难点： 动作协调连贯	解决问题： 1. 如何将球抛得更远？ 2. 如何做到身体协调用力来完成动作？ 活动实施： 1. 教师示范动作，引导学生共同回顾动作要领。 2. 学生自由结伴进行练习。 3. 组织前抛比远，鼓励学生改进动作。 评价要点：协调用力，方向正确
安全保障	1. 课前、课中随时进行安全教育。 2. 合理安排练习空间。 3. 检查场地、器材的安全性。 4. 准备活动充分伸展。		评价与方法	注重过程性评价，主要采用师评、自评、互评。 终结性评价： 优秀：熟练掌握蹬地有力、直臂挥摆、向前上方出手、上下肢协调用力的动作要领。 良好：基本掌握蹬地有力、直臂挥摆、向前上方出手及上下肢协调用力的动作要领。 合格：能做到双腿蹬地，在同伴的提醒下能直臂挥摆、上下肢协调用力。 须努力：能基本完成双腿蹬地、双手向前上方挥臂，但动作不够协调连贯。
教学资源	气球；收纳桶及小布球若干；多媒体播放系统			

附件一

单元评价设计

姓名＿＿＿＿＿＿＿ 班级＿＿＿＿＿＿＿

评价维度	观察点	评 价 要 点	评价结果☆☆☆		
			自我评价	同伴评价	教师评价
学习兴趣	观察能力	教师和同伴示范时的投入程度			
	模仿能力	模仿动作时的认真和专注程度			
学习习惯	自主练习	在个人和小组练习中的投入程度			
	合作交往	在与小伙伴合作中的主动参与程度			
学业成果	表达能力	能讲出双手前抛实心球的动作要领			
	自我展示	能积极参与双手前抛实心球练习			
	动作连贯	协调用力且方向正确			

附件二

单元教学资源设计

目标指向	资 源 设 计		资 源 应 用	解 决 问 题
单元学习目标	媒体资源	1. 电脑屏幕	1. 充分发挥场地大屏幕等多媒体资源，播放与本课相关的主题视频、文字等信息，直观生动地引导学生学练双手前抛实心球的技术动作。	1. 帮助学生建立正确的双手前抛实心球的动作概念。
		2. 音响设备	2. 不同教学环节播放不同的音频文件，有效激发学生的学习兴趣，创设轻松愉悦的课堂氛围。	2. 通过音乐调节课堂氛围，激发学生学习知识的欲望，减轻学生身心疲劳。

续 表

目标指向	资源设计		资源应用	解决问题
单元学习目标	器材资源	1. 自制器材"小尾巴"	1. 利用"小尾巴"辅助练习直臂挥摆动作。	1. 帮助学生建立正确的直臂挥摆的动作概念。
		2. 气球	2. 通过运动器材变换,增加学生学习双手前抛实心球的兴趣,帮助学生更好地掌握"向前上方出手"的动作要领,提高双手前抛实心球的能力,同时增加学生学练的积极性。	2. 增加课堂教学的有效性,提高学生的学习能力。
		3. 收纳桶	3. 利用收纳桶组织学生"运送松果""藏松果"练习和比赛。	3. 一物多用,激发学生学练兴趣。

智练乐抛 趣学有效

二年级"双手前抛实心球"教学设计(3-2)

一、指导思想

本课以"健康第一"为指导思想,以"小松鼠摘松果"为主线,来激发学生的学习兴趣,让学生主动参与学练,获得成功体验,并在活动中学会评价,在学习中懂得合作,享受体育运动带来的快乐,逐步养成坚持锻炼身体的良好习惯。

二、相关分析

(一) 教材分析

"双手前抛实心球"是小学"体育与健身"课程基本内容Ⅰ投掷教材中的一项内容,更是低年级学生喜欢的一项投掷类项目,其动作方法是面向投掷方向站立,两脚左右开立,两腿弯曲,上体稍前倾,两手直臂持球于体前;抛球时两腿用力蹬地,同时展髋挺胸,两臂用力向前上方快速挥臂,将球向前上方抛出。此项内容不仅有利于发展学生的抛掷和身体协调用力的能力,能增强上肢力量和腰腹力量,还能发展学生的灵敏度、速度等身体素质,为后续的投掷类教材学习打下扎实的基础。

本教材单元划分为3课次,本节课是第2课次,旨在通过教学让学生掌握直臂挥摆、向前上方出手的动作要领。

(二) 学情分析

二年级(5)班的学生整体身体素质较好,对新事物充满好奇,模仿能力较强,有学习的自信心且竞争意识也比较强,在学练中乐于交流;但个体之间存在接受能力和理解能力的差异,相信通过童趣化、游戏化学练,学生会更主动地、积极地、有效地进行练习。通过第一节课的学习,学生对实心球前抛动作有了初步的了解,基本学会了蹬地有力和快速挥臂的前抛方法,但挥臂方法、方向和出手时机还有待进一步学习。

三、学习目标及重难点

(一) 学习目标

① 继续学习"双手前抛实心球"的动作方法,做到直臂挥摆、向前上方出手,

发展抛掷能力,增强上肢力量和上下肢协调用力的能力。

② 学会综合活动"运送松果"的游戏方法,发展协调、灵敏等身体素质。

③ 养成遵守规则及与同伴团结合作、互帮互助的好习惯。

(二) 教学重难点

重点:直臂挥摆、向前上方出手

难点:适宜的出手时机

四、主要教学策略

(一) 兴趣教学促学练

玩是小学生的天性。小学低年级学生在体育课中的乐趣在于边玩边学,因此本课以"小松鼠摘果子"为主题,创设多种学生乐于参与的游戏,使学生在玩的过程中既获取了双手前抛实心球的知识技能,又愉悦了身心。

(二) 合作学练迎挑战

在教学过程中,教师要注重引导学生以合作的方式进行学习,培养学生之间的交流与沟通能力,使学生在练习与游戏中互相鼓励加油,让每位学生能够通过自身努力或团队帮助,体验成功带来的乐趣。

(三) 层层递进拾级上

根据学情和教材重难点为学生制定合适的学练目标。随着主题内容的逐步深入,以及教学环节的层层递进,教师要注重激发学生对教学内容的好奇心、探索欲和自主学习的兴趣,帮助学生巩固强化所学的动作技术,逐步培养学生勇于挑战自我的优良品质。

(四) 学习资源巧应用

运用多媒体信息技术,引入小松鼠摘果子的情景故事,通过故事情节的变化引出教学环节;老师通过自身正确规范的示范动作,展现教师良好的教学素养,激发学生学习兴趣,引导学生依据课标开展评价和相互纠错,以促进学练效果。

五、问题预设

预设1:学生在练习中注意力容易分散。

对策1:教师要多观察、巡视并指导,发现类似现象要及时给予提醒与鼓励。

预设2:学生在练习中容易出现屈臂的动作。

对策2:自制辅助器材,以帮助学生学习直臂挥摆、向前上方出手等动作要领。

六、作业与评价

根据学习内容布置相关性的家庭作业：对墙前抛小布球 10 次；双臂直臂支撑 30 秒×3。

评价主要从"学习兴趣""学习习惯"和"学业成果"三个维度选择具有针对性的观测点给予评价。

附：
崇明区明珠小学"体育与健身"课时计划

年级	二	人数	32	日期	2021.10.28	执教	许贝
班级	5班	组班形式	自然班	周次	9	课次	2
内容主题	主题：小松鼠忙过冬 1. 投掷：双手前抛实心球 3-(2) 2. 综合活动："运送松果" 2-(2)			重点	直臂挥摆、向前上方出手		
				难点	适宜的出手时机		
学习目标	1. 继续学习双手前抛实心球的动作方法，做到直臂挥摆、向前上方出手，增强上肢力量和上下肢协调用力的能力。 2. 学会综合活动"运送松果"的游戏方法，发展协调、灵敏等身体素质。 3. 养成遵守规则，与同伴团结合作、互帮互助的好习惯。						

课序	时间	教学内容	运动负荷			教与学的活动	组织与队形
			次数	时间	强度		
一	1′	课堂常规： 1. 整队 2. 师生问好 3. 宣布本课内容				（师生问好） 师：导入情景和学习任务要求。 生：明确本课学习内容和要求。 要求：精神饱满,积极呼应。	
二	5′	热身活动： 小松鼠找果树 1. 热身慢跑	1	1′45″	中	师：情境导入,引导学生根据情境进行慢跑练习。 生：在教师引导下进行慢跑。 要求：热情投入,快乐参与。	
		2. 音伴热身操	1	2′30″	中	师：引导学生跟随音乐进行热身操练习。 生：在教师引导下进行音伴热身操练习。 师：巡视指导、提示要点。 要求：动作到位,富有节奏。	

续　表

课序	时间	教学内容	运动负荷			教与学的活动	组织与队形
			次数	时间	强度		
三	18′	双手前抛实心球： 1. 小松鼠试摘松果 （蹬地、挥臂）	5—6	1′	中	师：创设情境，引导学生回顾复习双手前抛实心球动作，强调蹬地有力要领，提出练习要求。 生：明确练习要求，两两结伴练习。 要求：蹬地有力，快速挥臂。	
		2. 小松鼠学摘松果 ①"尾巴"辅助 （直臂挥摆）	6	30″	小	师：出示视频，提出问题"小松鼠为什么打不到松果"，引导学生观察思考。 生：认真观看，积极思考。 （师生共同得出结论：方向要正确） 师：讲解在"小尾巴"辅助下的直臂挥摆的动作要领，提出练习要求。 生：两人一组徒手进行直臂挥摆的动作练习。 师：巡视指导。 要求：直臂挥摆。	
		②抛过小树 （抛球方向）	13—15	3′	中	师：视频引导，教师讲解示范抛过小树的动作方法，提出直臂挥摆、向前上方出手的练习要求。 生：两人一组练习直臂挥摆、向前上方出手的动作。 （优生示范，表扬鼓励，学生评价）	

续 表

课序	时间	教学内容	运动负荷			教与学的活动	组织与队形
			次数	时间	强度		
		③ 忙摘松果（完整动作体验）	10—12	1′30″	中	师：给出评价标准，组织学生再次练习。 生：分组练习并互评。 师：巡视指导并纠错。 要求：直臂挥摆，向前上方出手。 师：创设情境，引导学生向"松果"区方向投掷，强调方向正确。 生：按动作要点进行练习。 师：巡视指导，关注学困生，及时纠错。 要求：正确的出手方向。	
		3.小松鼠摘果比多（直臂挥摆、向前上方出手）	2	2′30″	中	师：语言引导学生进行摘松果练习。 生：学生分组练习。 师：巡视指导，强调动作要点，并出示评价表，组织学生进行"摘果比多"练习。 生：学生进行比赛。 （教师组织评价，学生自评） 要求：出手方向正确。	
四	8′	综合活动：小松鼠运送松果 ① 运松果	2	1′20″	中	师：讲解游戏规则及要求，并组织学生参与游戏。 生：分组游戏。 师：组织学生交换运松果的方法。 生：学生再次练习。 要求：相互合作，遵守规则。	

续 表

课序	时间	教学内容	运动负荷 次数	运动负荷 时间	运动负荷 强度	教与学的活动	组织与队形
五	2′	② 藏松果	1—2	2′	大	师：讲解游戏方法与规则，组织学生分组比赛。 生：分组进行比赛。 要求：注意安全，积极参与。	
		③ 吃松果	1	1′10″	中	师：引导学生根据视频进行"吃松果"体能练习。 （师生共同练习） 要求：动作到位，反应迅速。	
		放松操： 音伴放松操	1	1′30″	小	师：带领学生进行放松。 （师生共练，听音乐放松） 要求：积极参与，放松身心。	
六	1′	小结： 1. 评价与小结 2. 教师布置作业 3. 师生再见				（师生共同小结） 师：布置课后作业，提出作业要求。 要求：主动参与，积极评价。	

场地器材	体育场地 1 块；气球若干；收纳桶 16 个；布球 32 个；媒体播放系统	安全保障	1. 教师选择好平整的场地。 2. 做好充分的准备活动。 3. 器材合理摆放，保持合适的练习空间和距离。		
		预计	练习密度 全课 约 53.6%	练习密度 内容主题 50%	强度 中

课后小节	

三年级"助跑,一脚踏在50厘米宽的起跳区起跳,双脚落入沙坑"单元教学设计

一、指导思想

"助跑,一脚踏在50厘米宽的起跳区起跳,双脚落入沙坑"单元设计与实施以"健康第一"为指导思想,以课程标准的基本理念为依据。坚持以学生发展为本,落实上海市"小学体育兴趣化课程改革"的实施要求,采用情境化的教学手段,以学生为主体组织开展自主学习、探究合作,让学生在趣味化和体验式学练中,感受学练内容的快乐,获得成功的体验,感受同伴互助学练的乐趣,养成良好的锻炼习惯。

二、教材教法分析

1. 教材分析

动作结构	相关体能	理论依据
一、主要环节: 助跑、起跳、腾空、落地 二、动作要点(技术要点): 1. 助跑:适当距离的助跑,放松自然,逐渐加速,最后几步加快步频。 2. 起跳:单脚在50厘米宽的起跳区用力踏跳。 3. 腾空:身体腾起后迅速将双腿并拢,屈膝上提,身体呈蹲踞姿势。 4. 落地:身体前倾,小腿前伸,双脚落入沙坑,并迅速屈膝缓冲,保持身体平衡。	"助跑,一脚踏在50厘米宽的起跳区起跳,双脚落入沙坑"的相关体能要素是提高学生的跳跃能力,促进下肢肌肉、关节、韧带和内脏器官机能的发展,对提高协调、灵敏、平衡、力量等身体素质有积极意义。	结合跳跃过程中的重心平衡理论来分析"助跑,一脚踏在50厘米宽的起跳区起跳,双脚落入沙坑"的动作要领。通过适当距离助跑和迅速有力的起跳,把助跑获得的水平速度和踏跳获得的垂直速度很好地结合起来,使人体的腾越达到一定的远度。通过手脚的协调配合,实现人体运动的从静止开始到水平位移,促进学生下肢肌群的发育,发展学生的协调能力以及控制身体的平衡能力。

2. 学情分析

教学对象	认知水平	身心特点	能力水平
崇明区西门小学三年级(4)班	《助跑,一脚踏在50厘米宽的起跳区起跳,双脚落入沙坑》是小学三年级正面屈腿跳高教材的延伸,为蹲踞式跳远的学习提供了学习基础。本次教学对象为三(4)班学生,他们对跑几步单脚起跳的技能学习有一定的基础,但对相对确定的起跳区域的了解不足。在学练中可能会出现助跑与起跳衔接不自然,起跳后的屈膝上提不到位等错误,影响整个动作完成的质量。	小学三年级学生正处在身心发展的关键阶段,具有活泼好动和想象力丰富的身心特点。该班学生整体素质有一定差异性,跳跃能力在同年级中属于中等水平,腰腹力量一般,柔韧素质较好,学习热情较高。	三年级的学生已经具备了一定的跳跃能力,在跳跃技能方面已经基本掌握了跑几步助跑跳过一定高度及远度的障碍物的动作方法,初步建立了蹬地有力的意识,但对起跳区域的认识还比较模糊,上下肢协调用力的能力较弱。

3. 单元教法分析

主要方法手段	运用时机与作用
情境教学	采用启发式教学,创设"猫小萌"角色的教学情境,让学生置身于"猫小萌学本领"的情境之中,增强学生的学练兴趣。
任务驱动法	通过各种挑战任务,循序渐进地帮助学生由易到难、由浅入深地学习"助跑,一脚踏在50厘米宽的起跳区起跳,双脚落入沙坑"的正确动作。在单元学习的过程中,逐步落实各种要求,驱动学生自主学习的主观能动性。
讲解示范	讲解练习要求,在学练过程中通过语言进一步强化学练要求,通过示范帮助学生建立完整而正确的动作概念,同时该教学方法也能起到很好的纠错作用。
多媒体教学	教师运用多媒体信息技术,引导学生通过观察、模仿、评价、挑战来使学生更直观、更清晰地了解学生练习的情况,帮助学生掌握动作技能。
合作学习	以小组为单位进行练习,小组成员之间相互学习、相互帮助,对于有畏难心理的学生采用强带弱、降低难度、语言鼓励的形式使其逐渐克服困难。
实时评价	设置学生自我和互相观察的评价方法,同时教师也要给予即时评价。

4. 单元教学问题链

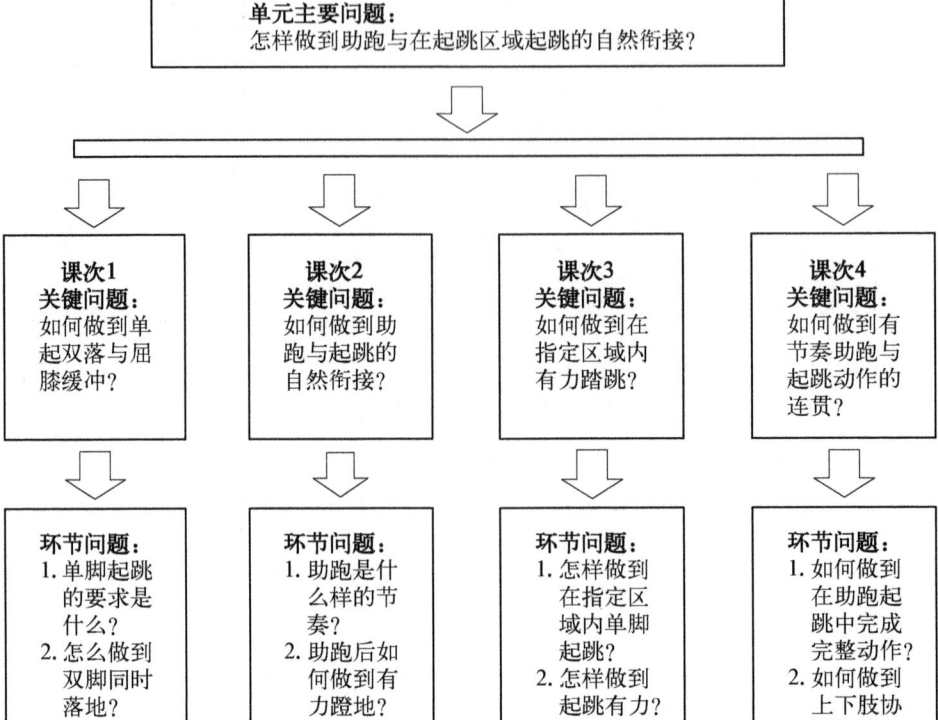

三、单元教学流程

年级	三	学期	第一学期	课次	4	执教	陈 瑜
单元学习目标	1. 能基本掌握"助跑，一脚踏在50厘米宽的起跳区起跳，双脚落入沙坑"的动作要领，通过练习增强学生下肢和腰腹肌的力量，发展学生弹跳、灵敏等身体素质，促进其全身协调发展。 2. 乐于参与"猫小萌造房子""猫小萌练酷跳""酷跳体验营""酷跳对对碰"等中等强度的跳跃游戏，使学生体验助跑与起跳的自然衔接，提高自我保护能力，培养其敢于表现和挑战，愿意交往和协作的意识。 3. 激发学生参与游戏的积极性和兴趣。 4. 在练习中使学生能与伙伴团结协作，学会学习与评价，在不断尝试中找出最佳的方法，树立自信心以及不怕困难、勇往直前的良好品质。			教学重点难点		助跑和起跳的自然衔接；在起跳区域内起跳	

续 表

课次	教学内容	学习目标	重点难点	教与学的主要方法和手段
1	1. 猫小萌造房子（单跳双落）（连续两次单跳双落） 2. 酷跳体验营（一脚踏在50厘米宽的起跳区进行起跳，双脚落地）	1. 能参与"各种方法的跳跃、跳房子、酷跳"等渐进而多样的"助跑一脚起跳，双脚落地的跳跃"练习，让学生初步学会基本的动作方法。 2. 乐于体验单跳双落的动作，养成倾听、观察、思考的习惯。 3. 激发学生参与游戏的积极性和兴趣，培养其互相帮助、勇于进取的精神。	重点： 单跳双落 难点： 助跑与起跳相结合	学生活动： 1. 在教师的激励、引导下，主动参与两人一组两块垫子单跳双落，4人一组4块垫子连续两次单跳双落的活动，让学生在活动中感受跳跃的动作方法。 2. 在教师的引导下，让学生布置场地，体验"一脚踏在50厘米宽的起跳区起跳，双脚落地"的动作，通过学生演示、结伴练习，初步学会单跳双落的动作，并乐于展示，互相评价、互相鼓励。 评价要点： 单跳双落　屈膝缓冲 有序学练　互帮互助
2	1. 和"猫小萌"玩跳房子创想练习（玩彩垫）（复习单跳双落走一步单脚起跳双脚落地） 2. 和"猫小萌"练酷跳 节奏：跑—跑—跑—跳—蹲	1. 进一步学会"助跑，一脚踏在50厘米宽的起跳区起跳，双脚落入沙坑"的技术动作，学会助跑起跳的自然衔接，增强下肢力量，提高跳跃能力。 2. 尝试同伴互评，逐步养成仔细观察、乐于锻炼的良好意识。 3. 激发学生参与游戏的积极性和兴趣，培养学生注意安全、关心同伴的良好习惯。	重点： 助跑与起跳自然衔接 难点： 指定区域内有力踏跳	学生活动： 1. 教师创设游戏情景，引导学生"和'猫小萌'玩跳房子"的游戏，让学生在游戏中体验各种单、双脚的跳跃动作以及复习单跳双落走一步单脚起跳双脚落地的动作。 2. 在教师的组织下，让学生布置场地，通过倾听和观察教师的"跑—跑—跑—跳—蹲"的动作，结伴练习，初步体验助跑与起跳的自然衔接的动作要领。

续 表

课次	教学内容	学习目标	重点难点	教与学的主要方法和手段
2	3. 和"猫小萌"学本领（助跑3—5步，一脚踏在50厘米宽的起跳区起跳，跳过一定的障碍物，双脚落在垫子上；跳过20厘米障碍物；跳过40厘米障碍物）			3. 通过观察、模仿、思考完成"和'猫小萌'学本领"的活动，进一步体验"助跑3—5步，一脚踏在50厘米宽的起跳区起跳，跳过一定的障碍物，双脚落在垫子上"的动作，感受助跑与起跳的自然衔接的动作要领，并乐于展示，互相评价、互相鼓励。 评价要点： 踏跳有力　自然衔接 落地平稳　屈膝缓冲
3	1. 和"双小帅"练本领（助跑3—5步，一脚踏在50厘米宽的起跳区起跳，跳过一定的障碍物，双脚落在垫子上） 2. 玩转酷跳（助跑6—8步，一脚踏在50厘米宽的起跳区起跳，跳过一定的障碍物，双脚落在一定远度的垫子上）	1. 基本掌握利用助跑在指定区域内有力踏跳的方法，发展身体协调性和弹跳力。 2. 激发学生参与游戏的积极性和兴趣。 3. 培养学生的合作精神和竞争意识，以及遵守规则的优良品质。	重点： 指定区域内有力踏跳 难点： 落地屈膝、身体平稳	学生活动： 1. 在教师的引导下，学生分组参与"和'双小帅'练本领"的活动，体验"助跑3—5步，一脚踏在50厘米宽的起跳区起跳，跳过一定的障碍物，双脚落在垫子上"，以及在指定区域内有力踏跳，屈膝平稳落地的动作。 2. 在教师的组织下，尝试"玩转酷跳"游戏，进一步体验助跑6—8步，单脚起跳越过一定高度和远度，双脚缓冲落地的动作，并学会简单的评价。 评价要点： 踏跳有力　　自然衔接 踏准起跳区　动作协调 落地平稳　　屈膝缓冲

续 表

课次	教学内容	学习目标	重点难点	教与学的主要方法和手段
4	1. 酷跳对对碰（助跑6—8步，一脚踏在50厘米宽的起跳区起跳，跳过一定的障碍物，双脚落在一定远度的垫子上） 2. 酷跳大比拼（看谁跳的远）	1. 熟练掌握助跑在指定区域内有力踏跳的方法，要求身体协调、双脚前伸、屈膝缓冲落地。 2. 发展身体协调性和平衡性，增强腿部力量。 3. 不怕困难，敢于挑战，树立信心。	重点： 快速有节奏的助跑 难点： 动作连贯	学生活动： 1. 在教师的引导下，学生根据自己的能力制定不同落地点，并进行练习。通过学生演示、结伴练习及评价，使学生进一步学会"助跑，一脚踏在50厘米宽的起跳区起跳，双脚落入沙坑"整个过程的动作要领。 2. 在教师的激励和引导下，学生进行"酷跳大比拼"比赛，学会跳过一定高度和远度的方法和规则。通过互相评价，选出"酷跳大人"和"最佳团队"。 评价要点： 踏跳有力　　自然衔接 踏准起跳区　动作连贯 落地平稳　　屈膝缓冲 遵守规则　　有序学练
安全保障	1. 做好充分的准备活动。 2. 合理安排练习队行，加强学生学的练安全意识。 3. 注意场地布置，避免落地扭伤。 4. 做好器材的安放及管理工作。		评价与方法	优秀：能协调掌握动作，做到助跑起跳有力、有腾空高度、有远度。 良好：能基本完成动作，做到助跑起跳有力、有腾空高度、落地缓冲。 合格：能初步完成动作，做到助跑起跳自然、双脚落地缓冲。 有待提高：能在同伴的鼓励下会做助跑单脚起跳，双脚落地动作。
教学资源	泡沫彩垫30块；扩音器1套；彩垫56块；瑜伽垫10块；标志盘20个			

立足"兴趣" 玩出"滋味"

三年级"助跑,一脚踏在50厘米宽的起跳区起跳,双脚落入沙坑"第二课次教学设计

一、指导思想

为贯彻落实小学体育兴趣化课改的精神,根据三年级学生身心特点,结合"助跑,一脚踏在50厘米宽的起跳区起跳,双脚落入沙坑"的动作,借助多变的实用器材,创设多种教学情景、设计多种游戏竞赛,激发学生学习的欲望与兴趣,充分调动学生参与活动的积极性,引导学生在愉悦的环境中主动参与学练。同时,针对学生的差异性,通过设置不同的梯度练习,使每位学生都能体验到成功的乐趣,树立学生的自信心,并通过小组合作和自主教学策略的实施,帮助学生掌握合作的技巧和跳跃的方法,激发学生学习跳跃的兴趣,促进学生身心发展。

二、相关分析

(一)教材分析

"助跑,一脚踏在50厘米宽的起跳区起跳,双脚落入沙坑"是三年级《跳跃》教材中的一项内容,它既是在二年级《跑几步单脚起跳越过一定高度的橡筋》这一教材的基础上,对学生跳跃技术动作的进一步提高,又是今后学生学习蹲踞式跳跃的基础。本节课的重点是助跑与起跳的自然衔接,难点是在起跳区域内起跳。

(二)学情分析

三年级学生较二年级时,在身体机能和知识的掌握程度上都有明显提高,加之其在一二年级也学过一些关于跳单双圈、跑几步跳过一定高度的橡筋等动作,所以对单脚起跳的动作有一定的基础,但对起跳区域的意识还不够清楚,可能出现对起跳时机把握不准等现象。因此,在课堂教学中教师要对学生进行区别对待,并正面积极引导。同时,由于学生还处在生长发育的关键期,因此教师在教学时要加强对学生左右力量的平衡协调发展的练习。该班学生的学习热情较高,有一定的集体团队意识,但有部分学生注意力容易分散,理解能力稍弱,需要教师的及时关注和提示。

三、教学重点及难点

重点：助跑与起跳的自然衔接
难点：指定区域内有力踏跳

四、学习目标

① 进一步学会"助跑，一脚踏在50厘米宽的起跳区起跳，双脚落入沙坑"的技术动作，学会助跑起跳的自然衔接，增强下肢力量，提高跳跃能力。

② 学会综合活动"翻翻乐"的方法和规则，发展学生柔韧、协调和灵敏等身体素质，激发学生的创新能力。

③ 尝试同伴互评，逐步养成仔细观察，乐于锻炼的良好意识。

④ 激发学生参与游戏的积极性和兴趣，培养学生注意安全、关心同伴的良好习惯。

五、主要教学环节

（一）激发兴趣，快乐学习

学生喜欢游戏，乐于在玩中学。因此，在主教材的整个教学环节设计了"天天酷跑"的情景，通过"和酷跑角色'猫小萌'一起学本领""和'猫小萌'玩跳房子，带领学生玩彩垫""和'猫小萌'练酷跳""和'猫小萌'"学本领等环节，引导学生在游戏中学习跳跃本领，并激发学生学习兴趣，使学生主动参与练习，成为学习的主体，通过合作学习，互帮互助，共同进步，使他们在宽松、愉悦的课堂氛围中进行有效学习。

（二）层层递进，愉悦宽松

根据学生喜好韵律和节奏的特点及跳跃学习的重难点，本课以节奏辅助学习并贯穿整个教学过程，同时采用了学思结合、因材施教、循序渐进的教学策略和直观教学法，引导学生自主探究、互帮互助，以"1—2—1—2……"和"跑—跑—跑—跳—蹲"的节奏为辅助手段进行教学，先易后难，针对不同层次的学生，引导其根据自己的能力，选择不同的练习内容，使学生都能找到自我进取的目标，尝试成功的喜悦，在注重学生之间交流和探讨的同时，使学生们在游戏中快乐地学会健身的本领。

（三）多练互评，获得成功

在练习过程中安排小组间相互评价的环节，教师通过适当地引导学生采用生动的形象、明确的语言或肢体动作进行表达,例如单手击掌、双手击掌——祝贺成功;握拳振臂、握握手——表示加油。此外,还运用了竖大拇指的环节,使学生学会正确的评价。这些过程化、童趣化的评价方式指向的是整堂课"学习目标"的达成和"乐学情意"的培养。通过互评互助,学生可以看到自己和伙伴的不足,帮助自己和伙伴明确改进方向,进而共同进步,获得成功喜悦。

(四)分层教学,共享成功

学生之间是存在一定差异的,主要表现在身体条件、运动能力、学习习惯等诸多方面。因此,本课在教学中通过让学生自己设置不同距离的起跳区域,让不同程度的学生体验成功,使学生产生求知、求学的欲望。与此同时,教师的教学目标也得以顺利完成。

六、问题预设和解决

问题1:助跑与起跳之间动作不协调,出现双脚起跳。

解决方法:要求学生多练习单双圈的辅助练习,直至身体协调后,再让其尝试加助跑。

问题2:落地声音响,缺乏缓冲。

解决方法:要求学生尽量控制自己的收腿,教师反复以慢动作讲解缓冲的动作要领。

附：

崇明区西门小学"体育与健身"课时计划

年级	三	人数	40	日期	2017.10.12	执教	陈瑜
班级	4	组班形式	自然班	周次	7	课次	20

内容主题	1. 跳跃：助跑，一脚踏在50厘米宽的起跳区起跳，双脚落入沙坑 4-(2) 2. 综合活动：翻翻乐 1-(1)	重点	助跑与起跳的自然衔接
		难点	指定区域内有力踏跳

学习目标	1. 进一步学会"助跑，一脚踏在50厘米宽的起跳区起跳，双脚落入沙坑"的技术动作要领，学会助跑起跳的自然衔接，增强下肢力量，提高跳跃能力。 2. 学会综合活动"翻翻乐"的方法和规则，发展学生柔韧、协调和灵敏等身体素质，激发学生的创新能力。 3. 尝试同伴互评，逐步养成仔细观察、乐于锻炼的良好意识。 4. 激发学生参与游戏的积极性和兴趣，培养学生注意安全、关心同伴的良好习惯。

课序	时间	教学内容	运动负荷			教与学的活动	组织与队形
			次数	时间	强度		
一	1′	课堂常规： 1. 整队 2. 师生问好 3. 引出课题				师：语言引导。 生：知道本课学习内容。 要求：精神饱满，思想集中。	○○○○○○ ○○○○○○ ×××××× ×××××× △
	1′30″	边线活动	1	1′	小	师：语言提示，并提出要求。 生：学生听口令练习。 师：讲评。 要求：动作正确，精神饱满。	
二	3′30″	热身游戏：听号抱团	5—6	2′30″	中	师：语言导入，并提示练习内容与要求。 （师生共同练习） 要求：欢乐愉快、活动充分。 ★安全小贴士：热身要充分	

续 表

课序	时间	教学内容	运动负荷			教与学的活动	组织与队形
			次数	时间	强度		
三	18′	跳跃：助跑，一脚踏在50厘米宽的起跳区起跳，双脚落入沙坑 1. 和"猫小萌"玩跳房子 创想练习（玩彩垫） 复习单跳双落（跳房子） 节奏：1—2—1—2……	1 3—5	1′ 1′	中 中	师：启发学生利用彩垫进行跳跃。 生：分组体验。 （师生互评） 要求：积极动脑，配合默契。 师：引导学生布置场地，讲解练习要求。 生：学生布置场地，学生拍节奏1—2—1—2……，然后进行练习。 生：分组练习。 师：来回巡视，指导纠正，并点评、鼓励。 要求：单跳双落，动作准确，边练边喊节奏。 ★安全小贴士：落地缓冲，避免受伤。	
		2. 和"猫小萌"练酷跳 节奏： 跑—跳 跑—跳—蹲 跑—跑—跑 跳—蹲	12—15	3′	中	师：我们的酷跳中心造好了，你们开心吗？想不想也体验一下呀！先让老师来试试吧！你们要加油哦！ 生：学生分组进行酷跳练习，并展示。 师：讲解并引导学生评价。 生：结伴练习并评价。 师：点评、鼓励。 要求：踏跳有力、衔接自然。 ★安全小贴士：落地缓冲，避免受伤，注意安全。	

续 表

课序	时间	教学内容	运动负荷			教与学的活动	组织与队形
			次数	时间	强度		
		3.和"猫小萌"学本领（助跑3—5步，一脚踏在50厘米宽的起跳区起跳，跳过一定的障碍物，双脚落在垫子上；跳过20厘米障碍物；跳过40厘米障碍物）	12—15	3′	中	师：引导学生布置场地。 生：布置场地，搭好"障碍物"，边拍节奏边进行单跳双落的动作越过障碍物。 师：提问"如何越过障碍物？"（教师指导，参与练习） 生：小组体验练习，交流心得。 师：示范，引导学生仔细观察，对比后得出"助跑和起跳要衔接自然，单脚用力起跳，双脚落地"的动作要领。 生：展示。 师：教师再次提出练习及评价要求。 生：根据实际情况分层练习，并评价。 师：教师点评、鼓励。 要求：踏准起跳区，动作连贯。 落地平稳，屈膝缓冲。 ★安全小贴士：落地缓冲，避免受伤。	
四	8′	综合活动：翻翻乐 1.看谁翻得快 2.看谁翻得多	2	3′	大	（师生共同布置场地） 师：讲解练习方法并提出要求。 生：示范。 师：语言引导学生进行教学比赛。 生：遵守规则，积极参与活动。 师：适时指导，参与竞赛，即时评价。 要求：遵守规则，积极参与。	

续　表

课序	时间	教学内容	运动负荷			教与学的活动	组织与队形
			次数	时间	强度		
五	2′	放松： 小鸟飞	1	1′30″	小	师：讲解方法。 生：师生共练。 要求：积极参与，尽量放松。 ★安全小贴士：动作协调，注意安全。	○ ○ ○ × ○ × × ○ × × ○ ○ × ○ ○ × × △
六	1′	小结 师生道别 归还器材				师：小结本课情况。 生：引导学生自评、互评。 （师评） 要求：认真听讲。 小贴士：课后要洗手，这样可以使我们的身体更健康。	○○○○○○ ○○○○○○ × × × × × × × × × × × × △
场地器材		彩垫 56 块；瑜伽垫 10 块；标志盘 20 个；泡沫彩垫 30 块	安全保障			1. 选择平整、防滑的场地，做好充分的准备活动。 2. 针对跳跃运动做好准备活动，防止损伤发生。 3. 强调正确的保护与帮助方法，保持合理的练习强度和密度。	
课后小节			预计			练习密度		强度
						全课	内容主题	中
						45.7%左右	42.3%左右	

五年级"动作组合(一):五步拳""六环联动"在线辅导设计

一、指导思想

以空中课堂为蓝本,引入"六环联动"的课堂教学模型,以设计主动有效的在线教学为目标,精心设计教学课件、补充学练资源,切实帮助学生消化学习内容,提高学习效率,让在线互动变成学生学习空中课堂内容的消化剂和润滑剂,帮助学生将相关的教材学扎实。

二、教学设计

(一)教材分析

五步拳是小学《体育与健身》教材身体表现板块中的教材内容,是小学阶段学生特别喜欢的教材之一。它是小学阶段教材中武术基本功的综合运用形式,其中对于五种步型(弓步、马步、歇步、仆步和虚步)有明确的动作要求,在步型变化的基础上与手型(拳、掌、勾)动作相结合,辅以简单的步法(弹踢、蹬腿)和手法(冲拳、架打、穿掌、挑掌),进而形成套路动作。学练五步拳,能发展学生力量、柔韧、灵敏等身体素质,对于激发学生练武学礼的兴趣,形成良好的品质具有积极的作用。

(二)教学目标

① 熟练掌握五步拳中的基本步伐和动作组合,动作有力到位,能初步理解攻防意识和基本线路。

② 积极参与五步拳的学练,发展力量、速度、柔韧、灵敏等身体素质。

③ 在学练中产生对武术运动的兴趣,培养挑战自我、勇于拼搏的意志品质,养成自觉参与体育锻炼的好习惯。

(三)教学设计流程

在体育教学中进行六环联动设计:课前介入→问题引领→突出重点→多元评价→拓展应用→课后延伸,有助于创建主动有效的体育课堂。

1. 课前介入

(1) 观摩空中课堂

执教教师提前观摩空中课堂,寻找学生在学习空中课堂时可能出现的问题,明确直播互动目标,布置学生预习内容,助力学生达成有效的学练。

(2) 预习学练内容

根据课前学情分析,发现本班学生已有的武术基础存在着较大的差异,在线学习并不能做到学习进度的一致性。因此,我们提前向学生推送了适合学生自学的武术基本功热身操,并要求学生进行马步、弓步、虚步、仆步和手型的复习,以及进行相关学习准备,通过预习学练,帮助学生掌握课中运用的基本动作。

2. 问题引领

针对教材特点和学情分析,教师提出了"如何组合武术动作"这一问题引导学生围绕问题开展学练。

(1) 为什么要学五步拳?

在互动直播中,通过推送武术大赛的小视频,让学生在欣赏高水平武术套路的同时,知道五步拳既是学好武术的基础,又是强身健体的好方法,要求学生端正学习态度,激发学练需求。

(2) 五步拳的动作原理是什么?

通过推送资深教师的五步拳视频资源,并描述五步拳每个动作的攻防价值,让学生知道每个动作的价值和缘由,使学生的学习目标更加明确,动作更加规范,积极性更加高涨,为未来的深入学习打下基础。

3. 突出重点

(1) 突出重点,有效学练

对重点动作进行重点提领,如对提膝仆步穿掌和虚步挑掌两个单式动作和组合动作的学练,通过反复学练,增加在线练习次数,为完整学习五步拳动作攻坚克难,打下基础。

(2) 优化课件,标注难点

针对空中课堂教师只有镜面示范动作,容易造成学生方向混乱的问题,在直播互动时,教师通过在PPT课件中插入正向的动作图片和动画小窗,使学生在跟着教师线路走的同时,及时提醒学生左右手及腿部动作的正确方向。

4. 多元评价

设计适合执教班级学生的评价工具,通过以评促学,帮助学生掌握五步拳的基本步伐和动作方法,使其能做到动作到位有力,基本知道攻防意识和动作运行线路,以及五步拳的锻炼价值。

5. 学会能练会用

五步拳的动作是由不同的动作按照一定线路运行的动作组合,同学们熟练掌握以后可以进行强化练习，以起到强身健体的作用。在此基础上，教师要适时引导学生将五个步伐动作进行不同的组合，从而使动作变得更加实用。同时，在不同情景下，教师还要有意识地引导学生使用不同的动作组合，并讲出不同组合的原理，真正做到"学会能连会用"。

6. 课后拓展延伸

《五步拳》在小学阶段是一本有一定难度的教材，但在武术系列教材中只是一个基础项目，同学们既可以根据学习经历将其进行一定的改编及展示，又可以将其作为下一次课的课前热身操或将其融入大课间武术操中进行练习，以体现学练价值。

附：

小学"体育与健身"在线教学设计

学校	西门小学	年级	五	教师	杨军
课题	五步拳 2-2	课时	5	日期	3.25
本课模式	☐1. 空中 20 分＋互动 20 分 √ ☐2. 整合各类资源个性化实施直播互动 30 分				

<table><tr><td colspan="6" align="center">教 学 目 标</td></tr></table>

1. 学习五步拳完整动作，能做到动作正确连贯，线路方向正确，提高手、眼、身体与步伐的协调能力及动作力度，通过攻方演练提高自身的防卫能力，发展身体协调柔韧素质。
2. 学习综合练习"趣味体育"的方法和技巧，积极参与在线体育互动，发展腰腹力量和身体协调能力及弹跳素质。
3. 积极参与练习，主动与老师互动，培养克服困难、勇于实践的良好品质。

<table><tr><td colspan="6" align="center">教 学 过 程</td></tr></table>

一、空中课堂学练
1. 学习五步拳的蝎步盖冲拳、提膝穿掌、仆步亮掌和收式动作要领，跟着空中课堂认真学练。
2. 趣味体能：推土机 2-2。

二、在线拓展练习
1. 复习与回顾
  检查上节课作业、连麦学生演示弓步冲拳、弹踢冲拳、马步架打动作，并回顾空中课堂蝎步盖冲拳、提膝穿掌、仆步亮掌和收式动作要领，重点是动作有力连贯，方向正确。
2. 练一练、演一演
  （1）展示课前作业：手型热身操（音伴）。
  （2）针对空中课堂教师镜面示范导致线路不清问题，导入补充资源，逐节提领，理解动作。
  （3）完整慢速练习，对照标准自练自评。
  （4）进行不同组合创想练习。
3. 趣味体能
  （1）运送物资趣味练习。
  （2）素质组合练习。

<table><tr><td colspan="6" align="center">教 学 资 源</td></tr></table>

1. 步伐手型热身操。
2. 五步拳背面示范动作视频。
3. 五步拳视频动作价值讲解资源。
4. 趣味体育视频资源。

续　表

"体育锻炼活动设计"推送
1. 空中课堂趣味体育练习3组。 2. 五步拳教学内容练习5遍。 3. 用五步拳动作组合不同的武术操。 4. 30分钟户外亲子活动、素质组合练习3组。

上海市崇明区西门小学
"小学体育兴趣化"体育课程改革
实施方案及总结

一、实施方案

以《中共中央国务院关于加强青少年体育增强青少年体质的意见》《上海市人民政府关于切实提高青少年身心健康水平实施学生健康促进工程的通知》精神为行动纲领,以《上海市小学体育兴趣化、初中体育多样化课程改革指导意见》为指导,深化学校体育教学改革,改变传统的学校体育教学内容、组织形式和运行机制,建立以兴趣培养为导向的课改目标,特制订《上海市崇明区西门小学"小学体育兴趣化"体育课程改革实施方案》。

(一)指导思想

坚持"健康第一,全面育人"的指导思想,以"每一朵鲜花都怒放"办学理念为引领,树立"健康的体魄是学生终生发展的基础"的宗旨,以"激发学生学练兴趣,积极参与体育健身"为突破点,实施"小学体育兴趣化"课程改革,突出对农村城镇学生体育意识、体育能力的培养,提升学生的身体素质,为学生养成终身体育意识打下良好的基础,并为崇明区学校体育工作的整体改革与发展提供试点经验。

(二)实施目标

1. 学生层面

① 形成富有个性的体育特长,掌握终身受益的体育知识和方法,养成自我锻炼的习惯和意识。

② 提升身体素质,提高运动及在不同环境下的适应能力,形成阳光自信的心理品质。

③ 培养团队合作、积极创新的意识,促进身心和谐发展。

2. 学校层面

① 营造快乐学练氛围,构建主动有效课堂。改变传统的体育教学内容配置方式和教学组织形式,引入新颖的教学理念和体育教学器材,精心设计教学内容,创新教学方法手段,做到课程目标与课程实践紧密结合。

② 探索多种评价模式,激发积极学练动能。积极开展基于课程标准、多种形式的教学评价,将评价融入教学,强化评价的诊断、改进和激励功能。

③ 加强体育课程建设,丰富校本课程内容。营造"人人向往体育课堂,人人乐于体育运动"的西门小学阳光体育氛围,形成"一校多品"的西小体育工作特色。

④ 形成体育文化特色,促进健身意识的养成。具有不同运动项目的体验经历,养成终身锻炼的习惯和自觉锻炼的意识,为初中多样化学习奠定牢固的基础,为完善学校体育教育教学体系的建立,探索可操作的运行机制。

(三) 学校基本情况

1. 教学现状

崇明区西门小学是上海市文明单位、上海市行为规范示范校、上海市心理健康教育示范校、上海市新优质学校。目前,拥有西门、港西两校区,有 34 个教学班共 1243 名学生。学校作为上海市首批"小学体育兴趣化"课程改革试点单位,其为学校的体育工作向更高层次发展提供了新的平台。两年来,学校以崇明区开展的主动有效课堂为依托,积极开展小学体育兴趣化课堂教学实践探索,为学生搭建快乐参与体育活动的舞台;两年中,学校先后申报成为上海市活力校园试点学校、全国足球特色试点学校、上海市学校体育"一校多品"试点学校、上海市体育学科立德树人试验基地学校。

2. 教学条件

契合学校发展的办学理念,学校体育坚持"面向全体、加强基础、培养能力、发展特长"的工作目标,坚持"普及为主,特色引领"的活动宗旨,紧紧围绕"让每一朵鲜花都怒放"的办学理念开展校园体育活动,为全校师生积极开展阳光体育营造了良好氛围。

学校高度重视体育兴趣化课程改革试点的相关要求,成立了学校课程改革领导小组,领导、协调、管理和保障本校小学体育兴趣化课程改革的顺利推进;组建了西门小学课改工作团队,并根据学校实际,设计了《西门小学小学兴趣化课程改革实施方案》,确定及突破了学校兴趣化课改的重点,严格按照时间节点开展小学兴趣化课程改革试点工作,落实课程改革实施方案,及时做好课程改革实施的阶段总结、方案修正等,全力为体育兴趣化课程改革提供保障,保证课改与学校体育工作的整体推进。

3. 师资情况

西门小学体育组是"崇明区工人先锋号",是一支高素质的体育教师队伍,共有成员 12 名,其中党员教师 5 名,中学高级教师 2 名,小学高级教师 5 名,区级学科带头人和区学科教学能手各 1 名,年龄结构合理,专业特长互补,每位老师都拥有一颗积极向上的进取心,既能主动参与兴趣化体育课程改革,又能认真撰写兴趣化教学设计,开展兴趣化课堂教学实践。同时,他们还是健美操、田径、篮球、射箭、足球、象棋、定向越野等项目的教练。根据我校"一校多品"的体育特色实际,学校还外聘了体育舞蹈、射箭、轮滑、游泳、乒乓、篮球等项目的指导老师,为开展兴趣化课程改革提供了师资保障。

4. 场地器材

学校完成了运动场地的翻建工作。运动场面积 9 000 多平方米,含有 150 米和 200 米两条环形塑胶跑道,4 个标准篮球场,1 个足球场,以及乒乓房、健身操教室、射箭场、象棋教室等功能区。尽管运动设施、器材齐全,但是我们每年仍会添置多彩新颖的体育器材,以适应兴趣化课程改革实践的需要。

(四) 实施兴趣化教学的具体内容

1. 布置有效策略,开展教学研究

(1) 开展教师培训,提升专业素养

组织体育老师参加上海市兴趣化课程教学改革培训和课改方案的学习,以及与试点区、校开展的教研活动,了解教改新动态,更新专业素养,为推进兴趣化教学打好师资基础。

(2) 开展主题研讨,深化课改实践

以西门小学为点,辐射联合体学校,依托区域教学资源,组建区域课改小组分类进行教材研究,创编教材游戏,聚焦课堂教学实践,开展主题式兴趣化教学研讨活动,积极探索"小学体育兴趣化"课程改革途径与方法。

(3) 课题引领前行,创编新颖游戏

以区级课题《引入 SPARK 理念开展体育教学,提高课堂有效性》《引入 SPARK 理念改编游戏》《小学体育教学中学法指导的实践与研究》及市级青年教师课题《小学体育教学中课课练的实践与研究》等课题为引领,加快推进兴趣化教学试点进程。开展教师课程培训,学习游戏创编方法,创编出和兴趣化课堂相匹配的体育游戏,形成《小学兴趣化创编游戏集》,共同构建主动有效体育课堂。

(4) 优化教学策略,丰富方法手段

充分发挥骨干教师的辐射引领作用,强化小学体育兴趣化意识,围绕教学内容及教材重难点,采用不同的教学策略,设计因人而异的教学方法,为学生搭建不同坡度的学练平台,确保每个学生在不同的角色中获得不同的运动体验。

(5) 添置契合器材,营造灵动环境

"工欲善其事,必先利于器",灵动活跃的学练环境在小学兴趣化体育教学中的作用不言而喻。在深入教材研究的同时,设计并添置相应的辅助器材,为学生营造一个快乐体验的氛围,进而激发学生主动学练的动能,有效提升体育课堂教学效度。

2. 开发特色课程,搭建七彩舞台

(1) 学会健身操,精彩大课间

利用学校大课间活动安排,每天开展健美操系列活动,开发《健美操》课程,确保西小学子人人学会健美操,从而丰富阳光校园体育活动。

(2) 爱上足球课,驰骋绿茵场

充分利用每周一节足球课的时间,以《小场地条件下开展校园足球的实践研究》为引领,普及足球基础知识和技能,引导学生爱上足球,从而为学生学会运动项目打下基础。

(3) 快乐 30 分,助我心飞扬

以人人争做"小健将"项目为抓手,充分利用学校开设的"快乐 30 分"平台,为学生开设象棋、田径、足球、篮球、乒乓、轮滑、射箭、围棋、拉丁舞、啦啦操、定向越野、绳舞飞扬等兴趣化课程,根据学生意向自主选择体验内容,增加学生运动经历,创设争做"小健将"机会。

(4) 编写快乐课程,完善课程体系

根据学生学习情况及师资水平,进一步延伸体育课程建设,编写学生喜欢、家长欢迎、学校需要、符合小学生身心特点的校本课程,开展递进式教学,促进学生系统学习,更好地为学生健康成长服务。

3. 丰富课外活动,活跃学生身心

立项课题《阳光体育背景下校园体育文化构建实践研究》以体育节为主线,围绕学校体育节,创新开展"我能行"体育系列活动,每月一项目,为每个学生创设参与体育节的切入口,如跑步达人、跳绳达人、健美操王子、篮球变向高手、足球颠球达人、射门达人等,通过全年的系列比赛,遴选出各项目优秀者进入体育节总决赛,以此激发学生持续、积极的参与热情;同时,开设家校互动的体育亲子活动、学生自创的游戏比赛、体育小报、摄影、漫画作品征集等等,形成了一批学生喜闻乐见、乐于参与的体育活动。

4. 搭建交流平台，辐射区域共进

依托区域联合体，组建区域内兴趣化课程改革项目团队，主动参与市级交流活动，定期开展小区域内小学兴趣化教学研讨，探索"小学体育兴趣化"的有效途径，每学期开展一次区教学研究活动，辐射引领区域推进。

（五）兴趣化教学课程改革实施安排

1. 成立学校体育兴趣化课程改革领导小组

对学校的师资、执教年级做适当的调整，并对各班原有的体育基础、学生对体育课的喜好程度的实际情况进行调查，初步制定"小学体育兴趣化"课程改革试点实施方案，组建学校兴趣化教学改革工作小组。

2. 全体体育教师有计划参与兴趣化教学培训

积极参加上海市、区兴趣化课程改革的多级培训、教研活动、区 SPARK 理念游戏创编培训等，理解兴趣化教学理念，撰写心得体会，并内化为教学行为。

3. 实施 4＋1＋快乐 30 分体育课程

根据"小学体育兴趣化"课程改革的要求及"每天一小时校园体育活动"的原则，实施每周 4 节体育课、1 节体育活动课及每天的"快乐活动 30 分"的阳光体育课程。合理安排体育教师的课时和工作量，以及实施 4 节体育课后的整体体育课程安排，确保场地、师资器材的落实，保障小学兴趣化教学的顺利推进。

4. 制定契合兴趣化教学课时计划

体育教师对教材内容的选配、教学过程的组织、教学方法的运用、教学效果的评价等要做全面深入的思考和探讨，为开展课改实践工作做好充分准备。

① 组建区域内体育教学改革项目团队。以试点学校教师为骨干，邀请学校所在区域的骨干教师加入，形成多个学习共同体，分组梳理教材，分析跑、跳、投、攀爬、支撑与悬垂、滚翻、球类活动、民间体育等教材的重难点及教学建议。

② 根据单项教材的重难点，为每个教材设计一个配套辅助练习，供大家参考选用。

③ 对教学效果要有明确的要求，如进行基本内容Ⅰ教材教学时，内容主题的练习密度不得少于 45％；球类教学时，内容主题的练习密度不得少于 40％。

④ 教学设计时，练习的组织形式小组人数不多于 6 人；教学方法要多样，小学低年级教学内容以体育游戏呈现，建议以主题式、情景化、游戏化开展教学；小学高年级教学内容以基础运动技能融入游戏方法及手段的方式进行呈现。

5. 添置契合教材需要的五彩器材

根据学校各班级人数，确定添置教材的数量以符合小组练习需要；器材色彩相对丰富,适合学生年龄特点。

(六)"小学体育兴趣化课程改革"管理与保障

1. 组织管理

(1) 建立管理制度,护航课程改革

学校成立了以校长为组长、分管副校长、教导主任为副组长的学校课程改革领导小组,领导、协调、管理和保障本校的小学体育兴趣化课程改革顺利推进,组建了以上海市体育学科带头人后备人选、区体育学科带头人、区教研员、区骨干教师为引领的课改工作团队,制定了《西门小学小学兴趣化课程改革实施方案》,及时做好了课程改革实施的阶段总结、方案修正等,全力保障了课改与学校体育工作的整体推进。

(2) 配齐课改师资,提高课改实效

根据小学兴趣化课程改革的要求,配齐、配好体育教师,充分挖掘和合理安排学校现有的教师资源,引进或聘用具有高水平、适合本次课程改革教学任务的教师(含已退休的教师),以及符合条件的体育教师或体育系统的教练员,与本校教研组一起统一管理。

学校确保为承担改革任务的体育教师参加培训提供时间和经费保障,配合将这批体育教师的培训纳入市、区中小学教师培训体系管理。

(3) 保证专项主题教研活动定期进行,提高日常教研活动质量

每月一次专项教研活动,做到定时间、定人员、定地点、定内容,确保教研质量;学校分管领导深入体育组了解、掌握和指导教学工作。

(4) 支持小学兴趣化课程改革课题研究

以课题为引领,开展基于标准的课堂教学与评价的实践研究。从教(目标、内容、方法、组织)和学(学习过程、学习经历、学习结果)两大方面,总结出简单易行、客观公正的体育教学评价方法,促进教师与学生的共同发展;开展《引入 SPARK 理念,创编体育游戏》的课题研究,进行以教材游戏为主的游戏创编实践研究,探索新型组织形式运用于兴趣化教学的新模式。

2. 政策制度

根据"小学体育兴趣化"课程改革的实际需要,制订或调整、完善配套制度,如体育教师的培训,体育教师教学工作量的测算、体育经费的投入办法、体育教师考核激励机制、超工作量津贴和外聘人员课时津贴及修缮体育教学场地和添置器材等,使政策制度有利于兴趣化课程的试点推进。

3. 运动安全

制订运动安全制度并张贴在相关场所,定期组织人员检查、维修各种设施和

器材,要求体育教师在体育课中结合身体练习,加强运动安全知识讲解,让学生了解自己的健康状况,帮助学生学会有关防止运动伤害的方法。同时,加强学校的医务保障工作,做好运动伤害的及时处置。

4. 宣传动员

学校领导小组应向参加课程改革的体育教师和相关部门、学生和家长等宣讲"小学体育兴趣化"课程改革的目的、意义和任务及可能存在的困难,争取获得大家的理解和支持。

二、实施过程

(一) 西门小学兴趣化课程改革过程

1. 重建教材游戏,激发学练兴趣

课改小组梳理各年级《体育与健身》跑、跳、投、滚翻等教材的重难点,围绕教学重点创编或引入 1—2 个基础游戏:对于低年级,开发并融入 SPARK 理念的教材游戏,如针对《走和跑》教材,我们设计了慢车道、快车道游戏和超车道;针对《地滚小皮球》教材,我们设计了"小球过山洞"游戏……游戏大多含有拓展性练习,为学生打开了挑战潜力的窗口。对于中高年级则围绕合作、竞赛的理念设计游戏,如针对《实心球前掷》教材,围绕"发力顺序、出手有力"的教学重点,我们设计了游戏"天女散花""掷地有声""掷球过界";针对拓展类教材篮球"原地运球",依据"向下按拍球"的教学重点及"对球的控制"的教学难点,我们设计了游戏"运球小间谍""运球猜拳""运球王子"……各年级执教老师可以根据学生实际情况对基础游戏进行拓展改编,以适合自己的教学需求。快乐的游戏练习,不仅激发了学生学练兴趣,使其掌握了动作要领,而且使同伴间的合作意识和规则意识也得到明显提升。

2. 开发评价工具,关注教学过程

(1) 评估游戏效度,激发学练激情

游戏效度的评估主要看游戏是否围绕教材重难点创编,是否和教学主题相契合,是否贴近学生已有的知识层面、生活经验,是否对学生有吸引力,是否有递进性,是否有 50% 左右的运动密度及适宜的运动负荷。因此,高效度的教材游戏主要表现为以下几个方面:

① 游戏有助教材重点的掌握,具有突破教材难点的体验。

② 游戏适合全班不同层次学生参与,有一定的递进性,并设有拓展性练习。

③ 游戏贴近学生已有的知识层面、生活常识,学生参与兴趣浓厚。
④ 游戏的组织形式新颖,练习密度能达到50%以上。

(2) 评估教学方法,优化组织形式

课改团队在充分使用教材游戏的同时,更加注重优化教学方法手段,更加关注练习的组织形式,改变了传统的一人做众人看的轮换式组织形式。在教学中融入 SPARK 课程理念,通过分角色参与练习,以小组形式开展合作学习,激发了学生练习兴趣,满足了学生心理需要,提高了课堂练习密度,确保了合理的运动负荷,进而提升了学生的身体素质。

(3) 加强课堂观察,基于课标点评

在体育教学课堂中,以课程标准为依据,积极推进双重课堂观察学习评价,进一步明晰教学中基于观察证据而开展的师评、生评、互评,明确从参与兴趣、学练习惯、学练效果、情感态度等方面予以客观评价,有力促进基于课程标准评价和教学的有机融合,真正使"评价伴随教学""评价促进教学""评价亲近课堂",形成了《西门小学体育教学双重课堂观察评价案例集》。评价案例实录被用于上海市《小学低学段基于课程标准的评价指南》和《上海市小学低年段综合学科基于课程标准的评价案例集》,并在学生成长记录册上予以体现,以此达到和家长进行交流互动的目的。

表 1 基于课程标准的评价量表(以持轻物掷远为例学生互评)

	观察点	预期表现	评价等第 👍	评价等第 👍👍	评价主体	评价方式
持轻物掷远	观察同伴在情景中能否用正确动作消灭"四害"	知道持轻物掷远的动作要领,能用正确的动作完成消灭"四害"的任务	有正确的预备姿势	有正确的预备姿势,并能将轻物掷到一定远度消灭害虫	同伴	课堂观察学生互评
	同伴互助互评	能用正确的动作要领指导同伴	同伴能及时给予评价	能及时对同伴进行评价并指出错误动作,有一定效果	同伴	课堂观察学生互评
	将药包掷远除害(150克)	男及格8米;女及格6米	男良好10米;女良好8米	男优秀12米;女优秀11米	自评	消灭不同害虫

表 2　基于课程标准的评价量表（教师评价）

基于课标的评价	① 学目标达成情况好，尤其凸显"主动·有效"追求目标的达成。
	② 技能学习有明显进步，完成 90% 以上得 4 分；70% 及以上得 3 分；70% 以下得 2 分。
	③ 全课密度 30% 以上、基本密度 20% 以上，学生通过练习身体素质得到提高。
	④ 学生锻炼积极，师生、生生互动有效，合作和拼搏精神得到较好培养。

3. 交流展示，提升教研组整体素质

在课题"引入 SPARK 理念开展体育教学，提高课堂有效性""引入 SPARK 理念改编游戏""小学体育教学中课课练的实践与研究""小学体育教学中学法指导的实践与研究"的引领下，加快推进兴趣化教学试点进程。在日常教学中，体育老师通过组织形式的改变、教材游戏的融入、课堂情景的创设、学法指导的落实等方法，用新的理念、新的内容、新的场景、新的形式及新的评价，来激发学生练习兴趣，满足学生心理需要，提高课堂练习密度，确保合理的运动负荷，提升学生的身体素质。两年中，体育组老师多次参与市、区、片级公开课教学，在家长学校开放展示，获得了全国"一师一优课"优课，上海市"一师一优课"评比一等奖，崇明区中青年教学评比一等奖、三等奖等荣誉。

（二）结果分析

1. 课改实践营造主动学练氛围

兴趣化教学课程改革试点，围绕教材创编游戏，营造学生乐于参与的课堂氛围，使不同基础的学生都有参与的平台，确保不同层次的同学在同一舞台上快乐参与，客观认识自我；同时多层次的教学也为有潜质的学生打开了窗户；新颖的评价方法又为每个学生铺设了找到快乐与成功的钥匙。学生喜欢体育课，更喜欢在体育课上积极地参与自己设计的游戏，为达到自我目标而积极参与，营造了积极主动的体育课堂。

2. 新颖教学模式激发学练热情

兴趣化教学符合小学生年龄特点和身心特征，丰富的教学形式和手段，激发学生健身兴趣，体育课成为学生向往和惦记的课堂。课改小组创编的教材游戏，为体育老师打开了兴趣化教学的窗口，越来越多的体育老师在教学中采用教材游戏，越来越多的老师采用新颖的组织形式和教学理念来进行教学，营造了灵动活跃的体育课堂。

3. 量化评价指标提速有效课堂

以上海市体育与健身学科基于课程标准评价指南(征求意见稿)为参考制定不同教材的评价量表,明确了课堂中学生互评的关注点及互评的方法,使学生在评价中纠正动作,获得成功的体验,从而得到同伴的认可,激励了学生的学练兴趣,促进了其习惯的培养,提高了教学的有效性。

4. 适宜运动负荷增强身体素质

运动密度因为学生的主动练而明显提升,从原来30%提升到45%左右,运动强度也更加合理有效。学生的体质健康状况正在逐步改善,据区体质监测中心对我校的抽测数据,我校学生《国家学生体质健康标准》达标率、良好率、优秀率都有显著提高(见表3)。

表3 2015—2017年西门小学国家体质测试成绩

年 份	总样本数	优秀(%)	良好(%)	及格(%)	达标率
2015	1 220	7.82	38.51	48.3	96.61
2016	1 225	8.33	39.59	49.71	97.63
2017	1 195	13.08	46.52	38.89	98.49

5. 课改丰硕成果添色健身乐园

校园体育以"一校多品"创建为抓手,以快乐体育社团为依托,以课题为引领,以校本课程开发与实施为载体,积极落实体育特色行动计划,形成丰富的课程资源,并结出了丰硕的成果:射箭、游泳、健美操等项目已经成为上海市有一定影响力的项目;足球、乒乓球、健美操、定向越野、篮球是区传统特色项目;轮滑、象棋、体育舞蹈等也在我校逐渐兴起并成为品牌项目,课堂中快乐学习,项目中多种体验,为同学们体育活动兴趣化、个性化的实施搭建了宽阔的平台;师生自编的体育游戏已经在"六一"游艺活动、学校体育节、亲子活动及学生课余活动中得到运用;学生通过在校期间的体育教学、拓展课程、社团指导、特长辅导等,掌握了多种假日健身的方法,如学校普及的健美操、游泳、象棋、篮球、足球,社团活动中轮滑、乒乓球、拉丁舞、跆拳道等,为学生课余时间开展健身活动提供了选择(见表4)。学生参与校园内外健身活动人次明显增加。在这个平台上,我们的学生快乐腾跃、健康成长。

表 4　课改实施前后,课余参与校内外体育活动的人数变化(以三、四、五年级为例)

项　目	假日体育		球类(足球、篮球)		象棋		舞蹈		游泳		课间游戏		特色社团		其他	
实践对比	2015	2017	2015	2017	2015	2017	2015	2017	2015	2017	2015	2017	2015	2017	2015	2017
三年级	80	112	23	28	2	35	4	35	8	29	40	50	20	42	18	38
四年级	62	85	45	85	2	42	3	25	8	63	24	45	30	60	13	58
五年级	50	75	58	96	3	50		13	10	32	12	43	25	50	23	62
合计	192	272	136	209	7	127	7	73	26	124	76	138	75	152	54	158
	课题前参与人次:573 人次								课题后参与人次:1 253 人次							

(三) 难点和问题与措施

1. 兴趣化体育教材的呈现形式需要改变

以低年级为例,当前小学《体育与健身》教材中基本内容Ⅰ中的教学内容有各种姿势走、立定跳远、30 米快速跑等,在课改试点单位的老师围绕教材内容设计不同形式的游戏,特别是在低学段教材处理时,大都是采用淡化基本技术,突出活动能力的教学方法,取得了较好的教学效果。但不可否认,因体育教师各自的专业能力及对教材理解的差异造成了学生学练的差异。因此,建议体育教师在对低年级设计主题化的教学内容时,如"各种姿势走",可以以"游园活动"为主题;"立定跳远"可以以"小青蛙找妈妈"为主题;"地滚小皮球"可以以"钻山洞"为主题……总而言之,这种主题式教材有利于体育教师对兴趣化教学教学方法和效果的把握。

2. 对兴趣化教学器材的思考

"工欲善其事,必先利于器"。小学生的身心特点决定了体育器材对兴趣化教学的重要性。

(1) 自制器材

体育教学器材,一定是契合教材实际而设计的。除此之外,对小学生来说,体育器材还必须要具有色彩感和安全性。自制器材虽然很重要、很实用,但如果没色彩且不能确保安全,那必然不会引起学生的兴趣。因此,希望课改学校成立体育器材交流群,提出合理建议,共享教材类器材,把合理科学的设想变为试点产品。

（2）购置器材

市场上适合教学改革的器材并不多，而兴趣化课程改革所需的器材在新颖性、安全性、多样性上要求更高，不仅要根据教材特点进行选配，而且需要的数量也比较多，需要得到一定的专项资金支持。因此，需要各方努力，献计献策，加强投入，以确保兴趣化教学的顺利推进。

3. 构建基于课程标准的兴趣化体育课程评价体系

积极探索与兴趣化课堂相匹配的基于课标的评价方法手段、量化指标，如评价学习兴趣、习惯的指标，评价课堂学练成果的指标等等，构建可操作的量化体系，以评价促进学练的理念，强化评价的改进和激励功能，实施促进每一个孩子快乐参与学练，有效学会运动项目的兴趣化体育教学。

第四章
海外培训,感受体育强国基础教育阶段的体育之"道"

根据沪教委人〔2012〕15号《上海市教育委员会文件》精神,自2012年起,5年内在本市遴选100名中青年体育骨干教师,通过国内基础训练和国外专项强化培训,经过数年跟踪培养,造就一批体育教育学科带头人,带动全市体育师资队伍的整体发展。

作为一名郊区的一线体育教师,我有幸参加了这次遴选,并入选首期国外培训名单。2012年11月4日—12月21日,我随团参加了国外培训。

本次培训地点是美国纽约州布法罗市——美国纽约州西部伊利湖东岸的港口城市。本次培训的内容主要有三块:学校见习、专业知识培训、主题研讨活动。

美国作为体育强国,在学校体育教育内容和课程设置领域,一定有它鲜明的特点。在这7个星期的培训中,我努力去了解美国学校体育教育的理念,寻找美国学校体育发展的动力,比较中美两国学校体育的差异,并思考他们的课程理念对我国体育教学的启示或影响。

在学习期间,我认真了解美国学校体育的现状、教学、社团及社区活动实施的方法,每天以日记形式记下来,回国后撰写了《美国中小学体育课程目标对国内体育教学的启示——以美国纽约州布法罗 KENMORE - TOWN 学区为例》,希望有助于自己和同伴对美国学校体育课程有进一步的了解和研究。

美国中小学体育课程目标对国内体育教学的启示

——以美国纽约州布法罗 KENMORE‑TOWN 学区为例

一、见习学校基本概况

本次培训的见习学校在纽约州 KENMORE‑TOWN 学区,该学区是纽约西部地区最大的学区之一,有着悠久的文化积淀。这个学区采用的是"六、三、四"制,即:小学 6 年(K—5),小学中包括 5—6 岁的幼儿园小朋友;初中 3 年(6—8);高中 4 年(9—12)。目前,KENMORE‑TOWN 学区有 2 所高中,3 所中学和 8 所小学,共有学生 4 000 多名。

在 KENMORE‑TOWN 学区,我们要在所对应的小学蹲点 2 个星期,接待我们小学组的是罗斯福小学和林伯格小学,两个学校相邻,大概 10 分钟的车程,分别有 16 个和 24 个班级,每班班额大概在 20—25 人左右。两个学校体育组各有两名体育老师(其中罗斯福学校有一位老师每星期有一天去林伯格支援上课),体育老师主要负责学校的体育课教学、活动课设计与实施及体育社团活动的开展等。

二、KENMORE‑TOWN 学区体育课程情况

在美国不同的地区,学校体育的课程设置是有很大差异的。但各个学区的课程设置必须遵从纽约州的整体体育课程目标,教学内容也必须在纽约州相应的课程内容指导纲要范围内。纽约州的整体体育课程目标:

① 学生掌握基本的运动技能,具备多种方法的运动和体育活动的能力(共有 24 条)。

② 学生设计个人健身计划,以提高心肺耐力、灵活性、肌肉力量等(共有 26 条)。

③ 学生参与体育活动时显现出个人和社会责任感(共有 18 条)。

④ 学生需要了解体育活动提供了享受、挑战、自我表达和沟通的机会(共有 11 条)。

⑤ 学生能够确定安全危害且能有效应对,具备能够确保所有参加者安全的

经验(共有 13 条)。

⑥学生应该认识到在社区能够有机会参加体育活动(共有 5 条)。

⑦学生掌握评价的方法及设施和程序(共有 2 条)。

⑧学生应该认识到学校体育对职业的影响(共有 2 条)。

美国的教育管理体制与其国体是相一致的,采取分权制的教育管理。联邦教育部对州的教育事务没有统一和严格的规定,教育的行政权主要在各州,各州主要通过学区教育委员会负责管理本学区的教育事务。学校根据自己的实际情况进行管理,没有统一的模式束缚,如联邦对小学体育课的时间要求为 150 分钟,但在纽约州,只要求每周的体育运动时间为 120 分钟,到 KENMORE - TOWN 学区则会再少一点了。如,罗斯福小学 K—5 每周两节体育课(每节 40 分钟),间周一节活动课(40 分钟),平均每周 100 分钟;林伯格小学 K—5 每周两节体育课(K—2 每节 40 分钟,3—5 年级每节 45 分钟),K—2 每周还有一节活动课(每节 35 分钟),平均每周 90—115 分钟。

在美国,对 K—12 体育教育的标准有专门的 6 条:

标准 1:能够从事不同运动技能和动作形态所需的各种体育活动。

标准 2:能够在学习与从事体育活动时表现出对运动概念、原理、策略及技巧理解的运用。

标准 3:能够持续规律参与体育活动。

标准 4:能够完成并持续进行强化健康水平的体能活动。

标准 5:能够在体育活动中表现出尊重自己及他人的负责任的个人及社会行为。

标准 6:能够珍视体能活动所带来的健康、趣味、挑战、自我表达及社会互动价值。

各州可以根据国家标准制定州标准,纽约州制定了 3 条标准。各个学校根据纽约州标准设定各学校的评价标准,他们遵循的一个概念是:对美国或纽约州学生来说,参与比得分更重要。所有的学生必须参与体育活动,即使是残疾学生,即使不喜欢上体育课的学生,学校也会想尽办法让你参加,所以这里的课程目的是为健康,而不是为技能。在中高年级段,即使以技能为主,也是以活动为载体,联系上周我们的观摩所见,有一定感触。

小学基本以 activity 为主,中学以 activity 和 sport 为主,高中以 sport 为主。基于这些,美国各州对学生的体育评价方法也和我们有较大差异。测试方法有三个,测试方法见 http//:www.youtube.com,也可以查找"fitnessgram push up test""cde pft curt up" "cde pft pacer"" cde pft"。如在纽约州,一场1.6公里的耐力跑,大部分学生是直接跑完,但肥胖的学生也可以选择12分钟的快走,测试时需要带一个心跳测试器,看一下终点时他的心率是多少?从测试对象上看,这样做对肥胖的学生比较公平。

美国学生的体育训练分3个学段:

在小学,主要以 activity 为主,由体育教师兼任指导,以社团形式开展,对校内学生开放,很少有校际比赛,主要活动内容是 sport、game、craft。

中学主要以学习 skill 和体验 fun 为主,一般由体育教师兼任。它的内容较小学宽泛了许多,篮球、排球、足球、田径等都有。组织形式从小学单一的校内——Practice skill,增加了校际的——Play & Other school,八年级优秀运动员可以参加高中联赛,联赛项目扩展到了奥运会的很多项目,如体操、足篮排球、棒球、垒球、田径、游泳、lacrosse、field hockey 等。

三、中美两国体育课程的目标差异性

中美两国都十分重视学校体育的发展,尤其是学校体育对学生身心健康和社会适应能力的重要作用。2001 年我国颁布的《体育与健康课程标准》和 2005 年美国修改后的《迈向未来——国家体育标准》,都对体育课程都提出了明确的目标,但由于中美两国的文化传统、哲学理念和意识形态的不同,使得两国中小学体育课程概念也有所不同,而相应的体育课程目标、内容设置、教学过程和评价体系等方面也存在差异。美国提出了"受过体育教育的人"的概念,这一概念始终贯穿于其中小学体育课程的各个环节,体现在教学之中就是始终以学生为教学主体。我国的中小学体育课程也强调对学生身心健康和社会适应能力的培养,强调"健康第一"的理念,并制定了详细的课程标准。

中美两国对中小学体育课程的重视程度一致,都十分重视中小学体育课程对学生身心发展的影响,并都从国家层面对体育课程提出了要求,突出了"健康第一"的理念,在教学过程中都注重发展学生的"身""心""能"的健康发展,注重培养学生的社会适应能力,同时又都强调终身体育的重要性,要求学生走到户外,参加阳光下的体育运动,促进身心的健康发展。

我国中小学体育课程标准更加细致。美国在国家标准的基础上,并没有从国家层面对标准做进一步的阐述,而我国在"体育与健康"课程标准中,对体育课程性质、目标、内容标准和实施建议都有明确说明,这就更有利于用统一的标准来检测各项目标的实现程度。

美国中小学体育课程目标执行力度较好。美国中小学体育在教学的整个过程中始终坚持培养"受过体育教育的人"的理念，能以学生作为教学的核心，能注重学生个体的差异，激发学生的积极性，使学生将体育运动当成乐趣，更加主动投入到体育运动之中，从而达到良好的教学效果。我国学校体育课程目标的设定虽然细致而且具有较强的可操作性，但在具体执行中的评价力度不够，未能切实达到目标的要求，这与我国高考招生制度等现实问题有密切关联。目前，国家也正在通过课程改革对此问题不断进行优化。

美国的中小学体育课程始终把适应社会作为其指导方针之一。在体育项目教学中，安排正规体育比赛是与社会联系的最好的途径之一。由于我国在中小学体育教学中对正式比赛的安排较少，尤其是校际比赛较少，致使学生与社会的接触也较少，于是出现了很多专家所感慨的学生学了10多年体育，不会一项体育运动项目的尴尬。不过，2022年新课标提出的开展"学、练、赛"一体化教学改革，将会有效提升学生的运动能力、健康行为和体育品德。

2001年，教育部颁布了"体育与健康"课程标准，对我国体育课程的性质、目标、内容等作出了明确的规定，并在原有的体育课程基础上，突出了健康目标，将"体育与健康"课程提到"促进学生在身体、心理和社会适应能力等方面健康和谐地发展，从而为提高国民的整体健康水平发挥重要作用"的高度。在这种情况下，随着我国对学校体育课程研究的日益深入，不断推出的新的研究成果，对我国学校体育的发展起到了重要作用。

20世纪80—90年代，美国在教育方面提出了一系列新的措施，这些新措施在教育的其他方面虽然能够促进发展，但对学校体育却相当不利，影响了学校体育的良性发展，很多美国人开始呼吁要改变对学校体育的态度，并确定了"受过教育的人"的定义。为追求终身健康体育活动，受过教育的人应该达到5个核心要求：一是学会参与多种体育项目的必要技巧；二是知道参与体育活动的益处的本质；三是确实定期参与体育活动；四是身体健康；五是重视体育运动及其对健康生活方式的贡献。

为了确保各类规定文件的时效性并反映当前的知识、研究和实践，国家运动和体育协会定期审核并修改主要文件。在2002年的夏天，国家运动和体育协会指定国家体育标准修改委员会在考虑各类问题、建议和意见的基础上，修改国家体育标准，以明确学生应该知道什么，会做什么。

在美国培训的过程中，我们重点分析了中美两国中小学体育课程目标的差异性。

我国的学校体育课程目标包括：
① 增强体能，掌握和应用基本的体育与健康知识和运动技能。
② 培养运动的兴趣和爱好，形成坚持锻炼的习惯。
③ 具有良好的心理品质，表现出人际交往的能力和合作精神。
④ 提高对人健康和群体健康的责任好感，形成健康的生活方式。
⑤ 发扬体育精神，形成积极进取、乐观开朗的生活态度。

美国的学校体育课程标准是：
① 展示出对参与多种体育活动所需运动技能与模式的掌握能力。(Demonstrates competency in motor skills and movement patterns needed to perform a variety of physical activities)(psychomotor)
② 展示出在体育活动学习和演示中对运动概念、原则、策略和技巧的理解能力。(Demonstrates understanding of movement concepts, principles, strategies, and tactics as they apply to the learning and performance of physical activities)(cognitive)
③ 定期参加体育活动。(Participates regularly in physical activity)(psychomotor)
④ 达到并保持不断推进健康的体育健身水平。(Achieves and maintains a health-enhancing level of physical fitness)(psychomotor)
⑤ 展现出在体育运动过程中尊重自我和他人的有责任的个人和社会行为。(Exhibits responsible personal and social behavior that respects self and others in physical activity settings)(affective)
⑥ 重视体育运动对健康、快乐、挑战、自我表现和社会交往的价值。(Values physical activity for health, enjoyment, challenge, self-expression, and/or social interaction)(affective)

通过基本内容，可以看出中美两国学校体育目标有以下几个方面的相似性：

第一，都强调了健康的重要性。由此可见，"健康第一"的理念已经逐渐成为全球性的共识。

第二，都强调体育运动知识和技能的培养，强调要参加体育锻炼。

第三，两者都强调心理素质的培养。这正符合了目前对健康概念的全新认识，即健康包括了生理、心理和社会适应能力的健康。

第四，都将责任感作为学生培养的重要指标。这符合社会发展的要求，只有有责任感的公民才能更好地维护社会的和谐稳定。

第五，中美两国体育课程目标的具体指标有相似也有很多不同。在相似方面，中美两国在分类阐述时都强调了运动技能、体育健身和社会适应三个方面的内容，这三方面都是体育的基本要求，即要求学生能获得基本的运动技巧和能力，能够学会积极参与体育运动从而适应社会的需要，能够获得正确理解体育的价值，获得终身体育的能力。除此以外，我国的指标还包括了运动参与和心理健康两方面的内容，这是美国指标中所没有的，而美国的指标中多了概念认知这一项，虽然我国也提到了概念的理解，但只是将其放在了运动技能里。

中美两国课程目标的不同之处：

第一，我国强调的是"增强"体能，而美国强调的是对运动技能与模式的掌握能力。

第二，我国要求"培养运动的兴趣和爱好，形成锻炼的习惯"，而美国对应的表述是"展示对运动概念、原则、策略和技巧的理解"。

第三，我国要求"具有良好的心理品质，表现出人际交往的能力与合作精神"，这样的表述应该可以应用到教育的绝大多数领域，而非仅仅是体育教育所应该承载的功能。在体育运动的价值方面，美国的标准在健康之外还强调了"快乐、挑战、自我表现、社会交往"等方面价值，这些方面对学生的成长具有至关重要的意义，而我国正在加强这方面的研究，并且也逐渐在教材中增加这样的表述。

第四，我国的体育课程标准对课程内容方面的具体标准制定了详细的条款，而美国则《国家体育标准》制定后，对具体的内容不作统一要求，由各州自行制定各自的具体标准。

中美两国因文化传统、哲学理念和意识形态的不同而产生的体育界定的差异，必然会反映到两国体育教育之中，从而使得两国在学校体育课程目标内所设置的教学过程及评价体系等方面产生差异。

我国"体育与健康"课程标准中对"体育与健康"课程标准概念的界定：体育与健康课程是一门以身体练习为主要手段，以增进中小学学生健康为主要目的的必修课程。它是对原有体育课程进行深化改革，突出健康目标的一门课程，是学校课程体系的重要组成部分。美国的体育课程定义：广义来说，学校体育课程包括在学校监护下学生所参与的从正式课堂到校际的所有运动体验。狭义来说，体育课程是肩负责任的老师监护下所参与的正式的有计划、有目的、有组织的一系列运动体验。美国学校体育课程的概念强调的是学生的主体性，是学生所参与的从正式课堂到校际的所有运动体验，学生参与学校体育课程的核心是体验运动,这一点和我国的理念具有相似性,但是在体验的程度上有很大差异,美国强调了正式课程和校际,说明学校和学校体育交流在美国的体育课程中占有很大比例,这也正是美国校际体育交往或比赛丰富的根本原因。

对待学生参与学校体育教育的态度不同。我国的指标将运动参与单独列为一项,可以看出我们仍然是将参与学生列为硬性要求,而不是学生的一种自觉的行为,美国没有专门提到这一点,因为参与体育运动已经是一种常态,学生已经意识到这是自己发展的需要,对自己身心健康和社会适应能力都有很大的帮助,因而不需要行政的强制干预。此外,美国学校体育给予学校较多的选择自由,可以选择不同的运动项目,而目前在我国,只有在高中阶段才开始实现。

对待学生心理健康的态度不同。美国指标未将心理健康列为单独一项,这是因为在美国的教育理念中,体育教育和健康教育是不同的教育领域,美国有专门的健康教育标准,他们认为健康教育是一个单独的主要教育领域,放在体育教育之中不足以体现其重要性。而我国近几年也把心理健康放在了重要的地位,但在实际教学中对心理健康的重视程度反而远远不足。

对待概念认知的态度不同。美国的指标将概念认知列为单独一项,说明概念认知在体育课程中具有重要地位,这在美国的体育课程设置方面有明显体现。而我国是把运动基础知识教育作为运动技能的一个部分,将对运动基础知识的掌握归类到运动技能之中,通过运动技能的掌握以获取知识。

四、美国中小学体育课程目标对我国的启示

1. 课程目标应当注重体育课程的教育理念

课程建设必须坚持"健康第一,以人为本"的思想理念,在制定体育课程标准时,要充分考虑学生的实际,以学生为核心,遵循学生发展的特征,把培养人作为体育教育的最终目标。体育课程要有吸引力,使学生能够积极主动参与到体育课程之中,并能将体育课程当作自身发展的需要,而不是一种课业负担。美国的国家体育标准始终坚持将培养"受过体育教育的人"作为核心理念,强调以学生为体育教育中心,在对体育教育者所提的要求之中,也始终以是否能培养达到国家标准的人为指导,强调体育教育者应该自身掌握各种体育运动技能,且能够适应体育教学的强度,自身能够有规律参加体育运动并在实际的运动中了解体育运动对人的身心健康的益处,且能在社会中体现出良好的适应能力。对体育老师的这些要求是保证良好教学效果的基础,也是美国的各种体育教育理念能够

不断实现并发展的原因。

2. 课程目标应当注重培养人的社会化

人是社会化动物，必须在一定的社会环境中生存且必须要适应环境，各类教育都必须将培养人才作为教育目标。美国的学校体育课程着重强调了人的社会化，通过学生参加各种体育运动，特别是各类正规的体育比赛，学生能够真正体验到社会的竞争概念以及在这些过程中所接触到的各种事物。通过类似体育的社会化作用，使学生有机会体验如何克服困难赢得自我，如何与他人合作取得成就，如何在压力下调节自我而对抗压力，如何提升对集体的责任感，如何去尊重他人并关爱他人，如何去关心自己家人和自己所在的群体，这一切都对学生适应现实社会有着巨大的帮助。因此，我们的体育教育也要强调人的社会化，而不是将学生困在校园里自娱自乐，因为学生早晚都要面对现实的问题，如果在真正面对问题之前能够有所体验，必将会提高学生将来应对社会问题的能力。

3. 体育课程应当促进体育技能的掌握和健康知识的学习

体育能够促进人的身心健康。我国将体育与健康设置了同一标准，而美国将体育课程和健康课程设置成了两门课程，将健康教育作为一门单独的重要课程开设，既然我国将体育与健康课程放在了一起，就应当在课程目标设置的课程实施中切实考虑到健康课程的重要性，要将对体育技能的掌握和对健康知识的学习同等对待。掌握体育运动技能能够更好地促进学生的身心健康，而身心的健康又可以帮助学生更好地投入到体育运动当中。只有两者相辅相成，才能相互促进。

4. 体育课程设置应体现"以学生为本"的教育理念

在我国的课程设置和教学安排中，在有可能的条件下，或者尽可能创造条件，将学生作为中小学体育教育的中心，围绕着人的培养来设置课程、安排教学。只有这样才能培养学生的兴趣，使他们将体育运动内化为自觉自愿的行为。此外，要尽可能为学生提供接触社会的机会，培养学生的责任心与人格特征，以求培养出能适应社会的、身心健康的人才。

5. 健康课程应当单独开设，提升学生健康知识

应当单独开设健康课程，以便学生能够更加系统全面地了解健康知识。如果目前暂时无法开设，那么则应该适当提高健康课程的比重，因为体育运动是促进身心健康的一个有效的途径。

我眼中的美国小学体育教学的
特色及其装备设施的配置

一、美国小学体育设施情况

（一）实用舒适的体育场馆

这次我们访学的布法罗是美国纽约州西部的一座城市，气候条件与上海相仿，冬季略长。该地区大部分学校都有着较长的建校史，我们走访的学校都有室内外的操场和室内馆，为学生参与锻炼，提供了舒适的场地。场馆内暖气或冷气常年开启，学生可以穿着合适的运动服进行体育活动，男女生的淋浴房与更衣室更是配备齐全，小学三年级以上每个学生都有更衣箱。中学的场馆一般和游泳馆相连，非常方便专项教学。体育场馆内，与教学相关的体育设施齐全，实用有效。以小学为例，场馆内不仅配备了多个篮球架，还建有攀岩、爬绳、肋木架等体育设施供学生使用。每个体育馆四角都有小型器材室，以放置不同类型的器材，学生拿取使用非常方便。学校还将健康测试方法、标准，以及身体结构图、心血管图、营养知识等宣传图片张贴在墙上，供教学或学生学习使用。

（二）以学生为本的配置理念

一般的体育馆中间都有一道厚实的移动门，平时不用时向一侧移开，需要分班上课时则可合上，这为男女生分班教学提供了方便。为了提高场馆的使用效率，增加每个学生的场地使用面积，大部分学校都是从上午第1节课就开始安排体育课，有些规模大、场地小的学校还会合班上课，两位老师采用不间断的方式给学生上课。和美国学校相比，中国这几年对学校体育投入的加大，使学校的体育设施得到了很大的改善。在新建造的学校，体育硬件比起美国学校更加完善和优越，大部分学校都建有漂亮的塑胶跑道，甚至是气派的体育馆，这为学生在宽敞的场地上雀跃奔跑、翻滚嬉戏提供了可能。但同时，在寒风中蜷缩着身子慢跑，或是在雾霾弥漫中坚持锻炼，抑或是几个班级挤在同一片场地上互相拥挤、相互干扰的现象也是屡见不鲜。如何合理有效使用好、有序管理好体育设施，需要引起我们的重视。体育场馆建设应该为体育教学服务，为学校师生服务，美国的学校场馆设施和场地使用理念，给了我们很大的启示。

二、美国小学体育器材的配置

（一）丰富的体育器材

美国小学体育给我印象最深的是那些符合小学生年龄特点的丰富多彩的体育器材，以及他们对体育器材开发的重视程度。在罗斯福小学和林伯格小学的体育教学中，针对同一个教材，体育老师会采用不同材质的体育器材，如投掷中的绒毛球、动物形状的沙包、小皮球等等，并会根据学生的年龄特点和喜好，选用不同的器材进行教学、练习，大大提高了学生参与训练的兴趣。练习中，器材数量充足，提高了学生的练习密度和训练强度。

（二）科学的营销策略

在美国，体育器材的设计和使用都要经过认证和实践。在访学期间，我们参加了纽约体育教学年会"Footprint to our future"。在此会议上，多项研究报告都与体育器材的推广有关，它们或是经过课堂教学的证明，或是经过有关的实践认证，各个项目都是以报告或游戏展示的方式，把相关的科研数据、练习方法展示给大家，并通过大会向体育教师、专家演示他们的产品，让来自一线的体育老师体验、感受他们的器材在教学中运用的可行性。与之相配套的是专门介绍相关器材的书籍，体育教师可以在纸质资料里根据项目类型、项目性质、参与人数，找到不同的运动器材及相关运动方法，不论是常用的教育器材，还是个人健身休闲器材，或者是专门的体质测量仪器，甚至是印有营养知识的器材，都能一目了然。可以说，美国的学校体育器材从研发、论证到销售，已经形成了系列化、课程化的营销模式。

"工欲善其事，必先利于器"，作为体育教学的主要要素，体育器材在体育教学中的作用不言而喻，特别是小学生通过场地器械的布置，教学场景的创设，可以充分激发学生的学习兴趣，促进学生的学练积极性。在国内，学校对学习器材同样非常重视。体育教师参与体育器材开发的案例层出不穷，如体育教师毕首金，因为自制大量深受学生喜欢的教学器材，丰富了山区学生的体育教学而成为2012年中国体坛风云人物。但在大部分学校，真正拥有适合小学体育教学的器材并不多。我们的自制体育器材往往在器材式样、质量规格、安全指标上，不适合学生使用，而市场上销售的器材也往往是传统的老式器材。目前，我们的体育器材市场与体育教学处于脱节的状态，缺乏专门机构来研制开发与学校体育教学密切相关的体育器械。

三、美国小学的体育教学特色

近年来,为了提升学生的身体素质和健康状况,美国特别提出了"受过体育教育的人"的学校体育教育方针,明确受过体育教育的人应该达到的要求。特别重视体育教育,在促进儿童成长中的作用,以确保儿童的身心健康成长,为未来终身体育打下坚实基础。

1. 课程设置

美国的教育采取分权制的管理体制,各州主要通过学区教育委员会负责管理本学区的教育事务,学校可以根据自己的实际情况进行管理,没有统一的模式。美国的学校体育也是如此,由于各州对体育的重视程度不一,因此每周体育课也存在着较大的差异,如美国联邦政府要求各小学的体育课的时间为150分钟,但在纽约州,要求每周的体育运动时间仅为120分钟。而在KENMORE-TOWN学区则为100分钟,如罗斯福小学,幼儿园到五年级是每周两节,体育课每节40分钟;间周一节活动课(40分钟);林伯格小学,幼儿园到五年级是每周两节体育课(二年级以下每节40分钟,三至五年级每节45分钟),二年级以下,每周还有一节活动课(每节35分钟)。在不同地区的学校,体育课程设置也很不相同,没有统一的体育课本,各个学区会在纽约州体育课程标准及相应的课程内容指导纲要框架下,根据地域特点和学校实际,选用相应的教学内容,如排球、篮球、橄榄球、田径,甚至是极具地方特色的冰球、网兜球等等。通过对这些地方特色项目的引入,可以让学生更快地掌握运动技能,能真正融入这些项目中。在教学模式上,基本上采用项目式教学,一个项目需连续学习3—5周,如果是游泳、田径等大项,则需要7—8周进行连续教学。同时,各学区在教学时非常注重中小学的衔接学习,学区在其中起到了重要的作用,协调了中小学的教学内容和进度。

2. 教学氛围

美国和中国一样,一直在反思学校体育存在的不足和思考应对不足的策略,讨论体育教育到底应该如何开展,如何针对学校体育的现状进行改革。近几年,为配合美国学校体育的教育方针,小学体育加强了对健康知识和动作概念的传授,学生必须学会参与多种体育运动的必要技巧,了解参与体育运动的益处和本质。无论是体育课还是活动课,教师首先让学生知道学习内容的总体概念,并告诉学生动作原理,然后组织学生练习体验动作原理,掌握动作基本概念。当然,各个学段有着不同的学习要求。在小学体育教学中,美国体育教师对动作技能的教授并没有像国内体育教师教学时这样细腻和精确,而是更加强调学生体育运动的快乐,让学生在课后有能力去模仿、参与这项活动。此外,教学中的组织形式较之我们国内的教学也有所不同。美国小学体育教学的技能要求相对较低,练习的组织形式大部分采用散点式,注重全体参与和关注练习密度,而国内的小学体育课中最常见的是依次练习或小组轮换,所以从小学学生的练习密度来说,美国课堂要更高一些。近两年在国内部分省市进行的 SPARK 试点,就是美国小学体育教学中常用的一种方法,最基本的要求就是中等强度的练习密度要超过 50%。

另外,在美国小学体育教学中,学生不受尖锐刺耳的哨声所困惑,在教学中教师用音乐控制学生练习,而不是我们常用的哨子,从小学到高中都采用轻快的音乐,促进了学生的血液循环,激发学生的锻炼情绪,同时也强化了学生的节奏感和艺术欣赏能力。

目前,在国内体育教学中学生背负的压力比美国学生要大得多。从一年级开始,我们的教学就是必须要学会每个动作,任何一个练习都要从徒手开始练习,一步步深入。很多看似简单的动作,通过程序式的教学,学生都会觉得索然无味,更不用说是中高年级中的技能教学了。小学生体育课学什么?如何教?值得我们深思。

3. 课堂评价

在我们访学的纽约中小学体育课程中,非常重视课堂教学的过程性评价,如服装、学生练习时的努力程度、态度、技能等方面的评价,每节体育课后,教师都会把学生出勤和参加活动的情况记录在卡片上。近两年,美国各校在推广使用手表式的心率监测仪,学生可以在活动过程中通过检测实时数据,随时调整自己的运动强度。课后,老师会把心理监测收集到的数据,及时输入到计算机中进行数据处理,然后得到学生在体育课活动中的心率变化图,既能直观地反映每个学生的锻炼效果,又能将其作为主要的评价指标,以便及时和学生及家长进行沟通交流,但这些数据并不折算成分数告知学生或进行排名。

4. 活动课堂

我们所访问的纽约州 KENMORE-TOWN 学区的小学,除了每周两节体育课之外,也安排体育活动课。有的学校每周一节,有些学校间周一节,相比国内实行的每周两节活动课要少很多,他们的活动课是体育课的延伸和拓展,而不仅仅是重复或强化,它的内容是体育教学中没有的,如攀岩、棒球、爬绳、网兜求、曲棍球、平衡木、滑板车等体验式运动项目,都是平时教学中不选用的教材内容。

当然，也有对结合身体结构知识的介绍、运动所需营养的结构组成、心血管疾病的由来和预防等健康知识的传授。通过活动课的教学，增加了学生对这些项目的了解和体验，学生可以围绕这些项目在课后进行自主锻炼。在我们访学的罗斯福小学和林伯格小学，活动课通常都是体育老师执教，组织形式和国内活动课的形式相仿，但内容更多，一般都采用站点式组织形式，如同我们的循环练习法。一节活动课设6个站点，每个站点都有足够数量不同的器材，每周安排的活动内容都会有所不同，确保学生能在不同的学段体验更多的运动项目，学会更多的能在课后自主活动的运动项目。在活动课时间的安排上，两所学校从上午第一节到最后一节都会有安排。学生在快乐学练中掌握运动方法，积累运动快乐，增加健康知识。

5. 课后拓展

在美国，校内体育仅仅是学生体育活动中的其中一部分，他们的社团活动、社区体育都可以作为学校体育的补充，大部分学生都能在各自的学校参加课后的体育社团活动。在布法罗地区居民住宅区的附近，通常会有一些简单但非常实用的体育设施，如篮球场、棒球场、大片的草坪等适合家庭健身锻炼的地方，学生同样也会利用课余时间和家人一起锻炼。同时，高水平的竞技体育及丰富的体育文化，对学生的影响也非常明显。在布法罗，每逢布法罗橄榄球队参加主场比赛，布法罗市民就会带着篝火及晚会用的材料、食物，举家前往观看。在这样的氛围影响下，学生对体育无不充满了幻想，他们常常会在社区、在家里主动去练习。同时，体育明星梦，也吸引他们投入体育运动。

在我们身边，每个学生每年有近一半的时间是在自己的社区度过（每周两天双休日，寒假和暑假以及国定假日等），他们的校外活动，一般就是看电视、玩电玩。如何引导这些小学生参与到社区活动中是我们体育老师应该思考的问题。我们需要更加完善"阳光一小时"体育活动的实施方案，减轻学校体育的压力，加强我们的研究和实践。

中美之间体育教育的差异毋庸置疑，美国作为世界上的体育强国，学校体育无疑是它强大的后盾。因此，在体育教育中我们应加强对国外体育教学的仔细研究、深入反思，吸取所长、避其所短，进一步思考如何在自己的教学领域，将所学到的先进理念和方法，合理融合和应用到自己的教学中，真正推动本地区体育教学的进一步的发展。

美国学校体育游戏介绍

桥与螃蟹

一、器材及活动准备

1. 一个 10×10 米的活动区域(如图所示)。
2. 用 4 个标志桶,作为边线。
3. 背景音乐。

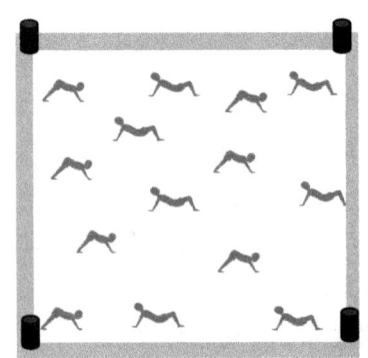

二、活动方法

1. 队员进入这个区域,两人一组并确定 1 号和 2 号。
2. 1 号同伴首先四肢撑地呈蟹状(肚子向上)或呈桥状(可任选其一);听到信号,2 号伙伴在区域内移动,跨过螃蟹或者从桥下面钻过。
3. 当有人跨过或者钻过时,扮演螃蟹或大桥角色的学生必须翻转身体姿势。
4. 当听到老师交换角色的信号时,同伴间要交换角色。

三、完成挑战任务

1. 30 秒内你能跨过或钻过多少个同学。
2. 你能打破自己的记录吗?

四、练习提示

1. 当你跨越或钻过同学时一定要非常小心。
2. 把你的姿势做充分(撑直)。
3. 每次必须经过不同的学生。
4. 用欢快的音乐作为学生运动的动力,音乐连续放 60 秒,再用 5—10 秒交换角色。

五、拓展练习（尝试不同方法）

1. 用计步器来评价。参与者每人配备计步器：相互估算一下同伴每回合的移动脚步是多少。

2. 黏在一起。整个过程始终和你的伙伴在一起，在结束信号之前，你能跨过和钻过你的同伴多少次。

3. 动起来。当变身螃蟹时，做螃蟹上下撑起的动作；当变身桥的姿势时，做俯卧撑。

六、活动达到的目的

1. 增强对身体及空间认识；
2. 强化心血管功能、提高个人耐力及上肢力量；
3. 知道热身的理念；
4. 培养相互合作的意识；
5. 勇于接受挑战；
6. 学会自我评价；
7. 养成习惯：音乐起，开始执行任务；音乐停，交换角色；
8. 获得螃蟹的知识介绍。

看谁先得到球

一、器材及活动准备

1. 6 个标志桶。

2. 标出 3 条平行的间距 15 米的直线，三条线之间分别用标志桶隔开（如图所示）。

3. 2 人一组，每组一个足球，并确定 1 号和 2 号。

4. 水平相当的同学组成同伴，面对面站立于远端两条底线。

5. 足球均匀地放在中线上。

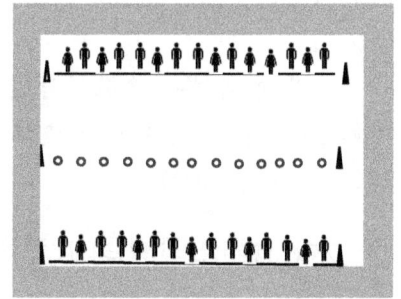

二、活动方法

1. 先得到球,并且把球运回自己底线的小组,得到一分。

2. 当听到开始信号,1号、2号同时从底线向中间跑,试着得到球并把球控制在身体前面,然后将球运回自己的底线(安全区域),到达底线后把球停住。

3. 如果没有得到球,可以尝试以合理的方法从自己的同伴那里盗球(在球到达他的底线之前);如果盗球成功,则把球运回自己的安全区域。

4. 持续练习直到停止信号发出。

5. 两个回合中间休息30—45秒。

6. 休息结束后重新把球放回中线,进行下一个回合练习,持续做几个回合。

三、完成挑战任务

1. 看哪一小组可以带回最多的球到自己的安全区域。

2. 你能很快把球放回底线并准备下一回合吗?

四、练习提示

1. 注意运球人的姿势,要用脚背推着球并跑在球后面。

2. 只能从自己的伙伴中抢下球。

3. 绊人、推挤、铲球是不允许的,如有犯规,必须退回起点,等下一个回合开始。

五、拓展练习(尝试不同方法)

1. 爬行靠近(缓慢靠近)。告诉学生一个新的动词,如爬行、扭动、跳跃、回旋、跑跳、滑行等,指导学生怎样靠近中线,每个回合可以采用一个新的动作。

2. 团队足球(村庄足球)。每4个人一个足球,并将球放在中线上,听到信号后队员们从起点处跑向中线去拿任何一个球,然后把球运回起点(传球是可以的)。

3. 2对2。将4个队员分成2组,2个人一组分别站在各自的底线,听到开始信号后,跑向位于中间的皮球,争取把球带回自己的安全区域。可以运用传球、二过一及盘带技术。

六、活动达到的目的(对照国家课程目标)

1. 提高运球能力;

2. 了解并培养防守和进攻策略;
3. 保护心血管健康;
4. 培养同伴合作意识,勇于接受挑战;
5. 学会自我评价。

飞碟高尔夫

一、器材及活动准备

1. 两人一组一个呼啦圈,每个学生一个飞盘(如图所示)。
2. 两两一组分散在宽阔的场地上,如果有必要,设置相应的边线。

二、活动方法

1. 这个活动是尽可能用最少的次数让飞盘进入洞内(呼啦圈)。
2. 游戏开始时,同伴 A 把呼啦圈扔至一个开放的场地。
3. 同伴 A、B 轮流依次朝呼啦圈中扔飞盘,飞盘先扔进呼啦圈的人,获胜。
4. 一旦完成第一个"洞",则捡起呼啦圈,继续扔至开阔地,开始第二轮的练习。
5. 继续直至停止信号发出,计数——先扔进呼啦圈的次数。

三、完成挑战任务

1. 在停止信号之前,看一看,你和同伴能完成几个洞的练习。
2. 你最少能用多少次完成一个洞。

四、练习提示

1. 要尽可能地把呼啦圈扔远一些,以增加挑战性。
2. 每次要经过不同的学生。

五、拓展练习(尝试不同方法)

1. 4 人对抗赛(方法同前)。

2. 布置一个高尔夫场地,用标志桶设立一个开球区域,用呼啦圈做 9 个洞,用红旗或标志桶标出数字,同伴依次将飞碟扔入 9 个洞内。

六、活动达到的目的(对照国家课程标准)

1. 要扔的有一定距离和精确性;
2. 保护心血管健康;
3. 培养合作意识,勇于接受挑战;
4. 学会自我评价;
5. 增长知识,了解飞盘高尔夫的练习方法。

魔镜魔镜

一、器材及活动准备

1. 每组两个学生,面对面站立在两条相隔 3 米的平行线上,一条线称为 X,另一条线称为 Y(如图所示)。

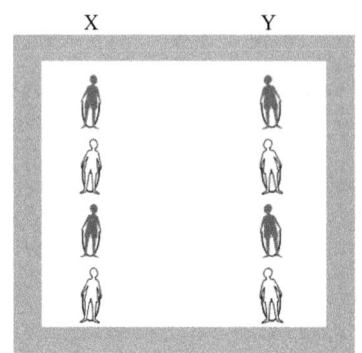

2. 每个学生一条跳绳。
3. 音乐。

二、活动方法

1. 以同伴的动作为参照,像照镜子一样进行动作模仿。

2. 在 X 线上的同学,选择一个自己会的花样跳绳并跳绳,处于 Y 线上的同伴像照镜子一样模仿 X 线上同学的动作。

3. 听到信号(大约 20 秒),互换角色,Y 变为领导者,X 跟着模仿。

4. 根据教师发出的信号,X 线上的同学将在不同的回合轮换不同的伙伴。

5. Y 线上的同学不用轮换。

6. 听到停止信号,立刻停止。

三、完成挑战任务

1. 你能做到让别人分不清谁是领导者,谁是模仿者吗?
2. 领导者做慢动作,模仿者能模仿吗?

四、练习提示

1. 抬头,眼睛看同伴。
2. 要做到同步、同时。

五、拓展练习(尝试不同方法)

(4—6个同学用一个计步器)选一些同学戴上计步器,跳绳者完成跳绳后,将他们的个人成绩相加,再除以戴表人的数字,得出平均数。

六、活动达到的目的(对照国家课程标准)

1. 提高2个人的跳绳技术水平;
2. 加强心血管功能,提高个人耐力;
3. 勇于接受挑战,培养合作意识;
4. 学会自我评价。

有氧保龄球

一、器材及活动准备

1. 划2条平行线,线上根据小组数放置若干个记号盘片,再画一条线,放置保龄球(如图所示)。
2. 4人一组,每组2个盘片。
3. 2个保龄瓶(或者用2个轻物代替),1个实心球。
4. 平行线之间隔开5米距离。
5. 第一条线上的点是起点,活动开始前2个学生站在这里;第二条线上的点是投掷点,投掷者站在这里;第三条线是放置保龄瓶或轻物的

点,也是捡球者站在旁边的点。

二、活动方法

1. 这个活动的主要任务是用低手滚球技术,在停止信号发出之前尽可能多得分。

2. 听到信号,投掷者(第二条线上的)把球滚向保龄球,试着击倒保龄球,投掷者投完必须跟着球,扶起击倒的保龄球,然后站在安全的区域(作为下一个的捡球人)。

3. 捡球者捡球后把球拿回至第二个点的第二条线上,交给新的投掷者,然后再跑至第一个点(开始处)。

4. 当捡球者到达起始线,依次跑至第二点第二条线上作为下一个投保龄球者。

5. 持续的击球、扶起保龄球、捡球、跑回……直至信号响起。

6. 得分:全中(两个都被击倒)=10分;剩余(1个瓶子被击倒)=5分。

三、完成挑战任务

1. 你们小组得到50分,最快能用多少时间?

2. 在停止信号响起之前,你们小组最多能得几分?

四、练习提示

1. 投掷保龄球时,反身向前一大步,瞄准目标后释放实心球。

2. 捡球者,尽快地跑,把球交给投掷的人。

3. 下一个投掷者,尽快地跑至投掷点。

4. 尽管在任何场地上都可以完成,但平整的场地更有利于击倒保龄球。

5. 音乐连续放60秒,再用5—10秒交换角色。

6. 高水平的同学应尽量向后退,离瓶子更远一些,如每个回合向后退一步。

五、拓展练习(尝试不同方法)

1. 改变得分分值。用需要计算的数学技巧改变分值,如一个全中得3分,击中一个得2分等等。

2. 放置6个瓶。放置6个瓶(三角形:1、2、3)一个全中得10分,其余的一个瓶1分。

3. 放置1个瓶。1个瓶子是给学生最大的挑战,要么全中,要么不中,全中得十分。

六、活动达到的目的(对应国家课程标准)

1. 知道精确的滚球方法;
2. 加强心血管功能、提高个人耐力;
3. 培养合作意识,勇于接受挑战;
4. 学会自我评价。

美式橄榄球

一、器材及活动准备

1. 每 2 个学生一个橄榄球;若干个标志桶(做边线);一个秒表。
2. 用标志桶创建 2 条相距 20 米的平行线,每条线的长度必须使所有的同学能够站的下,每 2 个人之间须有 3 米的距离(如图所示)。
3. 2 个同学一组,都站在第一条线上。

二、活动方法

1. 这个活动的计分方式是同伴之间在规定时间内通过成功传球(从第一条线到对面第二条线)而获得一个触地得分。
2. 由持球的同伴开始,好像一个四分卫一样,没有球的同伴作为一个接球者。听到信号后,传球者有一分钟的时间来完成一个触地得分,接球者沿着传球路线向目标线跑,四分卫传球给接球者。
3. 当传球完成,接球者接球停步,传球者快速跑向终点线变成接球者。如果传球没有完成(没有接住球),那么两人都做 5 次深蹲跳,然后双方互换角色,由接球者捡球,从起点重新开始。
4. 在规定时间,完成传球到达安全区域,算一个触地得分,可以得到 6 分。
5. 额外得分——小组获得触地得分后,在 10 秒钟内将会获得一个额外得分的机会。要把球放在离开目标线 5 步距离的目标点,以获得最后的得分。

6. 在每个回合结束，下一个反方向练习开始之前，小组成员有 30 秒的时间，可以围在一起讨论策略、检查心率等。

三、完成挑战任务

1. 你和同伴最快用时多少可以得分？
2. 你和你的同伴能打败你自己前一次的记录吗？

四、练习提示

1. 开始之前，复习规则，允许两人进行不同形式的传球练习，如低手、上手、勾手传球等。
2. 长传可以得分更快，但如果不能完成则浪费了有效的时间；短传尽管不能很快得分，但能更轻松地完成任务。
3. 四分位，记住一个好的传球是让对方接住球。
4. 接球者移动时不要超出传球的距离。

五、拓展练习（尝试不同方法）

1. 改变距离。允许学生增加或者减少两条线的距离，以便使学生寻找到符合他们水平的挑战。
2. 返回或者向前。触地得分后迅速返回，2 分钟内你们得到几分？
3. 防守（3 人一组）。可以增加一个防守者，四分位和接球者还是和前面一样传球触地得分，防守者试图拦截传球，每次 2—3 分钟，四分位和接球者得分后即反方向练习，2—3 分钟后交换防守者。
4. 让学生选择不同的同伴进行练习。
5. 计步器：（每组需要一个记步器）首次开始练习时，先测算出到达对面指定区域所需的步数，检查计步器并清零，然后继续开始，看各小组能不能打破先前的记录。

六、活动达到的目的

1. 提高传球、接球及进攻的战术水平；
2. 强化心血管功能、提高个人耐力；
3. 培养团队合作意识；
4. 学会自我评价。

慢车道、快车道

一、器材及活动准备

1. 用8个标志桶创建2个相邻的10×10米的跑道，两个跑道之间相距5米（如图所示）。

2. 音乐及可选择的伙伴。

二、活动方法

1. 这个活动的重点是练习跑或者走的节奏。

2. 右边的跑道是用来走的跑道，左边的跑道是用来跑的跑道。

3. 学生在不同的跑道上要选择不同的方向，走的跑道是顺时针方向，跑的跑道是逆时针方向。

4. 两条跑道中间的通道是同一个方向的。

5. 听到开始信号，学生在慢跑的跑道上进行跑步，甚至学生可以在游戏时间内一直在这个跑道上跑步。如果需要休息，学生则可以换到另一个跑道上走步。

6. 听到信号后停止。

三、完成挑战任务

1. 你可以在跑道上坚持多久？

2. 如果你在走的跑道上，只走一圈后，能马上回到跑道上吗？

四、练习提示

1. 按照自己的节奏，这个不是比赛。

2. 尽可能长时间的在跑的跑道上。

3. 鼓励跑步，允许结对跑步，但是在走的跑道上，只允许单独走步。

五、拓展练习（尝试不同方法）

1. 雪人。走的跑道相对跑的跑道要小一些，就像大雪人上有个小脑袋，每次试着在走的跑道上只待一圈。

2. 四角移动。在用来跑的跑道的四个角上放置 4 张运动量稍大一些的运动技能卡片,同样在用来走的跑道上也放置 4 个运动量适度的运动技能卡片,但不论在哪个跑道,只要遇到拐角,则必须根据每个角上的卡片内容改变运动方式。

六、活动达到的目的

1. 加强有氧健身;
2. 勇于接受挑战;
3. 学会自我评价。

动脚不动手

一、器材及活动准备

1. 每 4 个学生为一组,每组一个器材(可选择相对大尺寸的、分量较轻的,如圆锥形卷筒、绒毛球、船桨等)。

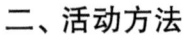

2. 学生全部围坐成圆形,脸向外,相邻的 2 个学生肘关节相扣,每组的器材分别放置于小组成员面前(如图所示)。

二、活动方法

1. 这个活动的要求是在不用手的情况下传递圆圈上的器材。

2. 听到开始信号,用自己的脚或腿顺时针传递器材,试着传递而不把器材掉在地上。

三、完成挑战任务

1. 你能做到在圆圈上传递器材而使器材不掉落地上吗?

2. 每个学生有 5 秒钟的时间来传递器材,如果超过 5 秒钟,则结束后要做 5 次仰卧起坐。

四、练习提示

1. 用你的腹部肌肉保持你的脚不着地。
2. 共同合作,相互帮助。
3. 每个标志点设置志愿者学生进行帮助。
4. 如果大家都认为很难完成任务,则改变传递物的难度。
5. 如果参与的学生多于 30 个,则可创建 2 个或更多的圆。

五、拓展练习(尝试不同练习方法)

1. 传递更小的东西。传递更小的物品,如沙包、毛线球、网球、杂耍、围巾等。
2. 毛毛虫传递(履带式传递)。5 人一组在一条直线上,每个小组一个器材,排头将器材用脚传递给第二位,然后爬行到直线的最后一位,第二位传给第三位,然后爬行到最后,用此方法完成传递,最终到指定终点线。

六、活动达到的目的

1. 加强身体意识及控制物品的能力;
2. 提高解决问题的能力;
3. 加强合作与交流;
4. 学会自我评价。

传 递 帽 子

一、器材及活动准备

1. 用 4 个标志桶设置一个 10×10 米的正方形场地。
2. 每 4—5 个学生为一组,沿着边线排成一行,每个小组可配备一个可投掷的轻物,并由每个小组的排头拿好(如图所示)。

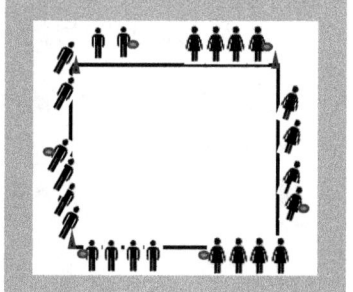

二、活动方法

1. 这个活动的要求是在边线上小组成员通过互相合作来移动草帽(可投掷的轻物)。

2. 听到开始信号,排头把帽子从头顶传给后面的学生,依次传递,直到小组的最后一个成员拿到帽子。

3. 当最后一个成员拿到帽子后,迅速跑到小组成员的最前面成为新的排头,重新开始传递帽子。

4. 不断重复此动作,直至所有人都成为过排头。

5. 然后最初的排头领着向前走,再开始新一轮的传帽练习,直到停止信号发出。

三、完成挑战任务

1. 一圈之内,看看小组中最初的排头回到第一个排头位置可以做几个轮回。

2. 3分钟内你们小组能绕几圈?

四、练习提示

1. 小组规模必须接近。开始时,队伍要均匀地分布在不同边线上。

2. 各小组同时开始。

3. 成为新排头时,需要从外侧向前跑。

4. 你的队伍在超越对方时必须从外侧走。

5. 加入音乐伴奏以激发学生参与性。

五、拓展练习(尝试不同练习方法)

1. 当最后一名成员向前跑成为排头时,所有人都喊他"名字+好样的"。

2. 当你从后面向前成为排头时,可以穿行于自己的队伍。

3. 抛接帽子,直到最后一名成员,然后最后一名成员跑到第一个成为排头,如此重复练习。

六、活动达到的目的

1. 练习投掷、抓住的动作;

2. 加强心肺功能;

3. 增强合作与交流意识,勇于接受挑战。

合作取沙包

一、器材及活动准备

1. 用 4 个标志桶设置 10×15 米的活动区域。

2. 挑选一个与自己身体素质或速度相近的同学结伴,并面对面站在两侧的线上。

3. 学生分别站在线上,每个学生前放置一个标志盘(如图所示)。在一个小组其中的一个标志盘上放置两个沙包。

4. 如果是多种颜色的,则尽量将同色的沙包交给一个小组。

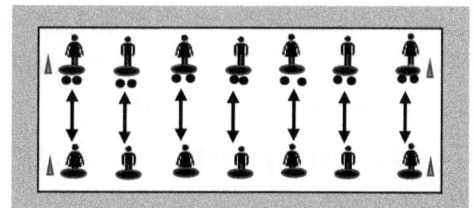

二、活动方法

1. 这个活动的目的是锻炼快速变向的灵敏素质。

2. 听到信号,同伴 A(标志盘上没有沙包的这个同学)穿过场地跑到对面同伴 B 的标志盘,捡起一个沙包,然后跑回放在自己的标志盘,接着去取第二个沙包,拿着沙包跑回自己的终点线。

3. 把第二个沙包紧挨着第一个沙包放好,准备同伴 B 继续练习。

4. 当同伴 A 完成的同时,就是同学 B 开始的时刻,在自己的跑道上练习,不要等老师的信号。

5. 继续练习直到信号响起。

三、完成挑战任务

1. 看看你能用多快的速度取完两个沙包,你在练习时,同伴在对面数数(一个猴子、两个猴子、三个……)。

2. 在音乐停止之前,看看小组能取多少沙包。

四、练习提示

1. 变向时降低重心。

2. 当你捡起沙包,转向就要跑回对面的方向。

3. 靠近标志盘的腿用力蹬地,能帮助你更快变向。

4. 拿住第二个沙包冲过自己的边线,对面同学开始拿第一个沙包时再把它放回圆盘上。

5. 提供足够的空间,避免相邻跑道相互干扰。

五、拓展练习(尝试不同练习方法)

1. 不同的移动方式。在不同的回合采用不同类型的移动技术,如跑跳、疾跑、滑行等。

2. 不同的玩具。可以是很小的器材,如硬币等,以加强挑战性;也可以是较大的器材,如标志桶等,以减小活动难度。

3. 团队接力。两人在同一边线排队,一人运球至对面并来回往返两次,另一人在边线处做控球练习;当移动的同伴完成两回合返回时,传球给边线上的同伴,并交换角色。

六、活动达到的目的

1. 提高心血管素质;
2. 培养合作意识,勇于接受个人挑战。

传 球 比 赛

一、器材及活动准备

1. 将 20×20 米的场地分为 4 个 10×10 米的正方形,每个正方形里放置一个篮球。

2. 将每个正方形里的 6 个学生,分成 3 人一组的小组,其中的一组穿相同颜色的背心;4 个正方形里的背心颜色须各不相同。

持球者及同伴为进攻方,另一方防守

二、活动方法

1. 这个活动的目的是要求进攻方

小组完成3次连续传球,每次传球给自己小组不同的同伴。

2. 进攻队员用轮转的方式进行,穿背心的小组首先进攻。

3. 传球、跑空位时,不允许运球。

4. 防守者对应看守好对方队的队员,当进攻方完成连续3次传球,即获得1分,把球交给对方进行传球。

5. 当失分发生时(未完成传球、球出界或防守拦截),组内角色互换,进攻转换为防守,防守变成进攻。

6. 制定在3秒内完成传球的原则。对方可以数数读秒。

三、完成挑战任务

1. 只能用1种传球动作(如果防守者了解你们队伍经常采用的技战术,会使他们的防守变得容易还是困难?)。

2. 看看哪个小组先获得3分?

四、练习提示

1. 进攻中主动跑到空位接球,可以用假动作、切入和转身等动作。

2. 防守者要保持手臂张开,同时遵守3秒之内传球的规则。

3. 分队背心规则:穿背心的小组拿球。

4. 3秒原则:持球者持球不超过3秒。

5. 当学生学会传球后,允许学生拿球后运球再传。

五、拓展练习(尝试不同练习方法)

1. 底线。与同伴传球,把球传至对方一侧的底线算得分,只能用传球的方式进行。当对方失球则转换角色,防守变进攻;穿背心的队伍要从自己的底线开始,小组得分后,继续从对方的底线继续开始。

2. 底线投篮。将两个呼啦圈对称放在两边底线上,防守方的一名队员站在呼啦圈内,当进攻方把球投入呼啦圈内(接住)算得分。

3. 底线邮差。增加一个邮差角色,站在中线附近,帮助任何一支进攻队伍。邮差仅仅是帮助进攻方队,也算是进攻方的一个小小的优势。每次得分都可以换邮差,可以分投篮邮差和不投篮邮差。

六、活动达到的目的

1. 提升传球、接球技能；
2. 提升进攻、防守技能；
3. 提高有氧素质；
4. 增强合作意识。

建筑师和推土机

一、器材及活动准备

1. 用 4 个标志盘创建一个 15×15 米的活动区域，区域内每个学生一个标志桶。

2. 把标志桶分散在整个活动区域，一半标志桶竖起，一半横倒在地上（如图所示）。

3. 2 个同学一组，一个为推土机，专门推到标志桶，一个为建筑师，专门竖起标志桶（把倒地的标志桶竖起来）。

二、活动方法

1. 这个活动的目的尽可能快的把标志桶竖起来，或者尽快的把标志桶推倒。

2. 信号开始，角色是推土机的同学，尽可能的推倒标志桶，角色是建筑师的同学，尽可能的把倒地的标志桶竖起来。

3. 第一回合，都是用手来竖起或推倒标志桶。

4. 听到老师信号，交换身体部位来完成推倒或扶起标志桶（右手、左手、肘关节、膝盖、脚等等）。

5. 经常改变移动技术等，使得运动强度逐渐从中等到剧烈。

三、完成挑战任务

1. 30 秒内你能竖起或推倒多少标志桶？
2. 你能打破自己的纪录吗？

3. 你的团队能最终获胜吗?

四、练习提示

1. 快速移动。
2. 按要求只能用身体的一个部位。
3. 规定时间后交换角色。
4. 把标志桶分散在足够的空间,以确保安全和减少碰撞。

五、拓展练习

1. 身体部位。增加身体部位的难度,如用臀部、肚子、肩部或头部推倒标志桶,建筑师继续用手或脚来练习。
2. 动物行走。可以用动物走路的动作移动,如螃蟹走、熊走、三腿狗、兔子跳等。

六、活动达到的目的

1. 提高空间感受力、身体认识力及移动技术力;
2. 提高有氧耐力;
3. 培养合作意识,勇于接受挑战。

触碰对手,角色反转

一、器材及活动准备

1. 用4个标志桶创建一个20米×20米的活动区域。
2. 学生两人一组分散在活动区域(如图所示)。
3. 适合的音乐。

二、活动方法

第一层次:

1. 利用SPARK尽快参与的理念随机形成2人小组。
2. 音乐开始,采用"石头剪子布"的方式分角色,输的一方用快走的方法逃,赢的一方原地做三次手脚协调的跳跃练习后追逐对方。

3. 靠近对方时,用手指触及对方就算得分。

4. 触及对方后,马上反向逃。如果被对方触及,则在做三次手脚协调的跳跃练习后追逐对方。

第二层次:

1. 利用SPARK尽快参与的理念随机形成2人小组。

2. 音乐开始,两人相互抛球。音乐停,无球方逃,持球者追,用球触及对方算得分,得分者把球放地上后转身逃,对方捡球追。

三、完成挑战任务

1. 60秒内你能得到多少分?

2. 你能打败自己的纪录吗?

四、练习提示

1. 当你靠近同伴时注意调整自己的脚步和重心,不能冲撞同伴。

2. 尽量伸直自己的手臂,用手指触及对手。

3. 轻轻地触及对手躯干,但不能触及对手头部。

五、拓展练习(尝试不同练习方法)

1. 用计步器来评价。每个学生一个计步器,游戏结束看谁的计步器数字大?

2. 3—4人一组,分两组进行比赛。有球的一组相互之间传球,同时需要靠近无球的一方,并用球触及对方;一旦触及对方得一分,并交换角色。

六、活动达到的目的

1. 熟悉球性;

2. 提升空间感受力、身体认识力及移动技术力;

3. 提升有氧耐力;

4. 培养合作意识,勇于接受挑战。

快 传 快 递

一、器材及活动准备

1. 用 4 个标志桶创建一个 10×10 米的活动区域。
2. 每人一个可掷轻物（或没有危险性的轻物）。
3. 每个小组 2 个呼啦圈，5 人一个小组。
4. 在区域的两端分别放置一个呼啦圈，在起点处的呼啦圈中放置 5 个可投掷轻物（如图所示）。
5. 每小组人员面向放置投掷轻物的呼啦圈排列纵队，队伍整体向对面的呼啦圈移动。

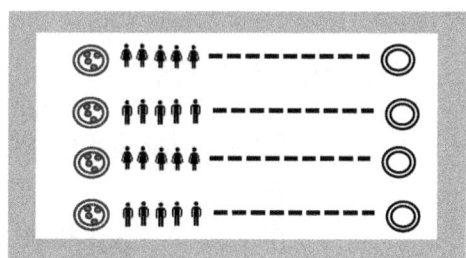

二、活动方法

1. 这个活动是移除呼啦圈内的轻物到对面的呼啦圈。
2. 面向放有轻物的呼啦圈，采用蜈蚣一样的队形，一个接一个地传轻物。
3. 排头第一个同学抓起一个轻物，从头顶上把轻物传给第二个同学，第二个同学从两腿之间把轻物传给第三个同学，第三个从头上传，第四个从两腿之间……
4. 传完手中轻物的同学跑到排尾，等待接传过来的轻物。
5. 一直传下去，直到把轻物放进对面的呼啦圈，然后整个小组重新跑回起始处，重复传轻物……
6. 当所有的轻物都被移至对面的呼啦圈，整个小组采用蜈蚣走的方式在边线上移动。

三、完成挑战任务

1. 你能一次也不落下轻物完成整个练习吗？
2. 你们传完所有的轻物需要多少时间，能打破自己的纪录吗？

四、练习提示

1. 一传完轻物马上到后面排队。

2. 放置一些有趣的玩具器材，如蔬菜、玩具等。

3. 鼓励小组合作练习，淡化竞技，要看哪个队完成得更好。

五、拓展练习（进阶练习方法）

1. 肩并肩排队，采用不超过肩的传递方式传递。

2. 动物走。当你传完轻物，采用各种动物走的方式回到排尾，而不是用跑的方式。

3. 增加身体素质练习。在你排进排尾前，增加两次俯卧撑或进行其他的素质练习。

六、活动达到的目的

1. 提高专业知识，认识多种的玩具；

2. 提高有氧耐力；

3. 培养合作意识，勇于接受挑战。

老鹰抓小鸡

一、器材及活动准备

1. 根据班级人数的多少将学生分成若干个4—5人的小组（如图所示）。

2. 每个小组一个标志桶。

3. 标志桶之间间隔不少于6米。

4. 每个小组推选出一名队员为老鹰，其余同学为母鸡和小鸡。

二、活动方法

1. 各小组扮演母鸡和小鸡角色的同学围着标志桶手拉手围成圆，将组内其中一个同学确定为小鸡（可以用穿不同颜色背心的方法做标记），扮演老鹰的同学在圆圈外准备追逐。

2. 音乐开始，扮演老鹰的同学任

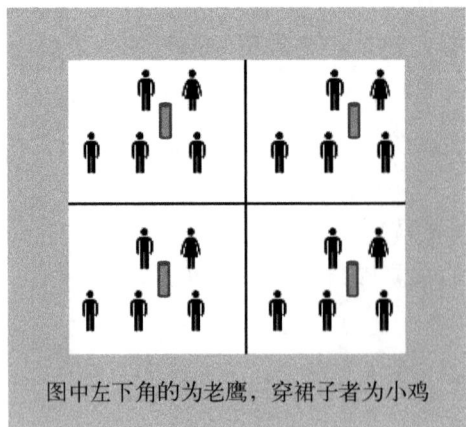

图中左下角的为老鹰，穿裙子者为小鸡

选方向追逐小鸡。

3. 手拉手的母鸡采用快速围绕标志桶来回移动的方法保护小鸡,确保小鸡始终远离老鹰,尽可能避免小鸡被老鹰触碰。

4. 老鹰通过快速追逐触碰到小鸡即算得分,得分后重新开始,持续练习直至音乐停止。

5. 所有的小组成员进行不同角色的体验。

三、完成挑战任务

1. 每个小组的老鹰要争做抓小鸡能手。
2. 看看哪个小组的老鹰能最快抓到小鸡,并打破自己的纪录。

四、练习提示

1. 母鸡和小鸡要始终围绕着标志桶移动,如果整个小组离开标志桶,则计老鹰得分。
2. 母鸡和小鸡始终手拉手游戏,一旦松手,计老鹰得分。
3. 老鹰只能在圆圈外追逐,不得从母鸡腋下钻进圆圈。

五、拓展练习(进阶练习方法)

1. 小组所有成员体验不同角色。
2. 老鹰可以手持长臂手触碰小鸡,减小追逐难度。

六、活动达到的目的

1. 了解专业知识:认识母鸡习性;
2. 提高有氧耐力;
3. 培养合作意识,勇于接受挑战。

第五章
躬耕校园绿茵，助力足球之花在校园盛开

西门小学是一所城镇居民住宅配套小学，运动场地是一块儿只有 150 米长的塑胶场地，虽然没有正规的足球场，但校园足球作为学校体育的重要载体，它的魅力和教育作用是其他体育项目不能比拟的。如果能在条件受限的学校开展校园足球，满足乐于参与足球的学生的心愿，不但践行了学校"让每一朵鲜花都怒放"的办学理念，践行了"自主成长、全面发展"的培养目标，而且能对那多因条件受限而无法开展足球项目的学校起到启发和推动作用，从而探索出一条盘活区域内场地和师资资源，实现"共享优质资源，推进公平教育"的特色办学之路，为孩子们身心健康发展搭建良好的平台，有效发挥学校体育对学生学会终身运动项目的引领和管理作用，帮助学生插上专业发展的翅膀，快速提升学生的专项运动素养和比赛能力，为孩子的未来发展打下坚实的基础。正是坚守着"基于西小萌娃自身发展和未来公平教育需要"的教学信念，我们多年来一直坚持在塑胶场地上开展校园足球，并积极尝试开展区域联动、资源共享等举措，让西门小学的校园足球走上了发展的轨道。此外，西门小学还专门成立了校园足球项目组，通过多种途径提升体育教师的足球教学能力，为学生搭建学练足球的广阔平台：实施每周一节足球教学，完善足球社团的梯队建设，引入优质足球师资资源，联合学区各校自主组建区域联赛……西门小学校园足球目标也从"参与"调整为"夺冠"，多名队员加入区、市精英足球队，两名佼佼者更是从校园足球走入了知名的足球基地，成为了 06、07 国少队的一员。2017 年，我校成为全国足球特色试点学校，而西门小学

足球社团也在上海市千校万班足球技能挑战赛中获得一等奖。

　　西门小学校园足球这几年的发展与提升是与崇明区教育局足球办、精英训练营的专业指导、西班牙外教的进驻校园分不开的。本章节主要呈现这几年我们推进每周一节足球课的足球校本课程、足球社团、足球游戏、足球精英训练营及各级梯队的足球训练精粹案例。

瀛洲小子学运球

——运球过人

 **知识园**

运球

运球是足球运动的基础，是运动员在跑动中，采用拨、拉、扣、挑等动作有目的地使球保持在自己脚的控制范围内而做的连续触球动作，也是运动员运用合理的运球动作越过对手，接近球门的必须动作。

 **竞技园**

1. 运球变向：虚晃

（1）动作方法

当对手迎面拦截时，结合身体重心虚晃的同时向一侧跨步，诱使对手的重心发生偏移，然后用异侧脚的脚背外侧向同侧方向拨球运球越过对手。

（2）动作要领

注意观察对手与自己的距离及对手的重心，掌握虚晃使用的时机，完成后身体重心要及时跟上。

（3）快乐体验

林中漂移：在 20×20 米的区域内，散点放置多个标志盘，队员每人一球，在不同的标志盘前做虚晃过人的动作。

（4）游戏一刻

游戏方法：在直径 10 米的圆形边线上放置相应的标志桶，圆形内用标志盘放置多个∞型，队员在圆圈内完成绕∞运球 3 次，再运球至标志桶，做虚晃动作后带球至正方形边线停球。然后再运球回圆圈，先完成 5 次的获胜（如下图所示）。

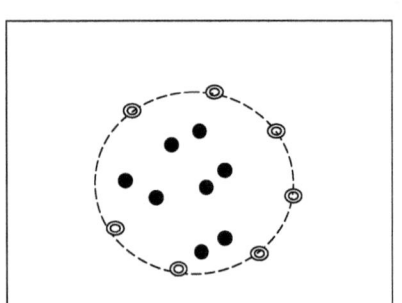

递进：标志桶换成防守队员，方法同上。

2. 运球变向：左跨右拨

（1）动作方法

进攻队员带球向前方跑动逼近防守队员，当距离防守队员还有一大步距离的时候，左脚突然从球的上方向左侧方跨出一步，身体重心同时随着移到左脚上，佯装向左侧运球，在左脚落地支撑的同时，右脚迅速用脚背外侧向右侧推拨运球，左脚以全脚掌的内侧支撑用力蹬地，身体的重心迅速的从左脚移动到运球脚一侧，越过防守队员。

（2）动作要领

注意将球控制在离身体较近的地方，向左侧晃动时身体的重心要及时跟上，支撑腿屈膝，准备立刻向身体的另一侧改变身体的重心。运球的脚要快速衔接第二个推拨球动作，左右脚均要练习。

（3）快乐体验

AB两人相距5米相向站立，A传球给B，然后消极防守，B面对A采用左跨右拨的方式过人，然后两人交换角色，注意左右脚都须练习（如下图所示）。

▲ Ⓐ ---------------→ Ⓐ Ⓑ ▲

（4）游戏一刻

有对抗的练习：在20×20米的区域四个角画上得分区，并配备防守队员防守，进攻队员持球在中间运球，听到哨音后将运球至防守队员区域，利用左跨右拨的方式进入得分区（如下图所示）。

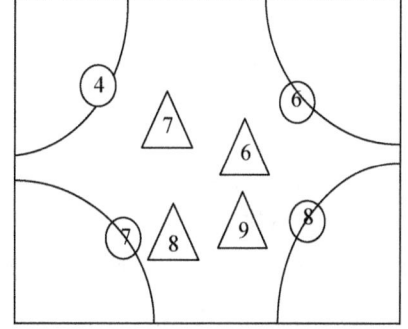

3. 运球变向：跨球外拨

（1）动作方法

进攻队员带球向前方跑动逼近防守队员，当距离防守队员还有一大步距离的时候，带球脚（右脚为例）突然从球的上方向左侧方跨出一步，佯装向左侧运球，身体重心同时随之移到左脚上，接着右脚迅速用脚背外侧向右侧推拨运球，左脚以全脚掌的内侧支撑用力蹬地，身体的重心迅速从左脚移动到运球脚一侧，越过防守队员。

（2）动作要点

注意将球控制在离身体较近的地方，向左侧晃动时身体的重心要及时跟上，支撑腿屈膝,准备立刻向身体另一侧改变身体的重心。运球脚要快速衔接第二个推拨球动作,左右脚均要练习。

（3）快乐体验

连续用跨球外拨的方式闯过5关,一开始可以用标志盘代替,练习熟练后用防守队员做消极防守(如下图所示)。

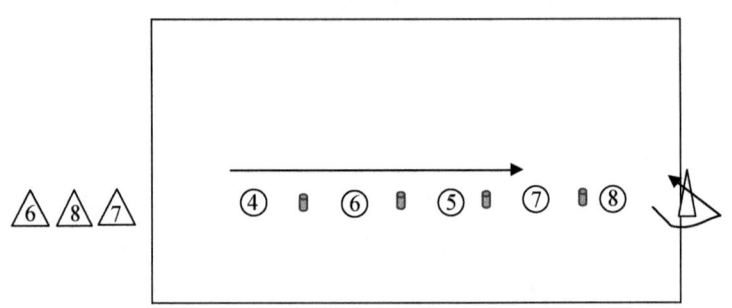

（4）游戏一刻

有对抗的假动作过人:在两个底线设置2米宽的得分区,进行2V2运球过人比赛,持球队员运球过线,把球停在得分区域才算得1分(如下图所示)。

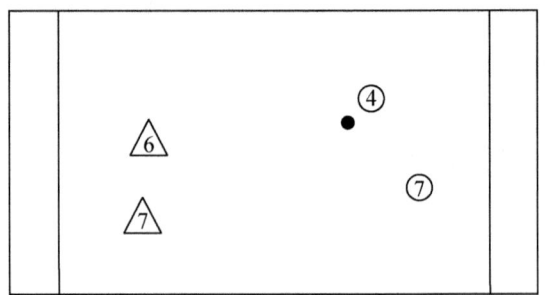

4. 变速运球

（1）动作方法

在运球过程中,发现对手在持球者侧面,持球者用外侧脚运球,可以利用运球速度的变化摆脱对手或超越对手。

（2）动作要点

判断对手的能力及位置,突停突起,把握好身体的重心,并控制球与身体的距离。

（3）快乐体验

在30×30米的区域内设置多个标志盘,标志盘之间不少于5米,同学们练习加速运球到第一个标志盘,急停再加速到下一个标志盘……(如下图所示)。

(4) 游戏一刻

变速高手:

在 30×30 米的区域两端各设置一个得分区域,队员 A 持球,B 在 A 相距 1 米处追赶抢断,A 运用变速运球的方法摆脱 B 的防守,将球带至任一端的得分区域(如下图所示)。

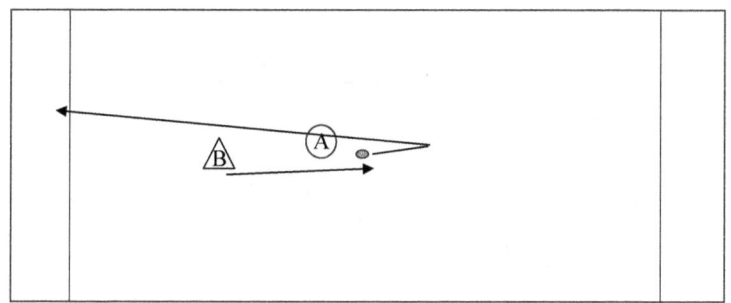

5. 运球组合射门练习

(1) 运球变向过人后脚背正面射门

4 号传球给 7 号后上前防守,7 号得球后运球变向过人后左脚脚背正面射门(如下图所示)。

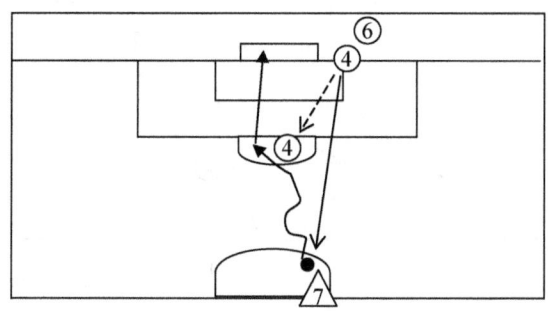

(2) 运球变速过人后脚背内侧射门

7号得球后,运球变速过人,用脚背内侧射门(如下图所示)。

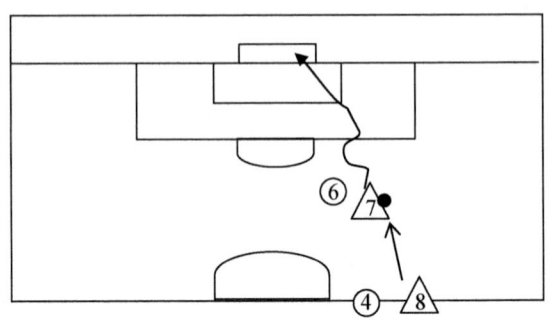

(3) 接控反弹球,运球绕杆后射门

8号脚背内侧空中球给7号,7号脚内侧接控反弹球后运球绕杆后脚背内侧射门(如下图所示)。

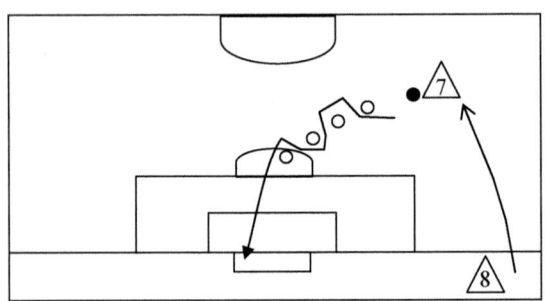

(4) 脚背内侧传空中球,接控反弹球,运球过人后射门

4号防守队员脚内侧传空中球给进攻队员7号后跑至防守区域,7号接控反弹球后运球过人,完成射门(如下图所示)。

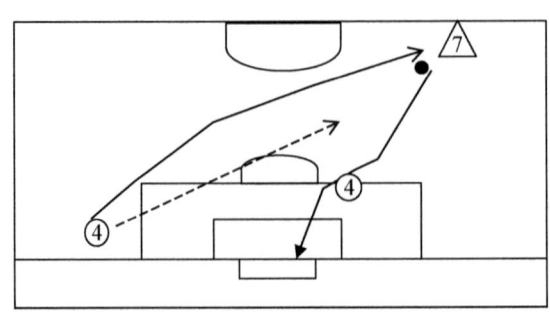

（5）运球绕杆射门

分成两列队伍，前面摆放多个标志盘，运球绕杆后完成射门动作。练习几次后，交换位置继续练习（如下图所示）。

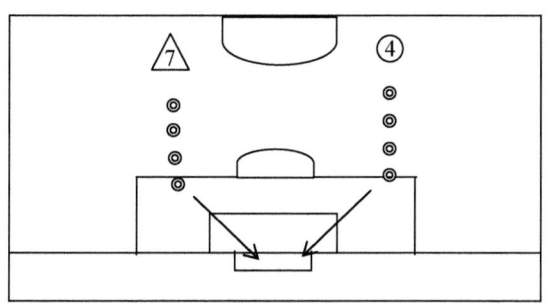

 **交流园**

说一说变向运球的动作要领。

描述并演示你在电视足球比赛中看到的变向运球。

挑战自我（学练测评）

评价内容	评 价 标 准		
	☆☆☆	☆☆	☆
跨球外拨	跨球动作正确，控球距离合理，重心及时跟上，拨球力量适宜。	跨球动作较为正确，控球距离较为合理，拨球力量较为适宜。	跨球动作基本正确，控球距离基本合理，拨球力量基本适宜。
虚晃	控球距离合理，虚晃动作逼真，重心及时跟上，拨球力量适宜。	控球距离较为合理，虚晃动作较为逼真，拨球力量较为适宜。	控球距离基本合理，有虚晃动作，拨球力量基本适宜。
运球绕杆	根据本地学生实际	根据本地学生实际	根据本地学生实际
合计五星数			

（节选自"瀛洲绿茵小子足球课程"）

瀛洲小子学比赛

——小场地比赛

 **知识园**

小场地比赛

小场地比赛是指场地规模小于标准比赛,比赛时间相对较短的足球竞赛活动。小场地足球对抗赛作为一种训练模式,具有正式足球比赛的六种成分:球门、队友、对手、空间、攻守方向和比赛规则。小场地比赛不仅能为队员提供一个与真实比赛相似的场景,而且能促进青少年队员技战术水平和实战能力的提高,使队员能够尽快掌握比赛,提高比赛能力。

 **竞技园**

1. 4V2 对抗

方法:把练习区域分成四个长方形的比赛区域,在每个长方形两个端线各设置两个球门,不设守门员,场内双方各设 2 名队员,两条边线上各设一名学生作为"大王",以接应任何一方持球队员的传球。比赛开始后双方可以通过传球接近球门,当发现传球线路被封堵,可以传球给边线上的"大王","大王"持球双方都不得上抢,"大王"再择机把球传回传球给他的一方,也可以传球给对面的"大王"(如下图所示)。(利用外围队员创造传球机会和线路)

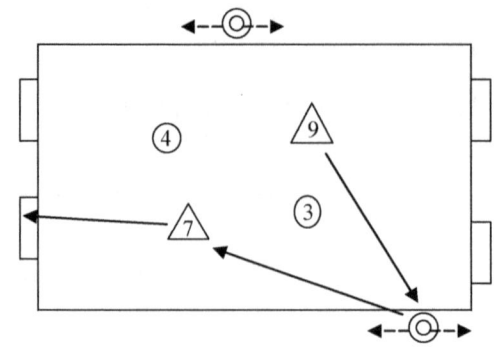

2. 4V4 传接球比赛

场地内本方队员连续成功传接 5 次即得 1 分,传给四个角的队员并能接到回传球也可得 1 分,练习一段时间后四角的学生和中间的队员交换角色(如下图所示)。(合理运用接控球技术)

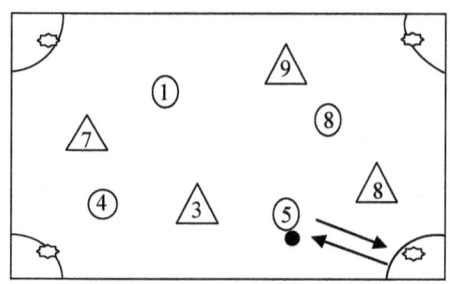

3. 4V4 比赛(反击)

在 30×20 米的区域中间用白线作为中线,在平行于中线的每个区域内划一条白线作为得分区。每组队员通过团队协作将球送到对方的得分区域,踩住即算得分。球一旦进入对方区域,进攻方所有队员都需压过对方半场,为对手的防守反击创造机会(如下图所示)。

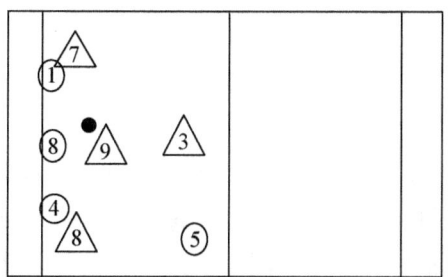

4. 5V5 比赛(反击)

在 40×30 米的区域内划一条中线,在平行于中线的两侧各设两个球门。球一旦进入对方区域,进攻方所有队员都需压过对方半场,为对手的防守反击创造机会。当防守方抢得皮球,首先要长传给本方边翼队员,然后再快速参与进攻(如下图所示)。

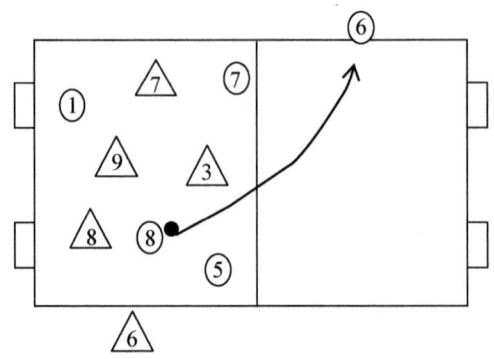

5. 4V4 比赛（攻守平衡）

40×30 米的区域,将队员分成两队,每队 4 人,并设 1 名助力者协助进攻持球方进攻或防守。当球在对方半场时,必须有 3 名队员过中线参与进攻。同时,必须有一名队员在本方半场防守。防守时,必须有 3 名队员回本方防守,但必须有 1 名队员在对方半场等待反击（如下图所示）。

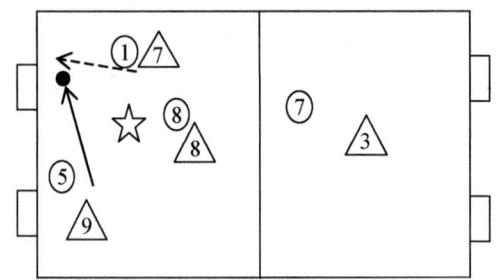

6. 5V5 比赛

将练习区域分成四个比赛区域,每个区域放置两个球门,将每个场地的学生分为两组,每组 5 人,其中 1 人为守门员。每组比赛 4 分钟,4 分钟后每个区域输的一组顺时针轮转到下个区域与不同对手比赛（如下图所示）。

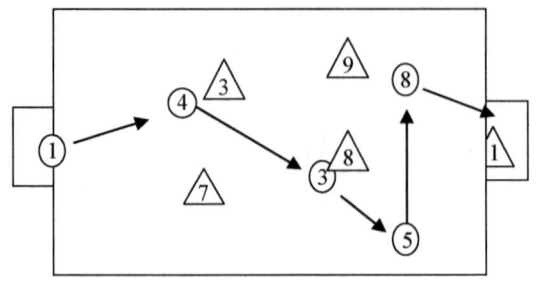

技术要点

注意观察,场内队员可大胆运用个人技术,或通过连续二过一、踢墙二过一等配合创造机会完成得分。

 **交流园**

精彩回放：在轮换休息时看同伴比赛,观察其在不同位置时的不同特征,比如活动区域、跑动线路以及同伴进行2过1练习时经常配合的对象。

挑战自我（学练测评）

评价内容	评价标准		
	☆☆☆	☆☆	☆
技术运用	技术动作运用合理规范。	技术动作运用较为合理。	技术动作运用基本合理。
跑位意识	攻防意识突出,善于与同伴配合,跑动积极。	攻防意识较好,能够与同伴配合,跑动较为积极。	攻防意识一般,和同伴配合较少,跑动较少。
参与	积极参与,作风优良。	参与较为积极,比赛作风良好。	参与态度一般,比赛作风尚须努力。
合计五星数			

（节选自"瀛洲绿茵小子足球课程"）

足球教学游戏十五例

(----▶ 为传球；——▶ 为跑动；∼∼▶ 为运球)

一、八爪鱼

(一) 目标
提高学生运球、控球和传球能力，发展学生灵敏、速度素质。

(二) 准备
两人一组，分别命名为 1 号、2 号，分成若干组，教练在每组外侧放置两个标志桶成小球门。

(三) 方法
1. 当听到教练信号，队员 1 号运球出去，根据教练指令做下面的动作：

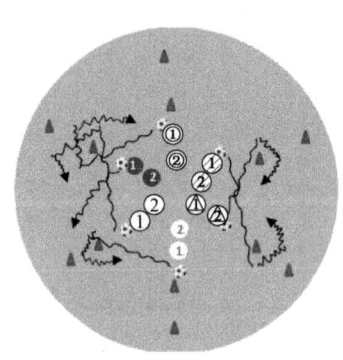

(1) 运球绕过内侧标志桶回来。
(2) 运球绕过外侧标志桶回来。
(3) 运球至外侧标志桶急停，运球回内侧标志桶急停，然后再运球绕过外侧标志桶，直线运球回起点。
(4) 运球绕一个 8 字回来。
(5) 运球过球门，然后传球给 2 号同伴，同伴再出去。

2. 运球通过任何一个不是自己的球门，然后返回，同伴再出去。

3. 运球通过自己的球门和圆上所有其他的球门，然后再通过自己的球门后回来，同伴再出去。

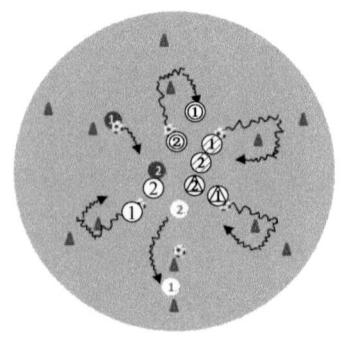

4. 运球至标志桶球门后，做一个技术动作，如脚掌踩球、脚内侧拨球等，然后回传球给同伴。同伴做同样的动作，小组间相互比赛，看哪组先完成。

(四) 进阶
1. 可以在无球状态下进行接力比赛。
2. 可设置其他相关运球、传球技术，或者含有趣味元素的练习。

二、寻宝猎人

(一) 目标

提高学生运球、控球能力和灵敏、速度素质。

(二) 准备

用标志盘放置一个半径为 6 米的大圆,圆内红方球员(●)作为寻宝猎人,站在中心小圆内;将与学生人数相等的球作为宝藏,放置在外圆标志盘旁,并安排少量的黄衣防守人护卫(○)在宝藏和寻宝者之间(如图所示)。

(三) 方法

1. 听到哨声开始,红方队员,必须通过防守队员,取到足球。

2. 如果红方队员在寻宝路上被触碰,他们必须回到中央,直到其他所有队员回来。如果红方队员取到了球,那么必须安全将球运回到位于中心的小圆内。

3. 如果红方队员取到球,并安全返回,这时宝藏是安全的。如果防守人拦截成功,持球人必须把球运回标志盘处,重新开始把球运回中心的小圆内。当红方队员脚踩足球,站着不动时,防守人不能上前抢截,必须后撤至少 2—3 米。一旦所有的寻宝者回来,教练则组织第二回合寻宝。

4. 5 个回合内红方如果得到了要求的宝藏数量,则交换角色后继续。

(四) 进阶

如果一个红色队员安全把球运回小圆,那么他可以回来帮助其他寻宝者得到宝藏,如通过传球的方式等。

三、超级营救

(一) 目标

提高学生运球、控球能力和灵敏、速度素质。

(二) 准备

用标志盘放置一个半径为 6 米的大圆,圆中心用标志盘放置一个直径 1 米的小圆,红色队服 3 件,黄色队服 10 件、蓝色队服 2 件。小组数量可根据班级人数随意设定。

(三)方法

1. 活动开始前,3 名红方队员(●)站在位于中心的小圆内,10 多名黄方(○)队员,在小圆外面的大圆内运球。随着教练的哨声,红方队员走出小圆,并试着从黄方队员脚下盗球,如果盗球成功,则要把球带到小圆内,红方运送时两名蓝方队员(超人✹),要试图帮助黄方队员控制球(如图所示)。

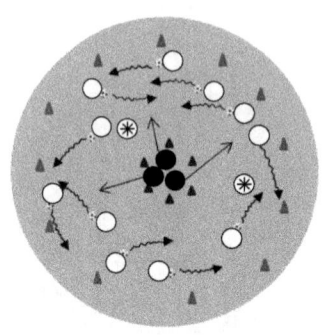

2. 在活动过程中,其中的一名蓝方队员要如同屏风一样,隔开红方队员,保护黄方队员离开危险地带。另一名蓝方队员则从红方队员脚下拦截球,帮助黄方队员赢回控球权。如果蓝方队员拦截成功,黄方队员可以继续运球。如果红方队员盗球成功,把球放入小圆圈后,出来继续盗球。

3. 如果黄方队员被盗球,则必须离开活动区域,站在圆圈外面进行预设的身体练习。如果红方队员在限定的时间内获得规定的足球数量,则与黄方交换角色继续开始。

(四)进阶

1. 允许被盗了球的黄方队员成为新的保护人即紫方队员。

2. 如果圆内黄方队员迫于压力,允许传球给圆外的黄方队员,接到球的队员可以运球进入,而传球者则和他换位,到圆外等候。

四、保卫家园

(一)目标

提高学生正确传球能力,培养观察能力和快速出球习惯。

(二)准备

用标志盘设置一个直径 10 米的大圆,在圆中心用 3 个标志桶摆成一个边线为 1 米的三角形,3 名红方进攻队员和 1 名防守队员分别站在三角形和大圆之间的活动区域(如图所示)。

(三)方法

1. 红方队员(●)要设法通过传球击倒 3 个标志桶,而黄方队员(○)作为防守方则负责拦截对方。双方可以在活动区域内任意移动。红方队员要尝试着创造机会传球或射击标志桶,击倒一个标志桶得一分,黄方队员则尽力拦截,也可以上抢。

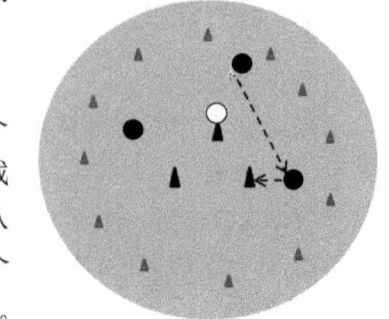

如果黄方队员拦截成功,则与红方队员交换角色,作为红方。

2. 如果红方队员击倒标志桶,黄方则重新扶好标志桶,看一看红方队员能击倒多少标志桶而不被拦截。如果红方错失一个标志桶,但还是得到控球权,游戏继续进行。

(四)进阶

1. 增加一名或减少一名红色队员,可以变成 4V1 或 3V2。

2. 扩大外圆,增加两个标志桶之间的距离,变成 6 或 7V2。

3. 红方队员如果每人都接到传球,最后穿过三角区,也可以得到奖励加分。

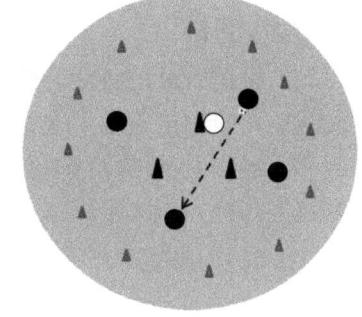

五、守护大门

(一)目标

提高学生运球、控球水平,培养学生选择突破时机的处理能力。

(二)准备

设置一个直径 15 米的大圆,圆上放置多个标志盘,其中用标志桶在圆上均匀设置四个球门(如图 1 所示)。红方队员(●)8 名,黄方队员(○)2 名。

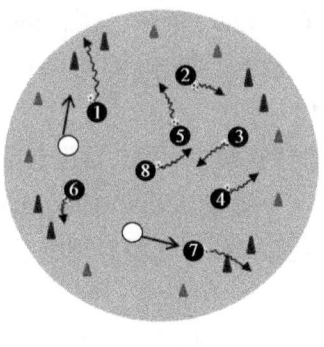

图 1

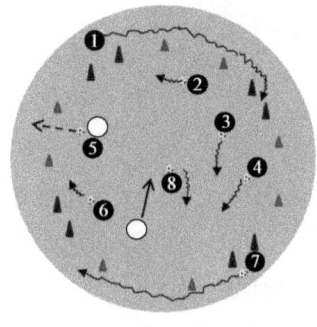

图 2

(三)方法

1. 红方队员每人持一球在圈内运球,黄方队员试图给红方压力并将球踢出活动区域。红方队员可以运球至圆外,但是必须经过圆上的标志桶球门,黄方队员则不能离开圆圈。

2. 如图 2 所示,红方 1 号和 7 号队员逃出圆圈,在圆圈外面运球,并从另一个球门进入;红方5号的球被踢出活动区域,这个队员必须捡回皮球重新从球门内进入;红方8号在黄方队员的逼迫下转身运球逃向安全区域。

3. 每个回合1—2分钟,然后2个红方队员和黄方队员交换角色,直到所有队员都成为过黄方队员。

(四) 进阶

1. 根据组员的年龄和能力及组内成员多少,也可以采用5V3。如果参与活动的是一个大组,那么一定要设立多于黄方队员的球门。

2. 如果红方队员的球被踢掉,那么被踢掉球的人不可以再回圈内活动,但是可以给同伴提供帮助,如接同伴的传球,再找机会回传给同伴,帮助同伴保持球权。

六、坚持就是胜利

(一) 目标

提高学生运球、护球能力,培养学生观察意识和合理处理球能力。

(二) 准备

用标志桶设置内外两个圈,大圈直径15米,小圈13米,内外圈的标志桶两两相对作为球门(如图所示)。

(三) 方法

1. 队员们(●)每人一个球,在规划的活动区域运球。运球时,要注意控制球,并抬头观察以防球被别人踢掉。

2. 当自己的球被踢掉,那么自己必须到外圈,并在外圈或拦住一个被别人踢掉的球,或拦住一个别人带球时丢掉的球,拦球成功后则带着这个球回到活动区域继续练习。

3. 当内圈只剩下2—3个队员时,可以将外圈的标志盘向内挪,组成一个新的小圆,剩下的队员继续控球练习。赢家就是最后一个剩下的持球队员。

(四) 进阶

1. 不设置外圈,如果队员丢球,则直接出圈。

2. 出圈的同学可以做一些身体练习。

七、我们到了吗?

(一) 目标
提高学生运球、控球和反应能力,发展学生灵敏、速度素质。

(二) 准备
设置一个 20×30 米的活动区域。

(三) 方法

1. 所有队员(●)在活动区域中走或慢跑,尝试寻找空间。当教练发出信号,所有队员停下并大声说:"我们到了吗?"教练回答:"还没到,继续做……"并给队员们布置以下的任务:

① 5 次立卧撑;

② 跑向一个标志桶再绕回;

③ 10 次开合跳;

④ 和三个不同队员击掌。

也可采用队员想到的其他动作,当他们完成任务后,在区域内继续走或者慢跑。

2. 几个回合后,当队员们问:"我们到了吗?"教练回答:"到了。"所有队员追赶教练,并以触碰教练为目标(如图所示),第一个碰到教练的获胜。(如果教练不想成为学生的目标,也可以给学生设立一个跑向的目标,或者标志桶区域,第一个到达的同学获胜)。

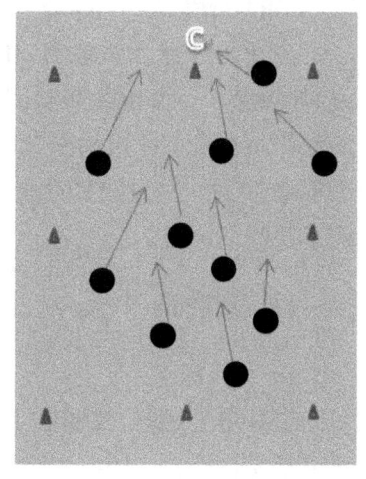

3. 重复练习,并给学生不同的指令,如:

① 20 次交替踩球练习;

② 运球绕过一个标志桶;

③ 双脚脚内侧拨球 20 次;

④ 运球完成和三个同学举手击掌;

⑤ 向上抛球再接住,做 5 次。

……或者你想做的其他练习。

4. 几个回合后,当队员们问:"我们到了吗?"教练回答:"到了。"所有队员离开球,像前面一样追赶教练,并以触碰教练为目标。(如果教练不想成为学生的目标,也可以给学生设立一个跑向的目标,或者标志桶区域,第一个运球到达的同学获胜)。

八、看信号做动作

（一）目标
提高学生运球、控球能力和灵敏、速度素质。

（二）准备
设置一个30×30米的活动区域，在区域一端的端线外准备各种颜色的标志桶（如图所示）。

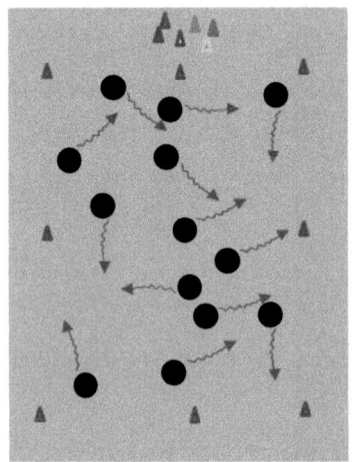

（三）方法
活动开始前，教练向学生介绍活动内容及方法规则，如：绿色——队员在区域内任意运球；红色——停球并把脚放在球上；橙色——队员用脚背内侧连续拨球，并向前移动；白色——队员坐在球上；蓝色——队员拿起球把球举过头顶；黄色——队员只用左脚运球。队员（●）每人一球在活动区域运球，注意要控好球并抬头观察，根据教练出示的标志桶颜色而做相应的技术动作。

（四）进阶
一开始进行无球练习，作为热身活动的一部分，用不同颜色代表不同的练习，如绿色——自由的活动区域走动或慢跑；红色——停止活动；橙色——停止活动并站在点上队员用脚背内侧连续拨球，并向前移动；白色——队员围绕着标志桶跑；蓝色——队员助跑做头球动作；黄色——停下并躺在地上。

九、驾驶员

（一）目标
提高学生运球、控球和反应能力，发展灵敏、速度素质。

（二）准备
设置一个30×30米的活动区域，在区域端线两侧，分别用4个标志桶放置一个3×4米的"Taxi"区域（如图所示）。

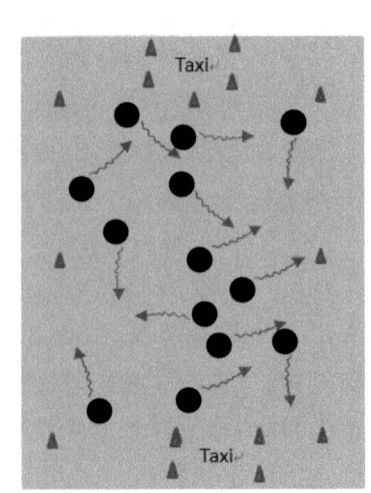

(三) 方法

1. 每个队员一个球，分散站在活动区域，驾驶自己的汽车（球），跟着教练喊出的交通灯颜色的口令做相应的动作：绿色——队员们在活动区域自由驾驶；红色——队员们停球，并把脚踩在球上；琥珀色——队员们原地脚内侧拨球；翻转——驾驶汽车向相反方向驾驶。

2. 教练也可以规定队员在绿色驾驶模式时采用阶梯状练习：第一层次——慢跑；第二层次——匀速跑；第三层次——快跑；第四层次——最快速度跑。

(四) 进阶

当队员能熟练完成上面动作后，还可以增加以下练习：

1. 撞击——（仅仅在两辆或多辆车相撞时）所有队员必须倒在地上并痛苦的尖叫，然后快速爬起继续。这两个相撞的队员必须去维修站（教练处），去修理他们的车，一般采用让他们暂停 20—30 秒或安排其他身体练习。

2. 失控的卡车——教练进入场地，撞击任何汽车（拦截队员没有控制好的足球），把这些球踢出活动区域，这些队员必须去把球捡回来，然后尽快回来继续参与。

3. 出租车——离开活动区域，跑向活动区域两侧的小正方形内。

十、寻找同伴

(一) 目标

提高学生运球能力，养成观察习惯，发展灵敏、速度素质。

(二) 准备

设置一个 30×30 米活动区域。

(三) 方法

1. 队员们一红一黄两人为一组（如图所示），站在活动区域。所有黄方队员（○）持球，当教练发出信号，红方队员（●）尽可能向活动区域的远处跑。

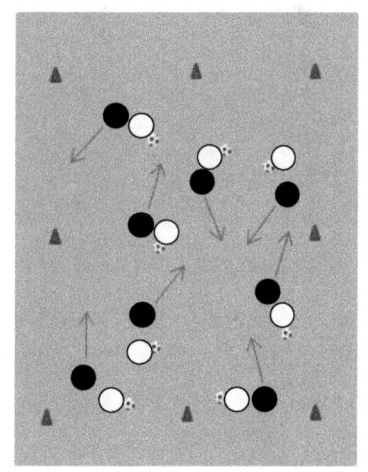

2. 黄方队员必须运着球靠近红方队员，运球时必须抬头观察，避免相撞，并尽快找到自己黄方同伴所处的位置，红方队员可以运用其他队员做屏风，增加同伴找的难度。20—30 秒后（当队员们跑出相当的距离，分散站立后），听到教练给

出的另一个信号，队员们必须尽快停止。如果队员听到信号还在往前跑动，需让他回到停止的位置。

3. 然后，红方队员面向自己的黄方同伴，两脚分开站立，黄方队员必须试着使球从红方同伴的两脚间穿过。因此，两人靠的近则更容易穿过（这需要观察传球先后，以免出现两球相撞的情况）。

黄方队员把球穿过红方队员的两腿，可以得3分，击中红方同伴的腿，得1分。然后两人一组回到起点，交换角色，由红方持球，继续这样的练习。

十一、老狼老狼几点了？

（一）目标

提高学生运球、控球能力和灵敏、速度素质。

（二）准备

设置一个 30×40 米的场地。

（三）方法

1. 队员们每人一球均匀地分布在场地一侧的边线上。教练（老狼先生）背对场内站在对面的边线，教练哨响后，队员运球穿过活动区域（如图所示）。

2. 任何时候教练都可以快速转向场内。如果有队员在教练没喊完"3、2、1"时便开始运球，那么他必须回到起点，游戏暂停；所有队员大声问："老狼老狼几点了？"教练回答一个时间，如2点或者11点，然后转回身子，队员们继续运球。反复做这样的练习，直至队员越来越靠近教练。

3. 当队员靠近教练后，队员问到几点时，教练可以说是"晚饭时间"，队员们听到后可以尽快转身，在被教练抓住之前安全运球回至起点。

（四）进阶

在游戏中，可以安排更多灵巧协调的控球动作，教练可以喊"头、膝盖、脚"，每个队员必须用这些部位控球然后抓住球。如果成功了，队员们可以向老狼方向跨一步；当教练转身时，如果有队员没控制住球，或者他跨了不止一步（教练转身时队员还在动身体），那么他必须回到起点。

十二、击落椰子

(一) 目标

提高正确运用脚内侧传球的能力及快速奔跑的素质。

(二) 准备

准备一个 20×10 米的场地,队员 2 人一组排列在边线上。

(三) 方法

1. 队员 2 人一组前后站在边线上,在与边线相距 8 米远的对面放置 3 个标志桶,每个标志桶上平衡放置一个足球(椰子)(如图所示)。要赢得比赛,必须要在 2 分钟之内击落这 3 个足球。

2. 如果击中,这个队员必须快速跑出取回足球(可以运球回也可以传球回),每个小组有 2 分钟的时间去击落椰子。

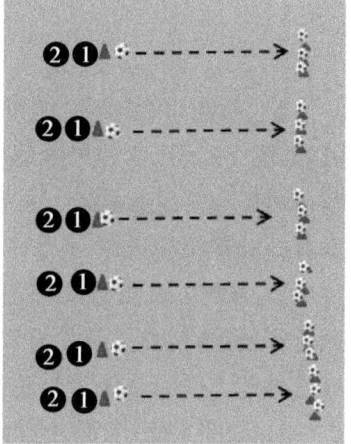

(四) 进阶

1. 如果人数较多,也可以分成 3 人一组。

2. 如果有小组击中三个椰子,那么再次游戏时,可以把标志桶放得再稍远一些,以加大他们击中椰子的难度。

3. 保持同样的距离,但是可以逐渐缩短击倒椰子的时间。

十三、保卫城堡

(一) 目标

提高学生灵敏、速度素质及运球能力。

(二) 准备

准备一个 20×10 米的场地,2 个标志桶为一组,在场地远端边线上放置 4 组标志桶作为球门。

(三) 方法

1. 两个黄队 1 号(①)守卫着活动区域边线上的四个球门(城堡△),另外两个黄队 2 号(②)站在活动区域的两侧,准备替换下一个队伍。听到教练开始的信号后。红方队员(●)从球门对面的边线开始运球,穿过活动区域并争取把球运过一个球门(如图 1 所示)。

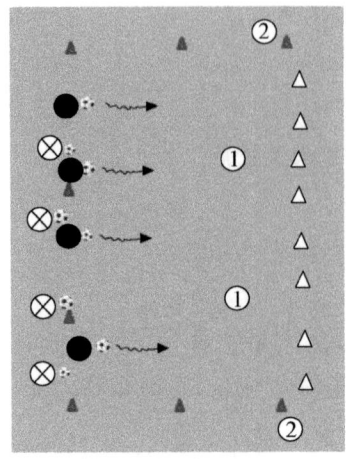 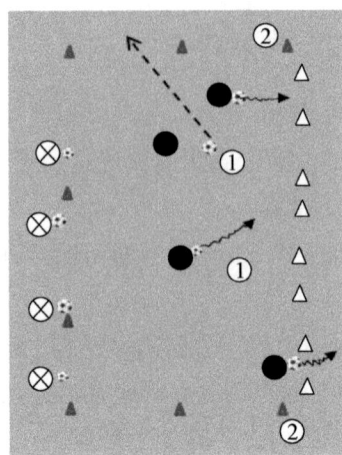

图 1　　　　　　　　　图 2

2. 活动区域中间的两个黄方 1 号队员争取抢下足球或者把球踢出活动区域(如图 2 所示)。如果抢球过程中没有把球踢出活动区域,红方队员可以重新获得运球权并继续游戏。如果球被踢出活动区域,这个无球的红方队员可以帮助其他同伴接应传球。

3. 当红方队员结束练习,则运球或走回起点,站在活动区域外面。在下一回合开始前,黄方队员 1 号和 2 号交换位置,由 2 号守卫城堡。站在球门对面边线上的蓝方(⊗)队伍重复着红方队员同样的任务(如图 3 所示)。

4. 如图 4 所示,游戏过程中,如果蓝方队伍有球被踢掉了,那么下个回合他们只能用组内剩下的球练习。

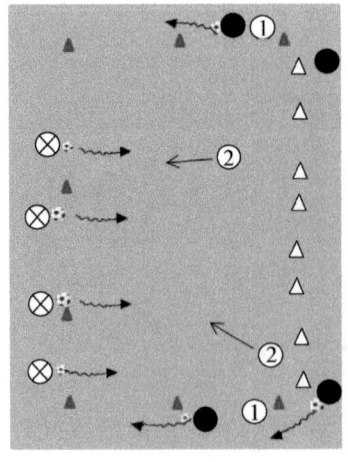 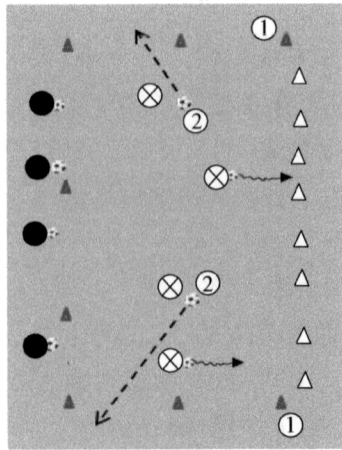

图 3　　　　　　　　　图 4

5. 当红方队员再次进行练习时,只能有 3 个队员持球练习。在上一回合练习中被踢掉足球的第四个红方队员,可以在队友被黄方队员抢球时给同伴提供接应传球。红方和蓝方至少要保留一个足球才能继续下回合的游戏。

6. 几个回合后,轮换攻防角色,让每组队员分别体验进攻与防守的角色。

(四)进阶

1. 这个游戏适应数量较多的队伍,但必须要确保每个队人数相等(同样的防守人数)。

2. 如果想提高防守等级的话,可以用 4 个防守队员进行防守。

十四、足球骑士

(一)目标

提高学生灵敏、速度素质及运球能力。

(二)准备

用标志桶设置一个 30×20 米活动区域,区域两端线上各放置一些足球(如图所示)。

(三)方法

1. 红方(●)和黄方(○)队队员分别靠近区域两端的线。当教练一声哨响,两队队员必须穿过对方的区域取球,然后运球回来停在自己一边的端线后面。

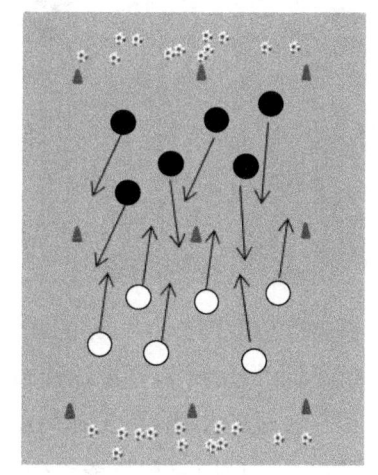

2. 球放置完毕后,运回球的队员再跑回对面区域,尝试再运球回。运球过程中,如果球失去控制出界了,那么运球者就输了这个回合。练习持续 1—2 分钟,然后停下,计算每一队球的总数以决出获胜者。或者根据下面的方法得分:

① 把球停在自己的仓库区域,能获得 3 分;
② 能把球运回自己的活动区域,获得 2 分;
③ 能把球运回,但只是在对方的活动区域,获得 1 分。

游戏进行几个回合后,计算总分。

(四)进阶

用标志桶在中心设置一个 10×30 米的中心区域,两队各派一名队员站在中心区域(或者根据参与人数也可以更多)。开始前,两队队员必须在中心区域两侧的各自区域内；游戏开始后，分别代表两队站在中心区域的防守队员允许拦截对方队员，当然只是在进入区域后才能拦截。如果拦截成功，各队的防守队员可以把球传给自己的队员，或自己将球运回，并把球停在自己区域后面。在新的回合开始前，交换中心防守队员。

十五、穿门而过

（一）目标

提高运球、传球能力，发展学生灵敏、速度素质。

（二）准备

用标志盘设置一个 30×20 米矩形活动区域，边线四周各均匀放置 3 个标志桶，区域内用标志盘设置若干小球门（如图所示）。

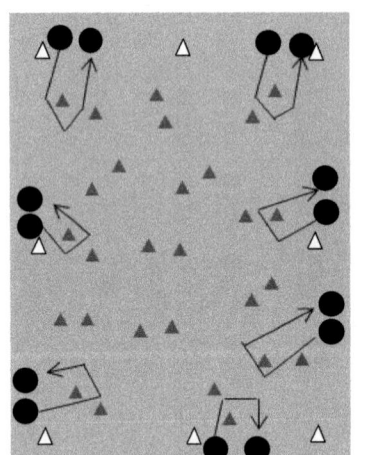

（三）方法

1. 2 人一组，每组一个球分散站在活动区域边线。游戏开始，第一位队员跑进活动区域，但必须穿过球门，再跑回与同伴击掌，然后第二位队员跑进活动区域，穿过不同的小球门，再跑回同伴处与同伴击掌。如此重复直至结束，在 30 秒或 1 分钟之内穿过不同球门数量最多的小组获胜。

2. 第二回合，第一位队员运球进入活动区域，但必须穿过球门，再把球传回给同伴，第二位队员运球进入活动区域，必须穿过不同的小球门，再把球传回给同伴。当球在较远的位置时，运球队员需要将球运至合适的位置，再把球传给同伴。如此重复直至结束，在 30 秒或 1 分钟之内穿过不同球门数量最多的小组获胜。

（四）进阶

1. 2 名红队队员分别站在球门的一侧，完成 2 次相互传接球，再移至下一个不同的球门（如有其他同学在练习，则另找球门）如此重复直至结束，在 30 秒或 1 分钟之内穿过不同球门数量最多的小组获胜。

2. 要求用一次传接球完成传球。

足球社团指导案例十五则

一、四角传球

(一)目标
巩固正确运用脚内侧传接球的方法和跑动传接能力。

(二)准备
用标志桶设置一个 10×10 米的方格,持球队员的顶角站 2 位队员,其余队员分别站在方格的顶角。

(三)方法
1. 1号队员持球开始沿着边线向2号位置运球,至中线位置传球至2号标志桶前面(如图1所示),2号向前跑一步接住球。

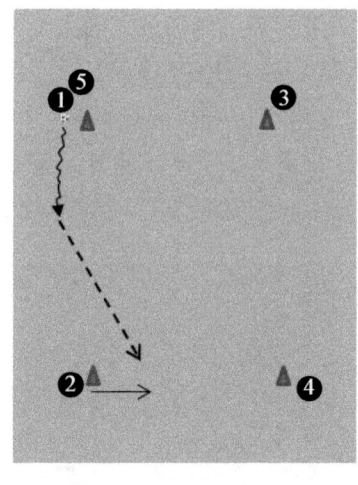 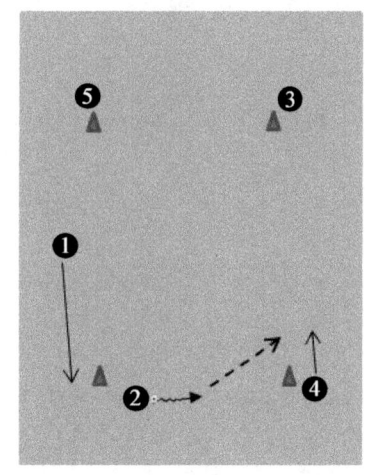

图1　　　　　　　　　　图2

2. 2号队员控制球后,继续逆时针沿着边线向4号位置运球(如图2所示),至中线传球至4号标志桶前,4号向前跑一步接住球。1号队员则跑回最初的位置,准备下一次接球。

3. 维持这样的传球,保持流畅的传球速度而不犯错误,坚持1分钟或规定达到多少次数。

（四）进阶

1. 限定传接球次数。
2. 相反方向练习。

二、十字形传球

（一）目标

巩固正确运用脚内侧传球方法，体验接球、传球技术。

（二）准备

用标志桶设立一个 8×8 米的方格，每个方格 6 名队员。

（三）方法

1. 起点位置站 3 名队员，其他 3 个位置各站一名队员（如下图 1 所示）。1 号队员传球给 2 号，然后随传球方向跑动至 2 号位置。

2. 2 号队员一脚控球，然后朝对角线方向传球给 3 号（如图 2 所示），然后随传球方向跑至 3 号位。

3. 3 号队员一脚控球把球回传给顶角的 4 号，3 号队员随球跑至 4 号位。此时，1 号已经到达 2 号位（如图 3 所示）。起点的 5 号可以启动第二个球。4 号一脚控球后朝对角线再传球给起

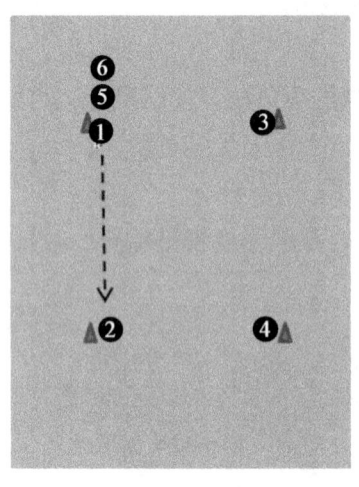

图 1

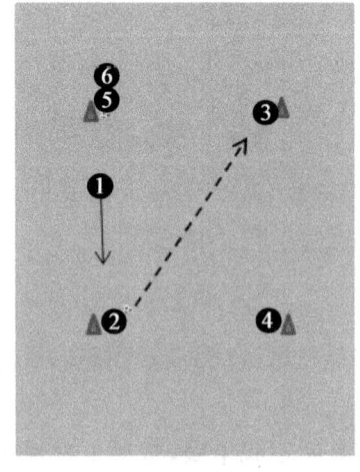

图 2

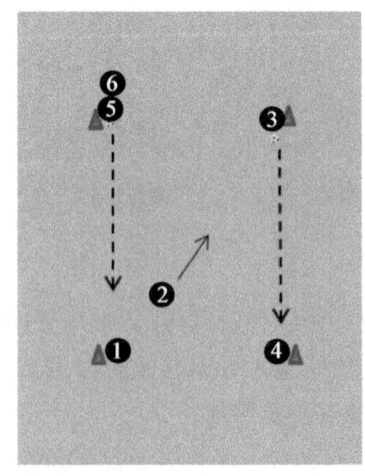

图 3

点的 6 号。队员们按照这样的线路持续传球,注意传球的时间和对角线之间的跑动,挑战一下能否连续不间断完成 1 至 2 分钟的传球,或者看一下所有队员回到起点位置需要多少时间,并试着打破这个纪录。

(四) 进阶

1. 可用运球方式完成预设线路。
2. 限定一脚完成传接球。

三、传跑配合

(一) 目标

用脚内侧传球,并体验传球跑动动作,发展学生传跑意识。

(二) 准备

用标志桶设置一个 5×5 米的方格,1 号队员站在中心,其他 4 位分别在四条边线后面 2 米左右处站立(也可以更多队员参与)。

(三) 活动方法

1. 边线外的 2 号队员持球,传球给中心的 1 号(如图 1 所示)。

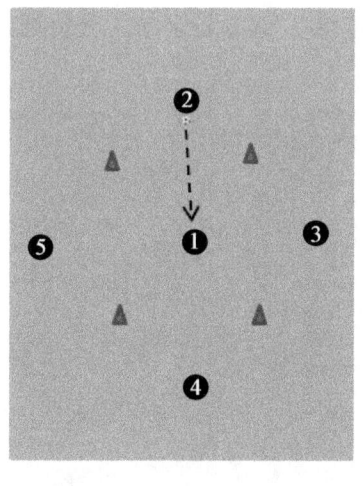

图 1

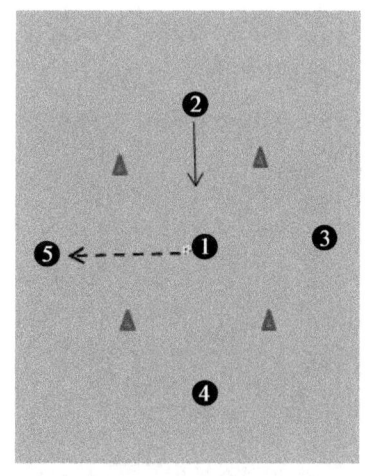

图 2

2. 2 号跟着传球方向跑动并取代 1 号站在方格中心。1 号接到球后转身传给任何一个边线外的队员,本案例中传给 5 号,再跑向 5 号(如图 2 所示)。

3. 5 号传球给中心的 2 号并跑向 2 号,5 号则和上面一样,转身传给边线上的 3 号或 4 号（如图 3 所示）。如此反复的传跑。

（四）进阶

队员也可以采用运球移动的方法，中心队员运球至方格外，外面的队员停球并传回中心，延续这样的运球和传球程序（运球出，传球回）。

四、绕杆接球

（一）目标

学会接球回传再接球的意识，为二过一技术打下基础。

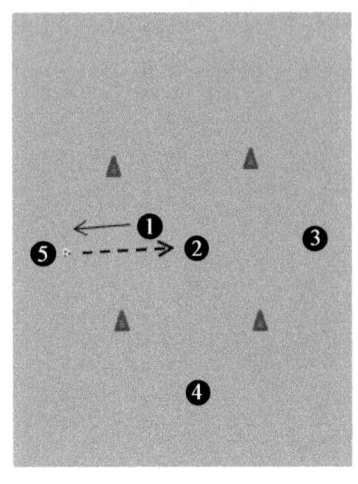

图 3

（二）准备

用标志桶设置一个 10×10 米的方格，持球队员的顶角站 2 位队员，其余队员分别在方格的顶角。

（三）方法

1. 1 号持球开始向 2 号位置出发，并传球给 2 号，2 号则向 1 号传球的方向移动准备接球（如图 1 所示）。

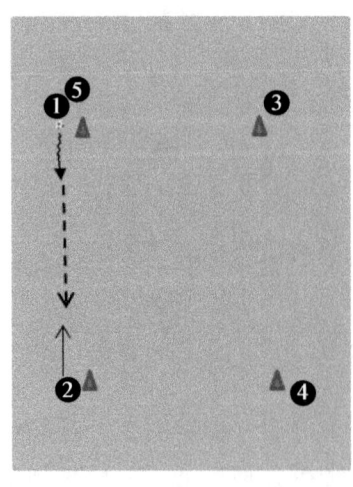

图 1

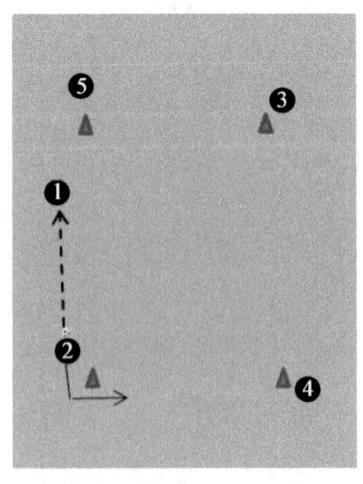

图 2

2. 2 号接球后，后退绕过自己所在的标志桶（如图所示），并回传给 1 号。
3. 1 号再把球传至 2 号标志桶前（如图 3 所示），2 号向前移动接住传球,并把球传给 4 号。然后 4 号同样向 2 号方向移动接球,4 号接球后退绕过自己所在的标志桶,再回传给 2 号,2 号再次传球给 4 号,然后 4 号把球传给 3 号,3 号则继续向 4 号方向移动并接球,接球后再后退绕过自己所在的标志桶,再次传球给 4 号,准备下一次接球。

挑战：保持流畅的传球而不犯错误,坚持 1 分钟或规定达到多少次数。

(四) 进阶

限定接球次数和接球方向,一次停球,使得球在身体前面,然后一脚传球给下一位队员。

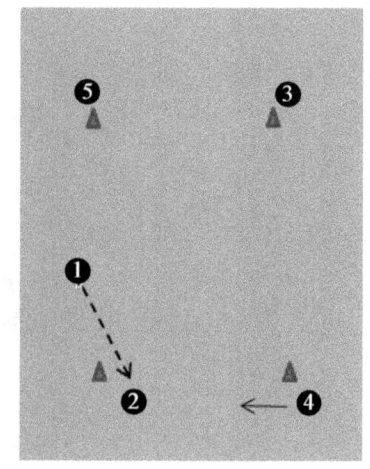

图 3

五、W 传球

(一) 目标

培养远端脚接球意识,体验左右脚传接球方法。

(二) 准备

用标志桶设立一个 8×8 米的方格,每个方格站立 6 名队员。

(三) 活动方法

1. 在有持球队员的一角站 2 名队员且每人一球,其余 3 个顶角各站一名队员,最后一名队员站在方格中心。1 号队员沿逆时针方向传球给 2 号队员(如图 1 所示),然后随传球线路跑至 2 号位。

2. 2 号队员一脚停球,然后传球给位于中心的 3 号(如图 2 所示),2 号随传球线路至中心。

3. 3 号队员一脚控球,然后传球给 4 号,然后随球跑至 4 号位(如图 3 所示)。当 1 号队员到达 2 号位时,6 号队员开始把另一个球同方向传向 1 号。队员们继续传球：4 号把球传向顶角的 5 号,随球跑向 5 号位,5 号队员得到球后运球至起点准备下一次传球。

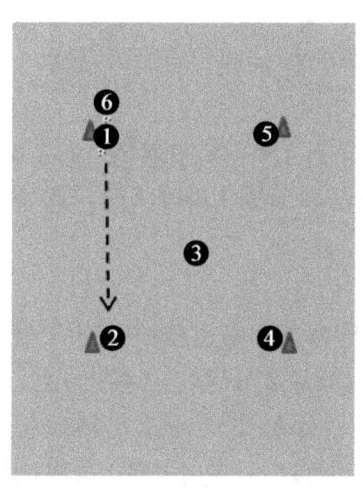

图 1

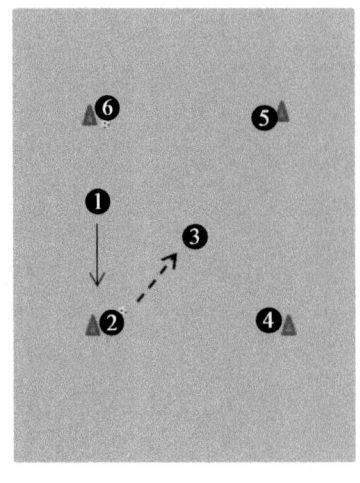

图 2

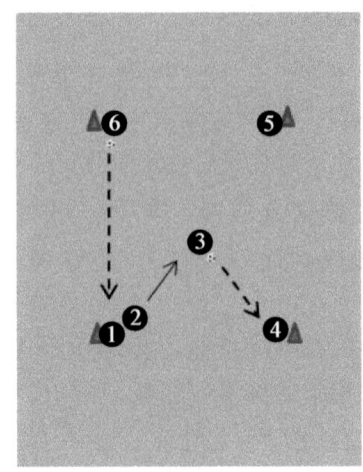

图 3

4. 统计持续连贯传球 1 至 2 分钟,或者坚持到所有队员都回到自己的原位需要多少时间,然后下一次争取打破这个纪录。

(四)进阶

1. 沿着规定的线路完成运球。

2. 一脚触球。

3. 当球运行至 2 号位时,起点马上开始第二轮运球。

六、斜传、直传交互运行

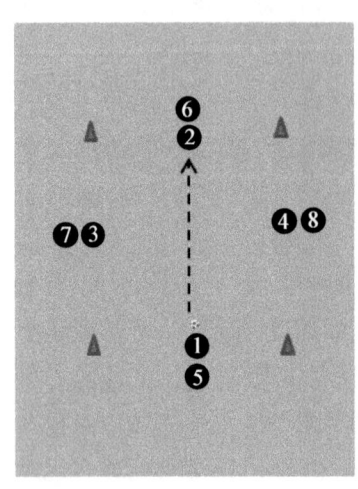

图 1

(一)目标

学会正确的传球方法,体验传球后的跑位。

(二)准备

用标志桶设置一个 8×8 米的方格,每组 2 名选手分列四条边线后,分成 1、5;2、6;3、7;4、8 四组迎面站立。

(三)方法

1. 两人一组分别站在方格边线的中间;1 号队员持球并传球给对面的 2 号(如图 1 所示)。

2. 然后 1 号向右侧斜线移动排在新队伍后面,即 8 号队员后面;2 号选手则以同样的方式传球给右侧的 3 号(如图 2 所示)。

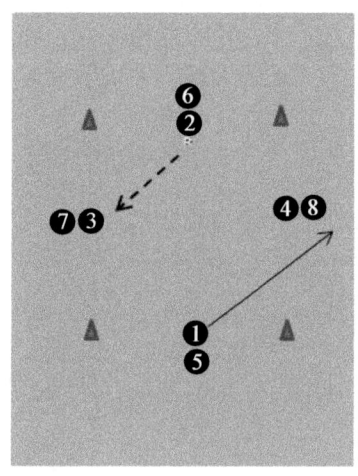
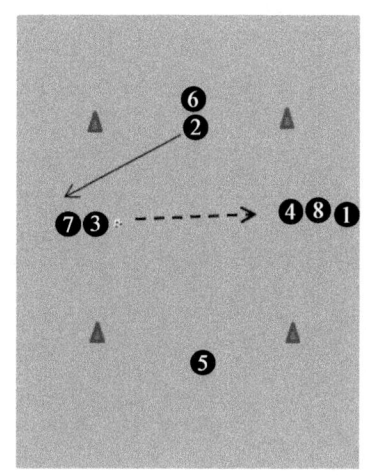

图 2　　　　　　　　　　图 3

3. 2号在3号向4号传球的同时,向右侧斜线移动排在新队伍后面,即7号队员后面(如图3所示);3号传完球向右侧斜线移动排在新的队伍后面即5号队员后面。4号传球给5号……依次这样练习(一次斜传,一次对面直传)。挑战这样的传球连贯地进行多长时间不犯错,或者在一定时间内设立一个传球次数作为目标。

(四) 进阶

1. 向相反方向的传球和移动。

2. 一脚出球。

3. 每条边线增加一名队员,但是1号和3号同时开始。

七、墙式 2 过 1

(一) 目标

用正确的传球方法传球,学会基础的墙式2过1传接球。

(二) 准备

设置一个 10×20 米的正方形,每组3人。

(三) 方法

1. 每组3人,1人做墙。3号传给1号,同时上前弱防守,1号将球传给右侧做墙的2号,2号接球后,将球传给绕过防守队员3号的1号,和1号做一个贴墙配合(如图1所示)。

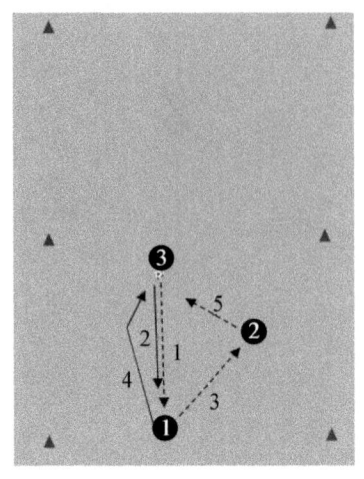

图 1

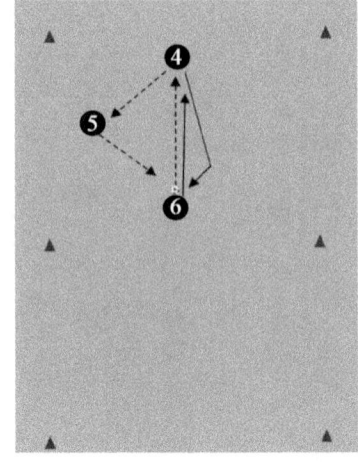

图 2

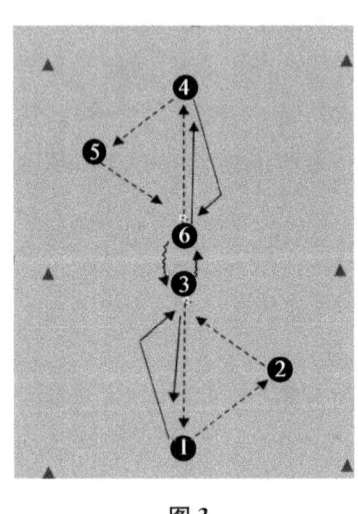

图 3

2. 同时,另一组队员 4 号、5 号、6 号也进行墙式 2 过 1 练习(如图 2 所示)。

3. 2 组队员组合练习。1 号完成墙式 2 过 1 之后,运球至下一区域,传球给 4 号后,再弱防守 4 号,4 号和 5 号进行墙式 2 过 1……(如图 3 所示)。循环练习,直至教练哨响,看能连续完成几次墙式 2 过 1。

(四)进阶

限定触球次数完成规定动作。

八、传跑 2 过 1

(一)目标

熟练掌握 2 过 1 的方法,理解并掌握跑动 2 过 1 的路线和方法。

(二)准备

设置一个 10×10 米的正方形,每组 5 人。

(三)方法

1. 正方形每个顶角各站 1 人,有持球队员的顶角站 2 人。1 号持球队员传球给 2 号,再跑向 2 号(如图 1 所示)。

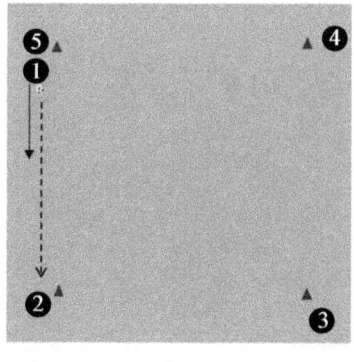

图1　　　　　　　　　　图2

2. 2号将球回传给1号,1号接好球,再将球斜向传给3号,再跑向2号位置,2号跑向3号,接3号的回传球,再斜向传给4号(如图2所示)。

3. 3号跑向4号,接4号回传球,再斜向传给5号,4号跑向5号位置,接5号回传球。如此反复,看哪一组连续传球时间长(如图3所示)。

(四)进阶

1. 限定出球次数完成规定动作。

2. 改变方向继续练习。

图3

九、临时朋友

(一)目标

学会在简单的对抗中寻求同伴的帮助,体验同伴合作传接的乐趣。

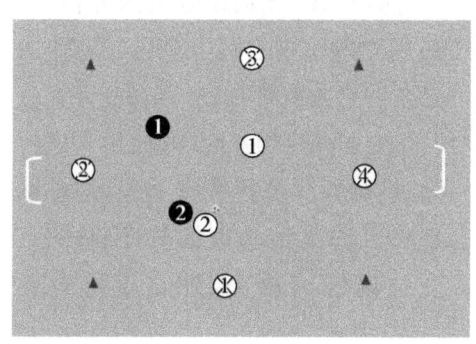

图1

(二)准备

用标志桶设置一个 10×10 米的方格。

(三)方法

1. 正方形区域内红(●)、黄(○)各2名队员,四边形的边线上各站一名第三方队员(⊗)(如图1所示)。

2. 在活动区域内进行2对2对抗,获得球权的一方可以传球给边线上的第三方(临时朋友),以寻求帮助(如图 2 所示)。

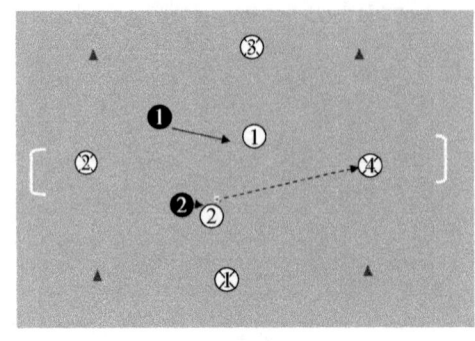
图 2

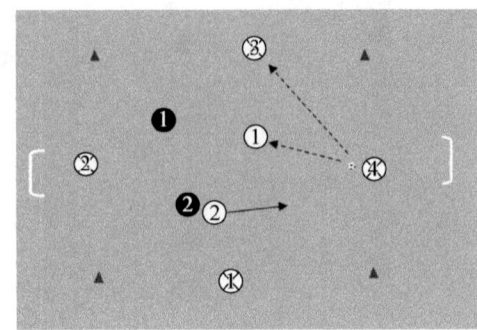
图 3

3. 第三方接球后,必须把球传回给传球给自己的队伍(如图 3 所示)。对控球满 5 次的队可以计 1 分,在预设时间得分多的获胜。

(四)进阶

规定第三方队员必须把球传回给传球者。

十、寻找接球人

(一)目标

学会观察同伴位置,及时转移球,有空间意识。

(二)准备

用标志桶设置一个 30×30 米的区域,每条边线设置 4 个标志桶,区域中间用 4 个大的标志桶设置一个正方形。

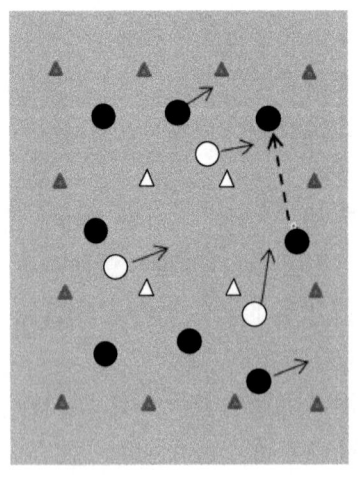

(三)方法

1. 8 名红方队员(●)分别在各自的方格中,不能进入中间的正方形。3 名黄方队员(○)作为防守队员,可以在任意方格中移动(如图所示)。

2. 红方队员在方格间相互间传球,每一次传球都算一分。如果黄方队员拦截或上抢,把球踢出活动区域,那么红方队员必须重新开始计分;如果红方队员失误将球传失,那么也将重新计分。

3. 如果红方能穿过中间区域传球,则可以获得额外奖励 5 分。游戏进行 3—4 分钟后,队员轮换角色。

(四)进阶

1. 减少防守队员人数,使游戏变得简单;如果要变得更有挑战,则将防守队员增加至 4 名。

2. 限制红方队员的触球次数,只允许两次触球。

3. 黄方队员只允许拦截,不允许上抢。

十一、极速轮换

(一)目标

形成以多打少的局面,体验在压力下的精准传接。

(二)准备

用标志桶设置 15×20 米区域,每个边线上摆放 3 个标志桶。

(三)方法

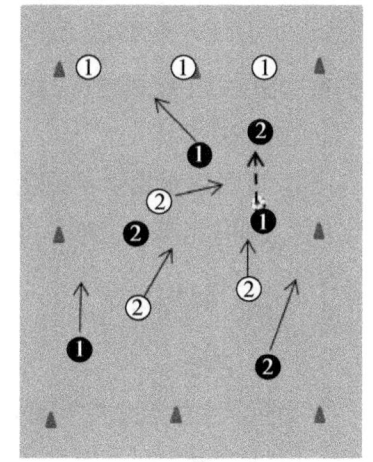

1. 红方(●)与黄方(○)两支队伍,每支 6 人。将每支队伍的 6 名队员分成 1 号和 2 号。黄方所有的 2 号队员在场内,所有的 1 号队员等候在边线外(如图所示)。在活动区域里面,6 名红方队员对阵 3 名黄方队员,红方队员尝试控制球。

2. 一旦黄方队员抢到球,外面的 3 名队员迅速进入活动区域支持自己的队友,而 3 名红方 1 号队员则马上退出活动区域。

3. 如果红方队员抢断成功,则重新获得控球权,红方 1 号队员马上进入场地支持队友。这时,黄色队员 2 号必须迅速离开场地,等候在方形的边线外。如果球被踢出界外,教练可以把另一个球给正在控球的队伍,或者重新掷球进入开始。两队对抗,设立一个控球时间或传球次数的目标,看哪个队获胜的次数多。

(四)进阶

如果对方完成 20 次传球,防守队员也能自动更换。

十二、击中目标

(一)目标

体验在人数相等的情况下的移动与接应,以及攻击目标的时机。

（二）准备

用标志盘设置一个 20×30 米矩形活动区域(长的边线各均匀放置 4 个标志桶,形成 3 个活动区域),短的边线分别放置 3 个连续的大号标志桶。

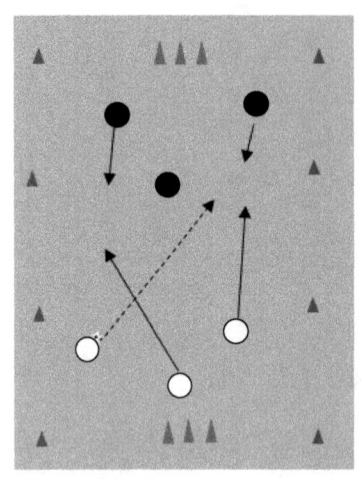

（三）方法

1. 游戏采用 3V3,正常的足球比赛规则,但可以用手完成动作。双方队员分别站立在区域短的边线两端,黄方队员(○)从本方活动区域,尝试用运球或者传球方式通过中间活动区域(如图所示)。

2. 红方队员(●)在最后一个活动区域防守,黄方只要击中其中一个标志桶即可得分,而被击倒的标志桶无须扶起,直至所有标志桶被击倒后游戏结束。

3. 如果红方获得球权,黄方必须撤退到自己的区域附近,让红队进攻,黄队防守。

（四）进阶

1. 既可以根据队员数量确定参与者人数,也可以调整目标标志桶数量。
2. 可以设置一个圆弧形禁区,防守时只能站在弧线外防守。

十三、网格足球

（一）目标

提高学生的区域防守意识,要求控球队员快速转移球。

（二）准备

用标志桶设置一个 30×30 米的区域,每条边线设置 4 个标志桶,区域中间用 4 个大的标志桶设置一个正方形,3 名红方队员在中间方格,另 4 名分别在外侧的 4 个方格中,另有 4 名黄色队员分别站在大区域的边线中间(如图所示)。

（三）方法

1. 三名红方队员(●)站在中间方格内,并在一名黄方队员(○)防守下进行控球(如图 1 所示)。

2. 中间方格内的三名红方队员可以传球给外侧四个方格内的同伴,当球传给外侧方格中的同伴时,外线的黄方队员可以进入这个方格进行防守(如图 2 所示)。

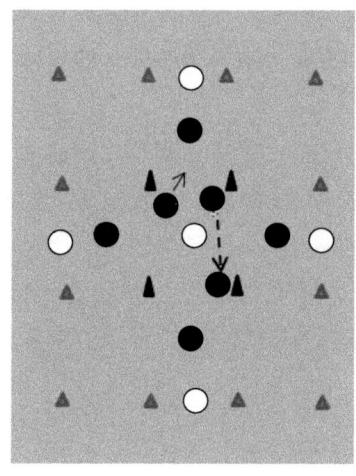 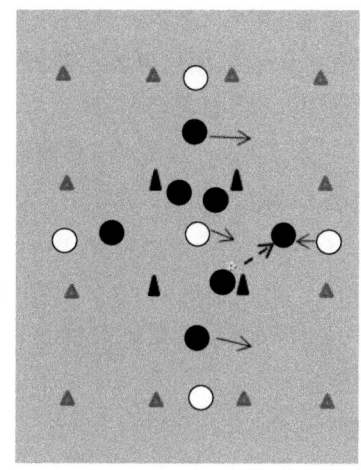

图 1　　　　　　　　　　图 2

3. 红方队员可以斜传给侧面的红方队友,同样外线的黄方队员也可以进入防守,给控球者以压力。黄方队员或以弱防守的方式给予对方压迫感,或全力防守或抢断。当球传出后,外围的黄方队员回至边线。游戏实施 4~5 分钟后,进行角色轮换。

(四) 进阶

1. 撤销外面的黄方队员,但允许中间的黄方队员自由进出所有方格。
2. 限制红方队员触球次数。
3. 让黄方队员在外围的方格中,而不是在边线上,以增加红方队员接球的难度。

十四、多国部队

(一) 目标

增加同伴间的呼应配合,提升学生合作意识。

(二) 准备

用标志桶设置一个 30 * 30 米的区域,每条边线放置 4 个标志桶,并准备多个备用足球。

(三) 方法

1. 队员分成人数均等的红(●)、黄(○)、紫(◉)3 队(如图所示),每个队均为 4 人,当教练喊

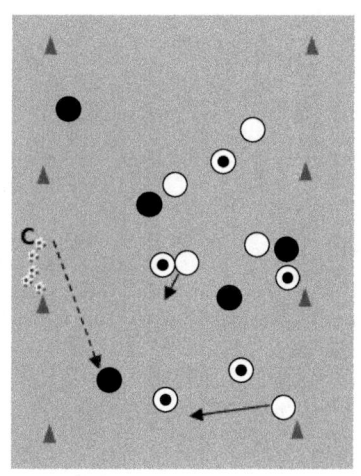

出黄队,并将球权交给红队或紫队某个球员时,红队和紫队则组成临时队伍对抗黄队。黄队队员采用篮球比赛规则,接球后不允许跑几步传球,而是通过转移传球保持球权,红队则参与防守。

2. 一旦黄队抢得球权,失误的队伍马上参与防守,另两队则临时组队,通过传接球保持球权,看哪一队保持球权时间最长,或者连续传球次数最多。

3. 队员们熟悉规则后,教练要求学生用足球规则练习运球及传接球,通过转移传球保持球权,红队则参与防守。看哪一队保持球权时间最长,或者连续传球次数最多。

(四) 进阶

根据学生年龄或能力控制队员的触球次数。

十五、连续接、传、转

(一) 目标

在压力下快速转移球,感受队友位置,体验空间感。

(二) 准备

用标志桶设置 3 个 4×12 米的矩形区域,将 3 个矩形区域依次排成一个大的正方形,在每条边线的四角分别设置 1 个标志盘,并准备多个备用足球。

(三) 方法

1. 每个矩形活动区域短边线的两侧各站 2 名红方队员(●),大正方形两端的矩形的长边边线各站 1 名队员,中间矩形中站一名红方队员并持球,两侧的矩形中分别站一名黄方队员(○)(如图所示)。队员采用篮球比赛规则,接球后不允许跑几步传球,而是通过转移传球保持球权,红方队员只能在规定的区域活动,不能在边线外横传。

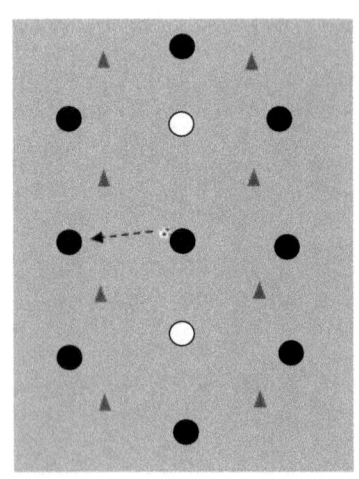

2. 熟悉规则后,用足球代替篮球进行练习运球及传接球,两名黄方队员参与防守,以阻止红方顺利传接球。如果阻止成功,则和犯错的红方交换位置。看红队能保持球权多长时间,或者连续传球次数最多。

3. 队员们熟练练习后,可以增加一个足球进行练习,通过转移传球保持球权。看哪一队保持球权时间最长,或者连续传球次数最多。

(四) 进阶

1. 根据学生年龄或能力控制队员的触球次数。
2. 可以增加一个球进行练习。

校园足球精英队指导案例二十则

一、传远跑近

(一) 目标
学会观察,感受传球时机,培养学生空间意识。

(二) 准备
在 20×30 米平整区域,间隔放置两组球门标志杆,盘间相距 3 米(如下图所示)。球门两侧各放置一个等腰三角形。每组队员 7—8 名队员,分两组进行练习。

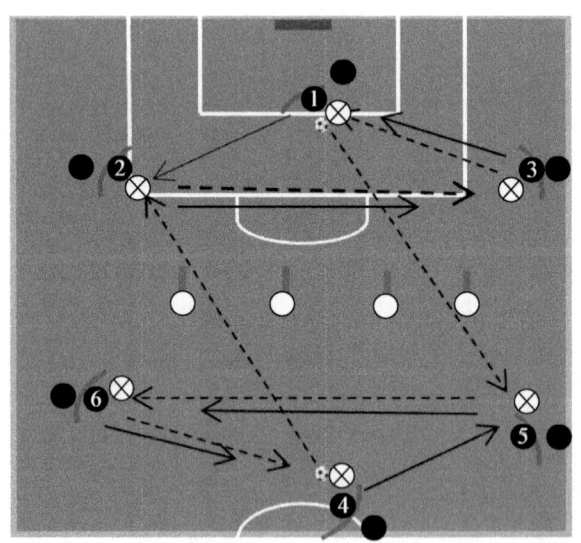

(三) 方法
1. 1号位和4号位为起球处,其余位置为接应位,视参与人数多少,各点可安排 2—3 名队员。

2. 1号位和4号位第一名队员将球按箭头所示,通过球门传向球门对面的 2 号和 5 号队员,并分别跑向右侧 2 号和 5 号标志盘处。

3. 2号、5号队员接到对面传球后将球沿三角形底线分别传向 3 号和 6 号,并跑向传球对象位置。

4. 3号、6号将球传向起点处的1号和4号位同伴,再跑向1号和4号位排队准备下一轮传接,依次连续进行。

(四) 进阶

1. 限制触球次数。
2. 改变传球方向。

二、不同站位的传跑练习

(一) 目标

学会左右脚触球,理解远端脚接球的原理,提高学生合理控球意识。

(二) 准备

在 20×30 米的平整区域(如图所示),放置若干标志盘。每组 8—10 名队员。

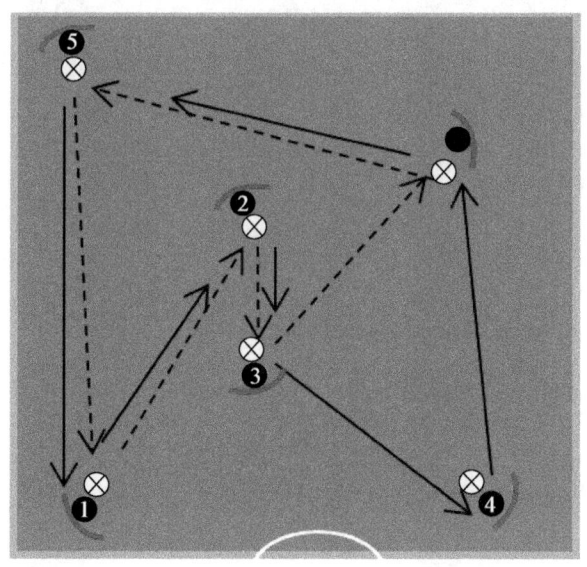

(三) 方法

1. 1号位为起球处,可以站不等的队员。1号队员将球传给2号队员,球传出后,再跑向2号位。

2. 2号队员接球后将球传给3号队员再跑向3号位,3号队员再将球传给跑动中的4号队员,然后再跑向4号位。

3. 4号位传跑5号位,5号位传跑1号位,在1号位排队,并准备接下一个传球。

如此反复练习,直至所有人都练习过。

(四) 进阶

1. 规定队员触球次数,最多 2 次触球。

2. 变换方向练习,强调左右脚均衡练习。

三、连续传跑练习

(一) 目标

学会左右脚触球,理解远端脚接球的原理,提高学生传跑意识。

(二) 准备

如图所示,在 20×20 米的平整区域放置标志盘。分成 2 小组同时练习,每组 8—10 名队员。

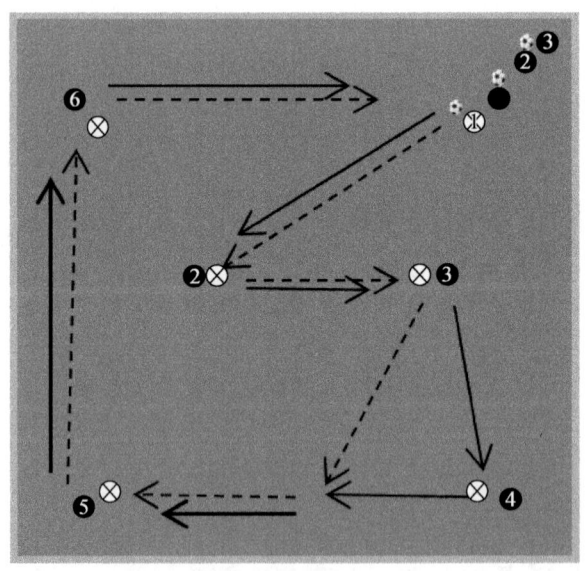

(三) 方法

1. 场地区域内每个标志盘处站一位同学,起点处可以安排 3—4 位队员。

2. 图中 1 号队员按箭头方向传跑,强调远端脚接球,当球传向 4 号位时,需传球在 4 号的行进路线上,然后再按照图中箭头方向传球。

3. 运球时确保人球结合。

(四) 进阶

1. 练习一定时间后更换练习方向,强调左右脚均衡练习。

2. 限定触球次数。

四、长短传组合练习

（一）目标

学会大范围转移球方法，培养学生大局观和空间意识。

（二）准备

如图所示，在 30×30 米的平整区域放置标志盘。队员分 2 组，每组 8—10 人，2、3、4 号位各站一名同学，其余站在 1 号位。

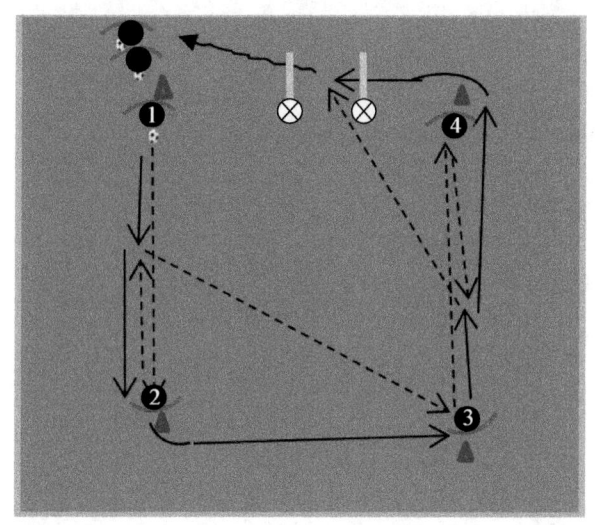

（三）方法

1. 1 号传球给 2 号，再随球跑进，接到 2 号的回传球后斜传给 3 号位。1 号位队员进至 2 号位。

2. 2 号位完成接应后绕过后侧标志桶跑向 3 号位。

3. 3 号接球后传球给 4 号，再随球跑进，接到 4 号回传球后通过标志杆斜向传球给跑动中的 4 号，4 号接球后在 1 号位排队准备下一轮练习。持续练习，直至熟练运用。

（四）进阶

1. 改变方向继续练习。

2. 限定触球次数。

3. 接应队员要主动向同伴呼叫要球。

五、基础 2 过 1

（一）目标

学习和巩固 2 过 1 传接球方法，培养学生与同伴的配合及射门意识。

（二）准备

如图所示，在 30×30 米的平整区域放置标志盘。队员分若干组，每组 6—8 人，每组同学分别站在 1、2、3、4 号位，1 号位持球。

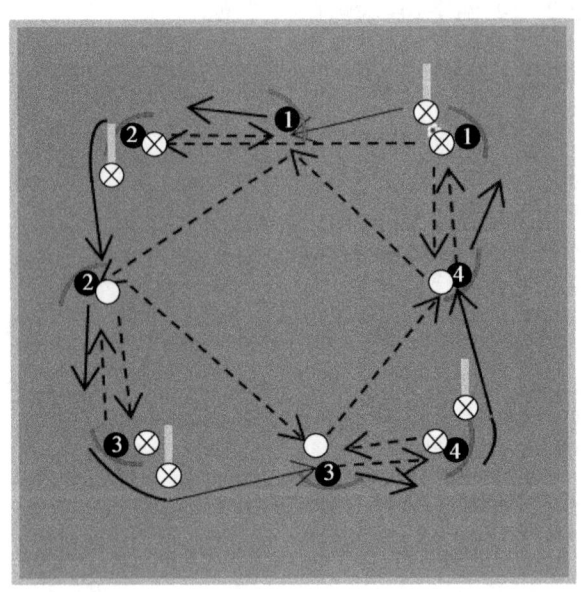

（三）方法

1. 1 号队员传球给 2 号，再向前接 2 号的回传。

2. 2 号在接到 1 号传球后将球回传给 1 号后，绕过标志杆接 1 号的斜传球。

3. 2 号接球后将球传给 3 号，再向前接 3 号回传。3 号在接到 2 号传球后将球回传给 2 号，之后绕过标志杆接 2 号的斜传。

4. 3 号接 2 号传球后传球给 4 号，同样 4 号将球回传给 3 号后，绕过标志杆接 3 号的传球，再将球一脚传给 1 号，接 1 号回传后，斜传给绕过标志杆的 1 号，……小组内所有队员持续练习。

（四）进阶

1. 熟练后，要求队员 1 脚出球，并确保传球力量和精确性。

2. 改变运行方向练习。

六、撞墙式 2 过 1 配合射门

（一）目标
学习 2 过 1 传接球方法，培养学生与同伴的配合及射门意识。

（二）准备
如图所示，在 30×30 米的平整区域放置标志桶、标志线及球门。队员分 2 组，每组 6—8 人，分别站在 1、2、3 号位和 4、5、6 号位，1 号、2 号位持球。

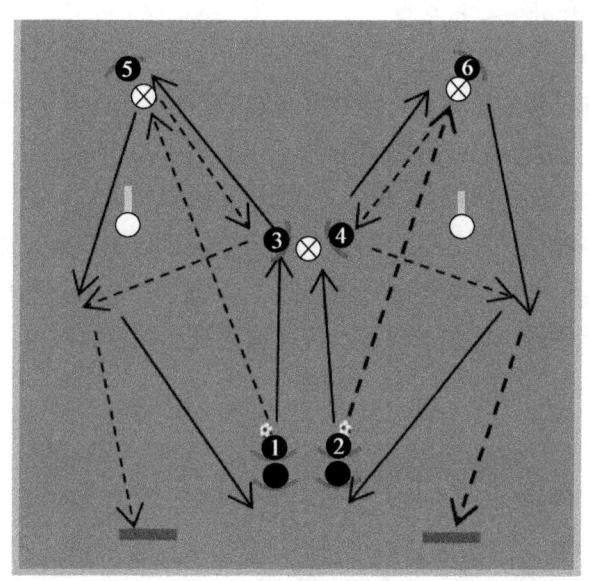

（三）方法
1. 1 号队员传球至 5 号位再跑向 3 号位。
2. 5 号位接球后与 3 号位做一个 2 过 1 撞墙配合后完成射门。
3. 同理，另一侧 2 号位传球给 6 号位，再跑向 4 号位。
4. 6 号位接球后与 4 号位做一个撞墙式 2 过 1 后完成射门。
5. 持续这样的练习多次后两队交换位置。
6. 轮转次序：1 号—3 号—5 号—1 号；2 号—4 号—6 号—2 号。

（四）进阶
1. 左侧用左脚射门，右侧用右脚射门，注意传球的力量和准确性。
2. 限制触球次数。

七、组合 2 过 1 射门

(一) 目标

学习 2 过 1 传接球方法,培养学生与同伴的配合及射门意识,激发学生学练兴趣。

(二) 准备

在 30×30 活动区域两侧设置球门。队员持球在球门柱外侧起球,靠近球门的一侧边线标志盘处安排接应队员。

(三) 方法

1. 1 号位第一名队员将球传向 2 号位后,再按图示箭头方向跑动,2 号接应队员将球传向 1 号队员的行进线路上(2 过 1),对面 3 号队员在 1 号接球时,快速跑向球门方向,接 1 号队员传球后完成射门(如图所示)。

2. 同理,4 号位第一名队员将球传向 5 号位后,再按图示箭头方向跑动,5 号接应队员将球传向 4 号队员的行进线路上(2 过 1),对面 6 号位队员在 4 号接球时,快速跑向球门方向,接 4 号队员传球后完成射门。

3. 轮转方法:1—3—5—1;4—6—2—4。

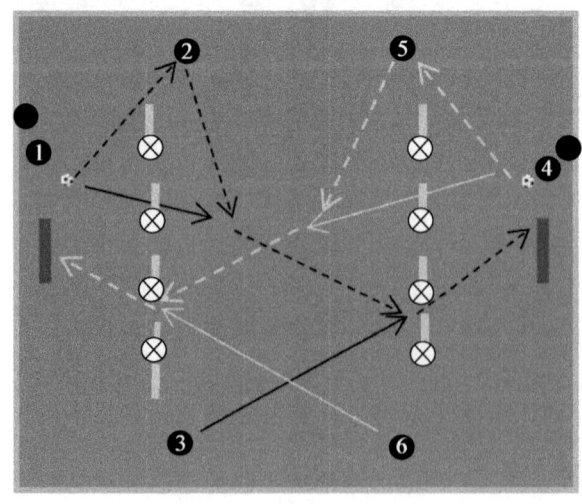

(四) 进阶

1. 射门时强调左右脚均衡练习,与同伴传球时注意两人的交流呼应。
2. 限定触球次数。

八、斜传直插

(一) 目标
培养学生接应意识和传球队员的大局观,发展学生应变能力。

(二) 准备
如图所示,在 30×30 米的活动区域摆放标志杆及标志盘。队员 3 人一组,分别在 1、2、3 号点。

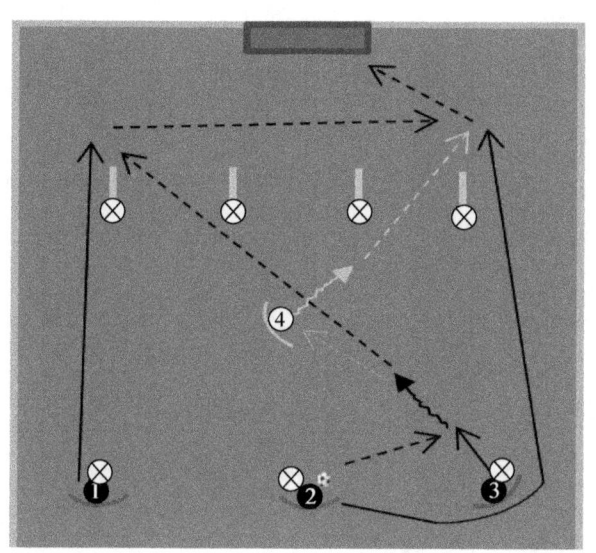

(三) 方法
1. 2 号位持球,将球传给前插的 3 号,再背套 1 号,沿边路向前疾进。

2. 3 号接 2 号传球,向中间运球后观察 1 号位置,斜传 1 号前插位置,1 号接球横传……

3. 2 号传球后快速从 3 号身后背套前插,接 1 号横传,完成射门。

4. 3 人完成进攻后,下一组继续练习。

(四) 进阶
1. 可以在场地中间增加一名 4 号队员,3 号接球后将球传给 4 号,4 号反向传给背套的 2 号,2 号接球横传,1 号接球完成射门。

2. 2 号起球向 1 号传球。

九、三人传跑配合射门

(一)目标
感受传球时机和同伴跑位,培养观察意识。

(二)准备
如图所示,在 30×30 米的平整区域放置标志桶、标志线及球门。队员分若干组,每组 3 人,站在 1、2、3 号位,1 号位持球。

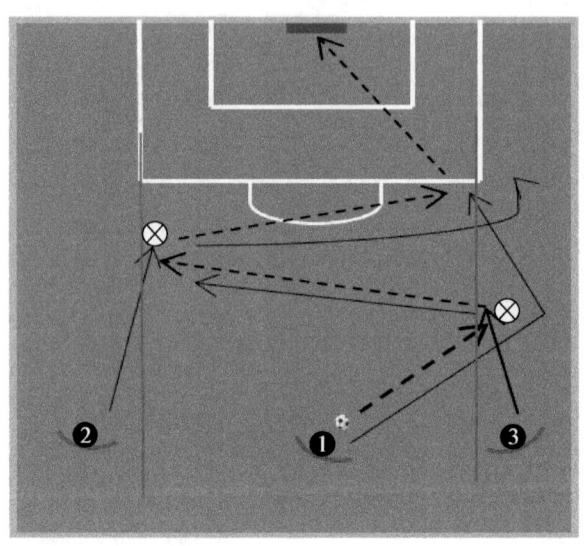

(三)方法
1. 1 号队员传球至 3 号移动线路,1 号传球完快速绕过右侧标志盘(背套 3 号)向前跑动准备接应。

2. 1 号传球时 2 号同时启动向前,3 号接球后观察 2 号跑位,斜向传球给左侧的 2 号的行进线路。

3. 2 号接球后观察 3 号位置后斜传跑动中 1 号,再向传球方向疾跑准备补射,1 号接球完成跑动中射门。轮换 3 人持续练习。

(四)进阶
1. 限定触球次数。

2. 一定时间练习后轮换方向进行练习。

十、三角接应 2 过 1 射门

(一) 目标

熟练运用跑动传接球技术,培养学生不同条件下的 2 过 1 技术,提高同伴接应配合的意识。

(二) 准备

如图所示,在 30×30 米的平整区域放置标志盘;每组 6—8 人,1—3 号队员为一组,4—6 号队员为另一组,每小组站在 1 号位与 4 号位的队员持球。

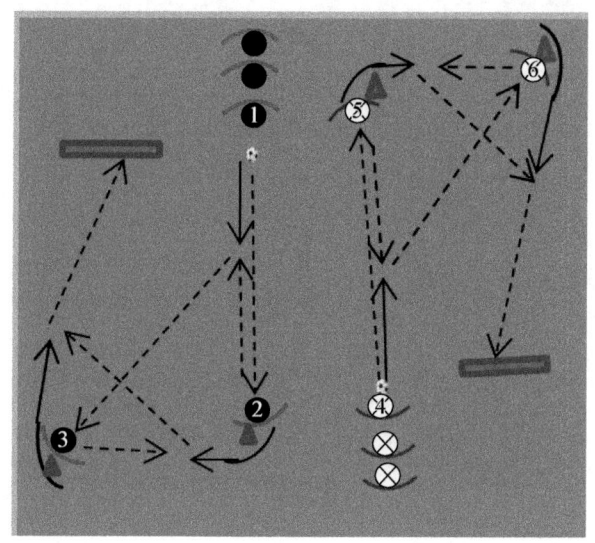

(三) 方法

1. 1 号传球给 2 号,再随球跑进。
2. 2 号回传给 1 号后绕过后侧标志桶准备接应。
3. 1 号接 2 号回传球,再斜传给 3 号。
4. 3 号回传给 2 号后,绕过后侧标志桶后接 2 号斜传球,完成射门。
5. 4—6 号则方向相反,完成另一侧同样的练习。

(四) 进阶

1. 接应队员要主动向同伴呼唤要球。
2. 限定触球次数。

十一、4人传跑配合射门

(一) 目标
知道观察同伴位置,培养学生与同伴的配合及射门意识。

(二) 准备
在 30×30 米的平整区域放置标志桶、标志线及球门。将队员分成若干组,每组 10 人,如图所示在 2、3、4 各点安排 1 人,其余人均在 1 号位等待,1 号位持球。

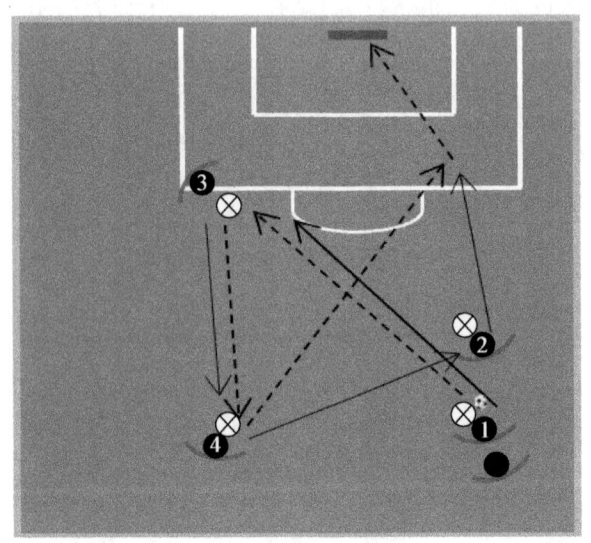

(三) 方法
1. 1 号队员传跑至 3 号位,3 号队员传跑至 4 号位。
2. 4 号观察 2 号跑位,并将球传向 4 号跑动线路。
3. 4 号接球后完成射门。
4. 轮换:1 号—3 号—2 号—4 号—1 号。持续练习……

(四) 进阶
1. 一定时间后,轮换方向进行练习。
2. 限制触球次数。

十二、速射

(一) 目标
培养学生快速反应的射门能力。

（二）准备

罚球区前沿红队和黄队 1 对 1 为一组，每组 1 个足球，分别给每组队员编号。

（三）方法

1. 队员们统一站在禁区外弧顶线上，红队（●）在外侧，黄队（○）在内侧。如果两队队员人数不均等，那么可增加一个守门员位置；如果两队队员人数是均等的，则教练员可以担当这一角色。红队队员脚下持球，黄队在其对面两脚开列站立。

2. 当教练喊到一个号，该号的红队队员把球从同号的黄队队员两脚之间传过去，该黄队队员即时转身完成射门。教练喊出下一个号，下一对选手完成同样的练习。

3. 计时完成所有速射，双方交换角色。在规定的时间内，队员们相互计数看哪一队得分多。

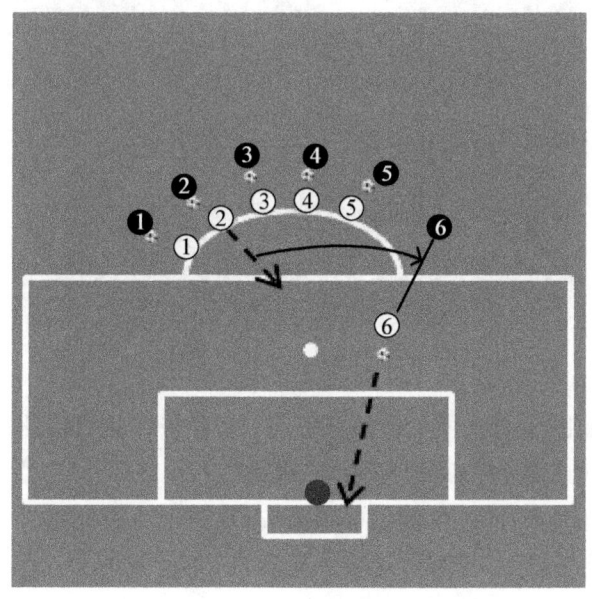

（四）进阶

1. 黄队队员可采用背对球门的方式，转身射门。

2. 红队队员采用手抛球的方式，将球从对方的头上抛过，黄队队员向前打凌空射门。

3. 教练喊出两个号码，先喊出来的号码得到从两脚间传过的球的机会后，完成快速射门。同时,另一号码的红队队员马上上前施压甚至完成抢断。

十三、综合循环练习

(一)目标

学会左右脚均衡练习,提高灵敏协调素质。

(二)准备

如图所示,在 30×30 米的平整区域放置标志桶、标志杆及障碍栏。队员分 2 组进行练习,每组队员 8—9 名队员。

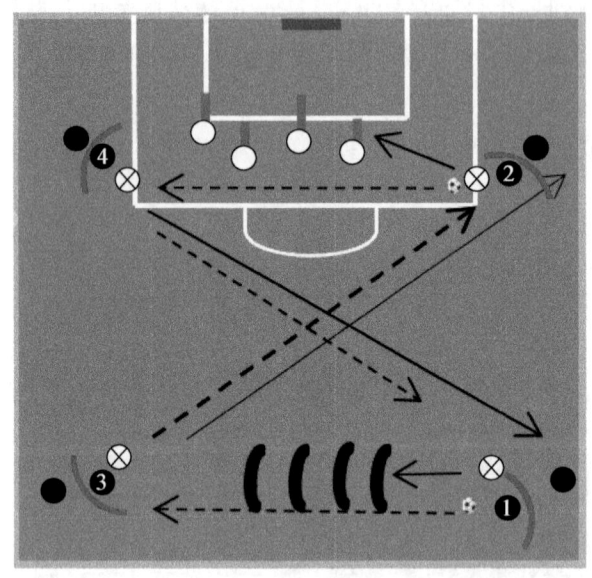

(三)方法

1. 队员按照图中箭头所示做循环练习。1 号持球队员将球传给下一站 3 号同伴后,用最快速度跨过障碍栏到达 3 号位置。

2. 3 号队员接球后,将球传给 2 号队员,并跑到 2 号位置。

3. 2 号队员接球后,将球传球给 4 号队员,之后快速穿过标志杆,来到 4 号位置。

4. 4 号队员传跑 1 号位……如此反复练习,直到小组所有队员都练习过,然后改变练习方向。

(四)进阶

1 号位和 2 号位同时起球,增加练习的强度和队员专注力。

十四、培养接应意识的练习

(一) 目标
复习正确的传接球方法和接应意识,提高灵敏协调素质和快速奔跑能力。

(二) 准备
在 20×30 米的平整区域放置标志桶、标志杆。分两组练习,每组队员 8—9 名队员,每组队员各自站在标志盘处。

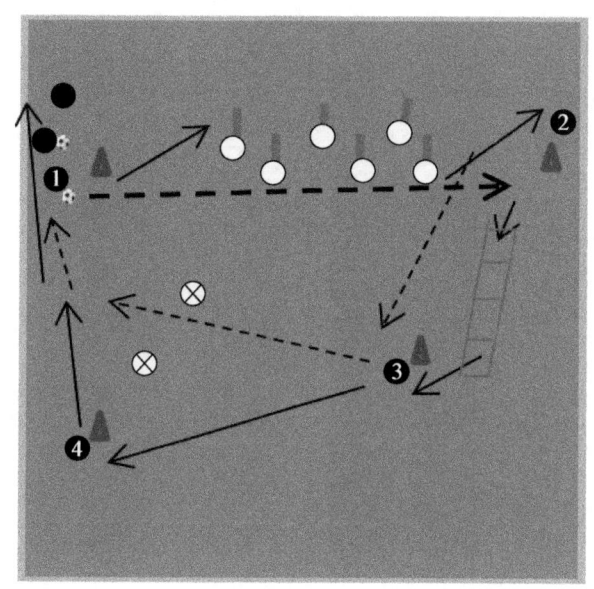

(三) 方法
1. 队员将按照图中箭头所示站位。如图所示,第一名队员传球给箭头所示的第二名队员,并离开初始位置,完成绕杆任务后在第二个点站位。
2. 第二名队员接球并将球直接面向下一个(第三名队员)传球方向传球后,完成绳梯练习跑向第三点。
3. 第三名队员接球后,和第四位队员之间进行眼神交流,并将球从预设的标志桶之间传至第四名队员的跑动线路上,并跑向第四点。第四名队员接球后将球传回起点。如此反复练习,直至所有人都练习过。

(四) 进阶
1. 练习一定时间后改变运行方向,强调左右脚均衡练习。
2. 设置每组完成的时间,或进行两组速度比赛。

十五、与球结合的综合练习

（一）目标

左右脚均衡发展，提高学生体能素质。

（二）准备

在 30×30 米的平整区域，如图所示放置标志桶、标志杆及障碍栏。队员分 2 组，每组 8—9 名，1 号位队员每人一球。

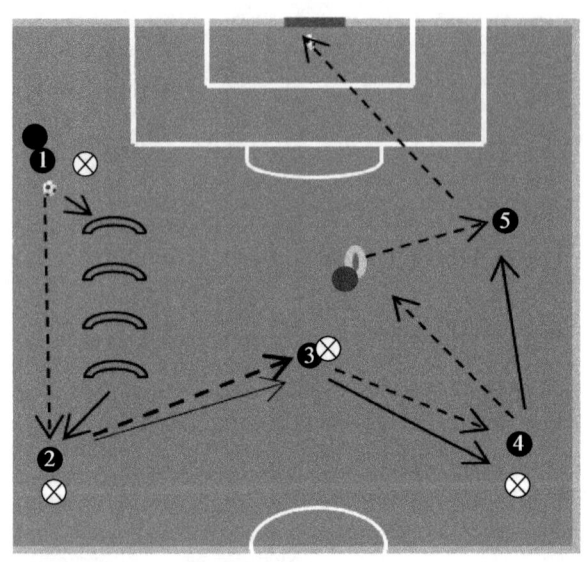

（三）方法

1. 队员按照图中箭头所示做循环练习。持球队员 1 号将球传给下一站 2 号同伴后用最快速度跨或跳障碍栏，跑至 2 号位。
2. 2 号队员接球后，将球传给 3 号同伴，并跑至 3 号位。
3. 3 号队员远端脚接球后传给 4 号队员，并跑至 4 号位。
4. 4 号队员与老师做一个 2 过 1 传球配合，在 5 号位完成射门。
5. 射门者捡球回起点，如此反复练习，直至所有队员都完成规定次数的练习。

（四）进阶

1. 当第一个队员到达 2 号位，1 号位第 2 个队员马上传球，开始同样的传跑练习，以增加练习的强度和队员的专注力。
2. 持续练习 3 分钟后，改变练习方向。

十六、间隔传球,相邻跑位

(一)目标

学习改善队员的跑动习惯和技术,提高空间意识,发展学生身体素质。

(二)准备

如图所示,在 30×30 米的平整区域放置标志桶、标志杆及障碍栏、绳梯等各 2 个。蓝色和红色标志盘间隔放置。视人数多少,分 2 组进行练习,每组 8—12 名队员。

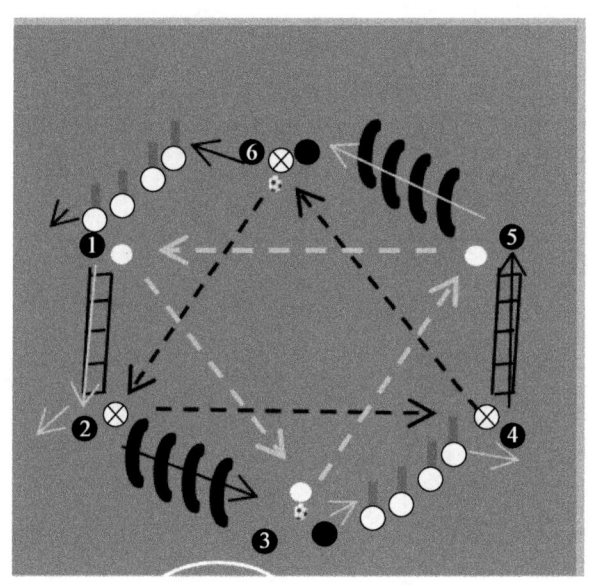

(三)方法

1. 队员将按照图中箭头所示做循环练习。3 号位为白色起球处(○),6 号位为蓝色起球处(⊗)。

2. 3 号位将球传给同样白色的 5 号位;同样,6 号位将球传给同样蓝色的 2 号位。

3. 3 号、6 号传球后,在同时完成右侧的绕杆练习后排在 4 号和 1 号位,接下来 5 号和 2 号传球给同样颜色的下一位队友后,完成右侧的跳栏练习……循环这样的练习直至教练哨响。

(四)进阶

1. 熟练后加快球运行的速度。

2. 一定的练习后，改变练习方向。

十七、你来我往

(一) 目标

建立攻防意识和方向感，初步形成丢球即防的习惯。

(二) 准备

如图所示，设置一个 15×15 米的平整区域。每组 8 名队员，可以分若干组练习。

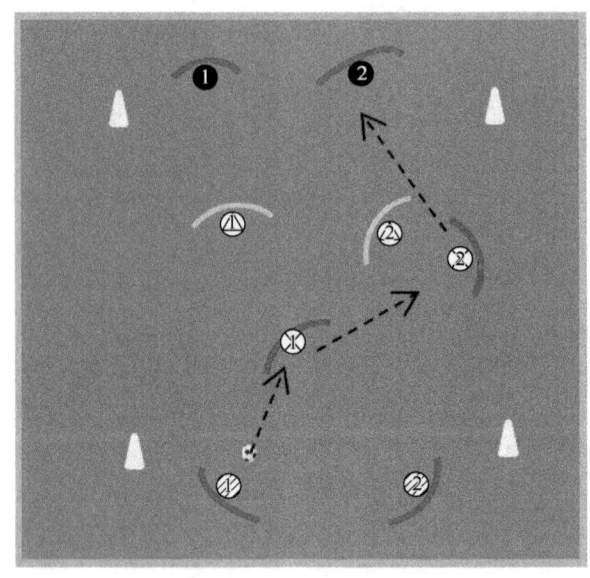

(三) 方法

1. 边线外侧双方各站 2 名队员（●、◎），中间进行 2V2 对抗，如果其中一方能够顺利将球从一侧经过中间队员传给另一侧的同伴，计 1 分。双方轮换攻防。

2. 开始时防守方进行弱防守，逐渐增加防守强度。进攻时可以进行突破，也可以 2 人传切配合。如果基础较差，那么可以在中间增加一名自由人。自由人可以回传，但接球者需将球传给另一名进攻者。

(四) 进阶

1. 可以在两边线各增加一名自由人者。
2. 限定触球次数。

十八、安全集中营

(一) 目标

明确进攻目标,学会摆脱对手的技巧和方法,提高同伴配合和攻防转换意识。

(二) 准备

用标志盘设置一个 20×30 米区域的活动场地,场地内两侧用标志盘再各放置一个 2×2 米小正方形。每组队员 3 名队员,可以分若干组练习。

(三) 方法

1. 如图所示,中间区域进行 3V3 对抗,底线出球后能够顺利将球从一侧经过中间队员传切配合或突破,最后运球至小正方形内计 1 分。双方轮换攻防。

2. 由最后运球者将球传给自己同伴,继续反向进行。开始时防守方进行弱防守,然后逐渐增加防守强度。进攻时可以进行突破,也可以 2 人传切配合场地。

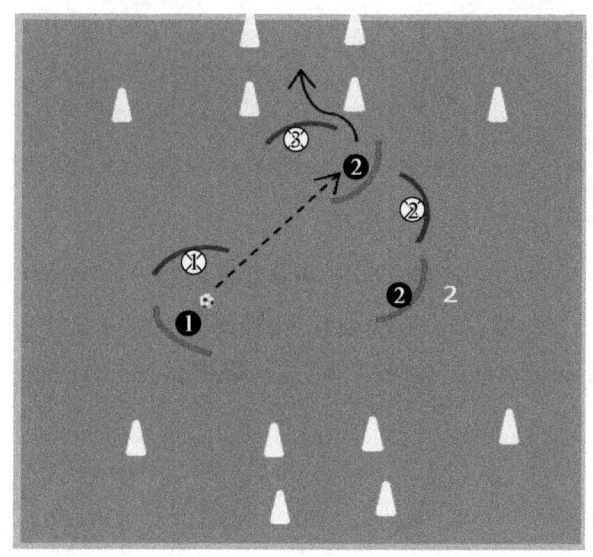

(四) 进阶

1. 可以在两边线各增加一名自由人者。
2. 限定触球次数。

十九、双人配合防守

(一) 目标
学习简单防守方法,理解防守基本原理,体会同伴协防意识。

(二) 准备
如图所示,用 4 个标志桶放置一个 10×15 米的平整区域。每组队员 8 名队员,可以分若干组练习。

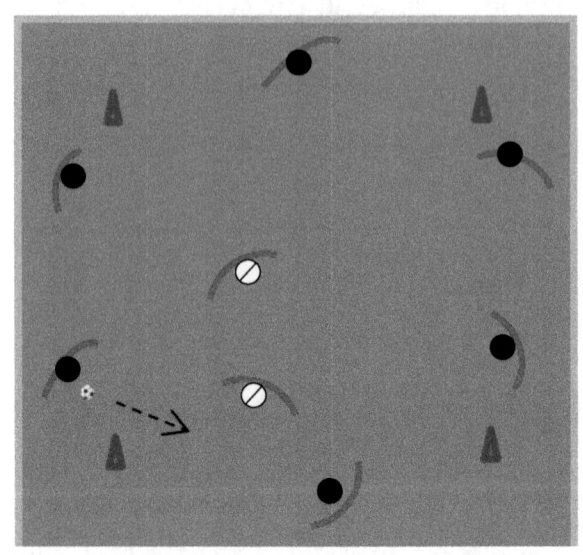

(三) 方法
1. 每组队员 6 名在正方形边框上,为进攻队员;2 人在方框内,作为防守队员。
2. 进攻队员要尝试完成 10 次相互传球目标,而防守队员也需相互合作:一名队员尝试封闭传球队员的传球空间,另一名则快速拦截,或逼迫对手传球时犯错。

(四) 进阶
1. 限触球次数,每个进攻方队员最多 2 次触球。
2. 非主力脚传接球增加复活机会,强调左右脚均衡练习。

二十、舍身营救

(一) 目标
提高攻防意识,学会即时反攻、快速进攻方法,适应比赛节奏。

（二）准备

如图所示，在 15×30 米平整区域放置标志盘。队员分成两组，每组 5 人，分别着蓝色和红色球衣。双方分别指定一名队员站在球门内，作为囚犯（两侧球门内队员分别着蓝色和红色球衣）。

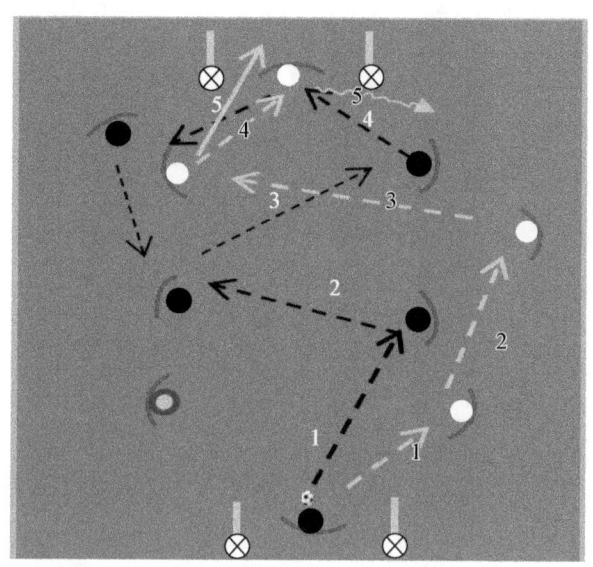

（三）方法

1. 例 1：（黑色虚线为红队传接路线，数字表示传球先后次序）红队（●）通过传接，将球传给对面球门里的蓝队（○）囚犯；因为不是同队队友传球，因此，蓝队囚犯须及时把球传回给红方任何队员，反方向继续练习（不是本方营救者传来的球，囚犯须将球踢还给传球方）。

2. 例 2：（白色虚线为蓝队传接路线，数字表示传球先后次序）蓝队接到球后，通过传接，将球传至球门内的蓝队囚犯，蓝队囚犯获得释放，侧向运球冲出，向相反方向传球或运球。传球者则进入球门顶替囚犯角色，继续练习。

3. 双方持续对抗练习。

（四）进阶

1. 限定触球次数。
2. 增加自由人人数，形成进攻时以多打少。